U0617800

权威·前沿·原创

皮书系列为
"十二五""十三五""十四五"时期国家重点出版物出版专项规划项目

BLUE BOOK

智 库 成 果 出 版 与 传 播 平 台

体育蓝皮书

BLUE BOOK OF SPORTS

中国体育产业发展报告
（2023~2024）

**REPORT ON THE DEVELOPMENT OF
SPORTS INDUSTRY OF CHINA (2023-2024)**

主　编／李　静
副主编／杨雪鹄　李　鉴　艾　郁　黄海燕

社会科学文献出版社
SOCIAL SCIENCES ACADEMIC PRESS（CHINA）

图书在版编目（CIP）数据

中国体育产业发展报告 . 2023-2024 / 李静主编 .
北京：社会科学文献出版社，2025.3. --（体育蓝皮书
）. --ISBN 978-7-5228-5138-9

Ⅰ. G812

中国国家版本馆 CIP 数据核字第 2025R5W187 号

体育蓝皮书

中国体育产业发展报告（2023~2024）

主　　编／李　静
副 主 编／杨雪鸫　李　鋆　艾　郁　黄海燕

出 版 人／冀祥德
责任编辑／刘同辉
文稿编辑／白　银
责任印制／岳　阳

出　　版／社会科学文献出版社·马克思主义分社（010）59367126
　　　　　地址：北京市北三环中路甲 29 号院华龙大厦　邮编：100029
　　　　　网址：www. ssap. com. cn
发　　行／社会科学文献出版社（010）59367028
印　　装／天津千鹤文化传播有限公司

规　　格／开　本：787mm×1092mm　1/16
　　　　　印　张：15　字　数：225 千字
版　　次／2025 年 3 月第 1 版　2025 年 3 月第 1 次印刷
书　　号／ISBN 978-7-5228-5138-9
定　　价／158.00 元

读者服务电话：4008918866

▲▲ 版权所有　翻印必究

《中国体育产业发展报告（2023~2024）》
编　委　会

主　编 李　静

副主编 杨雪鸫　李　崟　艾　郁　黄海燕

成　员 （按姓氏笔画排序）

于田畅　王　鹏　王雪莉　刘蔚宇　杨春雷

何劲松　佘伟珍　努尔比亚·吐尔地　邵绘锦

赵树桐　袁园媛　钱若冰　徐开娟　常方进

梁馨丹　程金燕　曾博伟　窦　赢　魏庆泽

魏国学

摘　要

党的二十大报告提出，到 2035 年，我国将建成体育强国。在中国式现代化的新征程上，体育产业是体育强国建设的重要组成部分，加快建设体育强国要聚焦体育产业的关键环节并深化改革。为将党的二十大战略部署落到实处，党的二十届三中全会进一步提出全面深化改革的重要性和必要性。全党必须自觉把改革摆在更加突出位置，紧紧围绕推进中国式现代化进一步全面深化改革。体育产业应以新发展理念引领改革，立足新发展阶段，深化供给侧结构性改革，完善推动体育产业高质量发展激励约束机制，塑造发展新动能新优势。

2023 年以来，中国体育产业持续健康发展。体育产业作为经济增长的重要引擎，从体育赛事与体育制造业两端发力，推动体育消费加速扩容。发展赛事经济是体育产业高质量发展的重点内容，通过"体育赛事进景区、进街区、进商圈"等活动，进一步挖掘和释放赛事的潜力和效益。同时，扩大与促进体育消费是促进体育产业发展的"稳定器"，各地围绕国家发展战略因地制宜，培育体育消费新增长点。此外，体育用品制造业以科技创新为核心驱动力，提升体育产品质量与服务水平，推动实施"体育+""+体育"，实现产业链的优化升级。因此，本书在系统梳理中国体育产业发展现状和趋势的基础上，提出了不断推动体育制造业转型升级、促进体育服务业提质增效、加快产业融合向纵深发展、多措并举挖掘体育消费潜力、持续优化区域产业发展布局等发展路径，构建创新引领与结构协调的现代体育产业体系。

　　本书由国家体育总局体育经济司牵头，上海体育大学主编，共分为三部分：第一部分是总报告，系统梳理了 2023～2024 年我国体育产业发展的总体情况。第二部分是分报告，围绕户外运动、健身行业、体育用品制造业、体育服务贸易、线上体育赛事、区域发展等体育产业纵深发展领域展开讨论。第三部分是案例篇，收录了近两年我国体育产业在场馆运营、乡村振兴、赛事经济等方面涌现的优秀案例，为在全国范围内推广、复制提供实践经验。

　　关键词： 体育产业　体育消费　高质量发展

目　录

体育蓝皮书

Ⅲ　案例篇

皮书数据库阅读**使用指南**

总 报 告

B.1

2023～2024年中国体育产业发展报告

黄海燕*

摘 要： 中国式现代化的本质要求赋予了体育产业新使命、新担当，也开启了我国体育产业高质量发展的新征程。2023～2024年，在复杂的国际环境和艰巨繁重的国内改革发展稳定任务下，我国体育产业总规模保持增长态势，持续发展的宏观趋势没有变化，对经济的贡献也在不断扩大。"十四五"时期正是体育强国建设的强基阶段，当前正值实现《"十四五"体育发展规划》各项目标的关键时期，是基本形成体育强国四梁八柱格局的攻坚时期。基于此，本报告系统阐述了"十四五"时期战略任务的实施进展，总结了中国式现代化进程中体育产业的主要发展趋势，在新质生产力的驱动下，从提升科技创新能力、筑牢高质量发展软实力，加快建设现代化产业体系、支撑和保障产业转型升级，大力推进产业数字化、发展新业态新模式等方面提出了实施路径。

关键词： 体育产业 中国式现代化 新质生产力 高质量发展

---

* 黄海燕，教授，博士生导师，北京体育大学管理学院院长，研究方向为体育产业、体育赛事、体育旅游等。

近年来，我国体育产业始终保持快速发展态势，持续融入国家经济社会发展大局。《"十四五"体育发展规划》提出，到2025年，体育产业总规模将达到5万亿元，增加值占国内生产总值（GDP）的比重达到2%，居民体育消费总规模超过2.8万亿元，从业人员超过800万人。这一目标的提出，标志着中国体育产业迎来新的发展机遇期，也反映出我国体育产业对经济社会发展的贡献正在不断扩大。体育产业作为"幸福产业"、绿色产业和朝阳产业，是支撑经济高质量发展的重要动能，也是建设体育强国的重要内容。新时代新征程，要推动体育产业实现更大、更活、更优发展，不断满足人民日益多元的体育需求，有效助推体育强国建设。随着北京冬奥会、成都世界大学生运动会、杭州亚运会等多项高水平国际赛事的成功举办，中国体育综合实力和国际竞争力不断增强，深刻学习领会习近平总书记关于体育产业发展的重要论述，对新征程上以建设体育强国支撑中国式现代化，具有重大现实意义和深远历史意义。本报告梳理了2023～2024年中国体育产业发展的基本情况，结合《"十四五"体育发展规划》对现阶段我国体育产业发展的重大战略任务和发展走向进行了深入分析，并提出了中国式现代化进程中实现体育产业高质量的趋势，以及新质生产力驱动下体育产业高质量发展的实现路径，以期为体育产业高质量发展、建设体育强国提供参考借鉴。

一　我国体育产业主要发展情况

（一）产业规模持续增长

体育产业规模不断增长，对经济增长的贡献不断提高。根据第五次全国经济普查结果，2023年全国体育产业总规模为36741亿元，增加值为14915亿元，占同期GDP的比重为1.15%，比上年提高0.07个百分点。从内部构成看，2023年体育服务业增加值为10849亿元，占体育产业增加值的比重为72.7%，比上年提高2.6个百分点；体育用品及相关产品制造（体育制造业）增加值为3832亿元，占体育产业增加值的比重为25.7%，比上年下降2.5个百分点；体育场地设施建设（体育建筑业）增加值为234亿元，占体育产业增加值的比重为 1.6%，比上年下降 0.1 个百分点（见表 1）。① 总体而言，体育产业呈现"服务化"和"消费升级"的明显趋势。体育服务业的快速增长成为推动产业发展的主要动力，而制造业和设施建设领域则面临结构调整和优化升级的挑战。随着居民健康意识的增强和体育消费需求的进一步释放，体育产业保持增长，并在国民经济中发挥更加重要的作用。

表 1   2023 年全国体育产业发展状况

单位：亿元，%

分类名称	总量	总量构成	增加值	增加值构成
体育产业	36741	100	14915	100
体育服务业	21046	57.3	10849	72.7
体育管理活动	1454	4.0	689	4.6
体育竞赛表演活动	752	2.0	300	2.0
体育健身休闲活动	2760	7.5	1378	9.2
体育场地和设施管理	3381	9.2	1289	8.6
体育经纪与代理、广告与会展、表演与设计服务	676	1.8	239	1.6
体育教育与培训	2851	7.8	2278	15.3
体育传媒与信息服务	1359	3.7	502	3.4
体育用品及相关产品销售、出租与贸易代理	5429	14.8	3159	21.2
其他体育服务业	2384	6.5	1015	6.8
体育用品及相关产品制造	14696	40.0	3832	25.7
体育场地设施建设	999	2.7	234	1.6

注：若数据分项合计与总计不等，是数值修约误差所致。

资料来源：《2023 年全国体育产业总规模与增加值数据公告》，国家统计局网站，2024 年 12 月 31 日，https：//www.stats.gov.cn/sj/zxfb/202412/t20241231_ 1958124.html。

（二）产业基础越发坚实

2023 年全国体育场地统计调查数据显示，全国体育场地总数达到 459.27 万个，体育场地面积首次突破 40 亿平方米，达到 40.71 亿平方米，

---

① 《2023 年全国体育产业总规模与增加值数据公告》，国家统计局网站，2024 年 12 月 31 日，https：//www.stats.gov.cn/sj/zxfb/202412/t20241231_ 1958124.html。

人均体育场地面积为2.89平方米。① 近年来，随着我国体育场地规模的快速增长，人民群众"健身去哪儿"的问题得到一定程度的解决。数据显示，2023年全国体育场地较2022年增加了36.59万个，增幅为8.7%；人均体育场地面积增长了0.27平方米，增幅超过10%。2019年以来，我国的人均体育场地面积从首次突破2平方米到当前的2.89平方米，增幅超过40%。特别是健身步道的里程数在2023年达到37.1万公里，比2019年增长了107%。为进一步提升体育场地设施的利用率并满足人民群众多样化的健身需求，政府加强了资源的充分利用和高效配置。在设施相对充足的地区，重点推进了体育设施的精准化供给，充分利用了城市空间中的"边角料"来满足群众多样化的健身需求。此外，还促进了高校和企事业单位开放体育场馆资源，并在乡村加强了对公共体育设施的规划，举办了更多体育赛事以引导设施的建设和利用。此外，2023年7月，《国家体育产业基地管理办法》正式颁布。新办法更注重制度设计，强调与《"十四五"体育发展规划》和新修订的《体育法》等政策法规的衔接。它进一步明确了基地的类型、管理体制、申报程序、评审与认定、建设与管理、考核与监督等各个环节。此外，新办法还首次引入了"基地示范有效期为5年"的概念。截至2023年底，全国共命名和认定了235个国家体育产业基地，其中包括50个示范基地、98家示范单位和87个示范项目。2023年国家体育产业示范基地集聚了52731家体育企业，吸纳从业人员114.43万人，示范项目带动就业103.27万人。②

（三）体育消费潜力逐步释放

体育消费被视为新型消费的一种，正在发挥增强消费基础性作用和推动扩大内需战略的重要作用。中共中央、国务院在《扩大内需战略规

---

① 《2023年全国体育场地统计调查数据》，国家体育总局网站，2024年3月11日，https：//www.sport.gov.cn/n315/n329/c27549770/content.html。
② 《国家体育产业基地有序推进扩容增效》，国家体育总局网站，2024年6月18日，https：//www.sport.gov.cn/n20001280/n20067608/n20067635/c27837680/content.html。

划纲要（2022—2035年）》中将促进群众体育消费定位为积极发展服务消费的核心任务之一，这一决策符合我国的发展阶段和经济规律。2023年7月，国家体育总局发布《关于恢复和扩大体育消费的工作方案》，从多方面提出了16项措施，包括增加产品供给、丰富消费场景和夯实体育消费基础等，以全面促进体育消费的恢复和扩展。一是以体育赛事为契机促进体育消费。许多地方政府高度重视体育赛事的潜在价值，积极策划和引入各类赛事活动，以体育赛事为重要抓手带动地区消费。以2023年杭州第19届亚运会为例，该赛事吸引了来自世界各地的大量游客，不仅带动了杭州的酒店、餐饮及零售行业的发展，还促使许多人在观赛之余游览当地的历史文化景点，显著带动当地经济发展和旅游消费，释放"赛事红利"。二是挖掘体育消费新空间。2024年，国家体育总局办公厅联合商务部、文化和旅游部开展"体育赛事进景区、进街区、进商圈"活动，深入挖掘体育消费新空间。各地通过将体育赛事引入景区、街区、商圈，形成"赛事+旅游+购物"的复合消费模式，既提升赛事吸引力，又带动周边餐饮、住宿等消费增长。同时，依托山河湖海等自然资源，推出户外运动计划，吸引年轻群体参与，推动户外装备及运动服饰等产业消费升级。此外，体育嘉年华、文化节等主题活动融合体育、文化、娱乐元素，拓展多元化消费体验。这些举措通过赛事引流、资源整合及跨界融合，构建体育与旅游、文化、商业深度联动的消费新空间，为市场注入活力。三是体育消费创新发展。体育消费场景创新和新业态融合是体育消费创新发展的重要内容。通过深化数字技术应用，增强体育消费场景的科技感和增加社交互动，满足消费者多样化需求。与此同时，需解决线上线下体验割裂和同质化问题，推动体育消费新业态的差异化和沉浸式发展，加强线上线下的互动。四是有效执行体育消费政策。我国体育消费政策通过刺激消费需求、培养消费习惯、创新消费场景等顶层设计推动体育消费扩大。随着中国式现代化的推进，各级政策和措施增强了效果，如体育消费试点城市建设和消费券发放，这些举措对促进体育消费起到了积极作用。

（四）体育制造产业链不断延伸

近年来，我国体育用品业积极适应市场需求变化，加强产品和技术研发，提升产品和服务质量。很多体育用品企业在产品智能化、智慧化方向取得显著成效，智能健身路径、智能家用健身器材成为主流健身器材产品，实现了数字技术在运动健身方面的广泛应用。2024 年 4 月，国家体育总局公布了最新的体育领域国家级"专精特新"企业和制造业单项冠军企业名单，企业数量达到 95 家，比上一年度增加 37 家，[①] 显示出体育用品业广阔的市场空间和发展潜力。数字技术在体育领域的广泛应用使得体育产业发生重大变革，形成体育与科技相互交融的跨界融合状态，不断推动价值链、产业链、创新链等的融合创新。其中，智能制造和服务型制造是体育制造产业链不断延伸的两大趋势。一是在智能制造方面，近年来，"云健身"模式开始风靡，居家健身、在线运动成为新时尚，居家健身设备、智能健身设备销量暴增。智能跑鞋、智能跑步机、智能瑜伽垫等智能体育用品具有科技感强、社交娱乐属性明显、主动健康功能完备等优势，而且其消费数据及业态更容易形成产业链闭环，显现巨大的市场空间。二是在服务型制造方面，新兴体育服务业的崛起赋能体育制造业服务化转型升级，"智能健身器材+运动健康服务""体育器材制造+场馆数字管理"等面向定制化应用场景的"产品+服务"模式正成为体育智能制造发展新方向。

（五）体育竞赛表演业企稳回升

体育竞赛表演业是体育产业的重要组成部分，发展体育竞赛表演产业对挖掘和释放消费潜力、保障和改善民生、打造经济增长新动能具有重要意义。

[①] 《体育总局办公厅关于公布体育领域国家级"专精特新"企业和制造业单项冠军企业名单（2023 年）的通知》，国家体育总局网站，2024 年 4 月 22 日，https：//www.sport.gov.cn/ n315/n20001395/c27658420/content.html。

《国务院办公厅关于加快发展体育竞赛表演产业的指导意见》提出，到 2025 年，将建设若干具有较大影响力的体育赛事城市和体育竞赛表演产业集聚区，推出 100 项具有较大知名度的体育精品赛事，打造 100 个具有自主知识产权的体育竞赛表演品牌，培育一批具有较强市场竞争力的体育竞赛表演企业。2023 年下半年到 2024 年初，大运会、亚运会、学青会、十四冬相继举办，对拉动经济增长、促进体育产业发展发挥了很大作用。2023 年第一季度，全国体育娱乐用品销售总额同比增长 14.2%，远高于社会消费品零售总额 4.7%的增速，体育消费在挖掘国内市场潜力、助力经济增长等方面发挥越来越重要的作用。据统计，赛事期间，成都、杭州、南宁、呼伦贝尔实现体育及相关消费超 1300 亿元。其中，大运会带动住宿、餐饮、零售消费 438.3 亿元，环比增长 14.2%。亚运会期间，体育及相关消费达 489.6 亿元，环比增长 15.6%。学青会拉动体育及相关消费 165.2 亿元，环比增长 3.8%。十四冬又掀起一轮消费热潮，呼伦贝尔实现体育及相关消费 320 亿元，环比增长 4.6%。[①] 此外，群众体育赛事作为带动全民健身事业发展的催化剂，各方以全运会群众赛事等活动引领全民健身赛事活动供给，在扩大赛事供给、统筹体育事业高质量发展方面发挥了重要作用。目前，全运会群众赛事活动已成为品牌，为坚持全民全运、全运惠民理念，共设置 23 个大项 166 个小项的群众比赛。

（六）户外运动产业强劲增长

户外运动产业具有运动项目多、覆盖人群广、产业链长等特征，与绿色转型发展高度契合，不仅能为体育旅游市场提供广阔的市场空间，也能够融入生态文明建设，促进人与自然和谐共生。近几年，户外运动正在逐渐成为人民群众走向自然、拥抱自然、乐享生活的新潮流、新时尚。《户外运动产业发展规划（2022—2025 年）》指出，到 2025 年户外运动产业总规模超过 3 万亿元，这意味着国家将户外运动定位为体育产业第一业

---

① 《中国体育产业加速奔跑》，国家体育总局网站，2024 年 8 月 9 日，https：//www.sport.gov.cn/n20001280/n20067608/n20067635/c27991280/content.html。

态，总规模占比将达到 60%。同时，该规划提出要"推进户外运动消费场景与乡村旅游、休闲农业等融合，转化绿水青山生态价值"。当前，户外运动日渐成为一种新兴的社会时尚运动和健康的生活方式，中国户外联盟（COA）统计，我国每年有 1.3 亿人参与户外运动。[①] 一是户外运动产业政策持续发力。国家体育总局将与国家发展改革委等多个部门密切合作，致力于推进《户外运动产业发展规划（2022—2025 年）》和《促进户外运动设施建设与服务提升行动方案（2023—2025 年）》的实施。二是加强户外运动设施建设。政府打造一批高质量的户外运动目的地，如国家步道体系、冰雪运动设施、山地户外运动设施、水上运动设施等，通过改善基础设施和服务质量来吸引更多的运动爱好者和游客。三是户外运动标准化建设快速推进。着重推进户外运动在场地设施建设和运营、服务供应、技能培训、赛事活动管理、装备器材以及配套服务等方面的标准制定和修订，提高户外运动供给服务质量。四是户外运动企业盈利能力不断增强。《中国户外运动产业发展报告（2023—2024）》指出，截至 2024 年 9 月，我国户外运动企业已达 17.7 万余家，其中，2024 年 1~9 月新成立 4.2 万余家。2024 年上半年，多数户外运动装备企业营业收入保持快速增长态势，安踏、特步、361°、探路者上半年营业收入的同比增速均超过 10%，品牌知名度和影响力进一步提升。[②]

（七）区域协调发展战略走向纵深

实施区域协调发展战略是新时代国家重大战略之一，是贯彻新发展理念、建设现代化经济体系的重要组成部分。以新型城镇化为依托，促进中心城市和城市群建设，培育新的增长极，也是经济内循环的根本动力之一。[③]

---

① 《我国户外运动目前已拥有 1.3 亿爱好者 行业发展需更加规范》，央广网，2021 年 11 月 20 日，https：//www.cnr.cn/news/20211120/t20211120_ 525665931.shtml。

② 《中国户外运动产业呈现十大特点——中国户外运动产业发展报告（2023—2024）发布》，国家体育总局网站，2024 年 10 月 28 日，https：//www.sport.gov.cn/n20001280/n2074575751/c28206795/content.html。

③ 黄海燕：《新阶段、新形势：我国体育产业发展战略前瞻》，《上海体育学院学报》2022 年第 1 期。

近些年，我国体育产业空间集聚发展趋势显著，中心城市和城市群正在成为承载体育产业发展要素的重要载体空间。在政府部门的规划引领下，我国体育产业空间布局不断优化，形成了以京津冀、长三角、粤港澳大湾区、成渝城市群等区域为中心的体育产业增长极。

京津冀地区具有明显的"核心—边缘"结构，北京作为赛事中心、科创中心、人才培训中心和资源服务整合中心，是京津冀体育产业协同发展的核心引擎。北京冬奥会的成功举办，更是在时空尺度上与京津冀协同发展战略形成叠加效应，促进京津冀区域体育产业协同发展迈上了新的台阶。北京冬奥组委与主办城市一起制定了与区域长期发展目标相一致的遗产计划，推动区域间冰雪运动产业合作，积极打造京张体育文化旅游带和世界冰雪旅游胜地。此外，近年密集出台的《深入推进京津冀体育协同发展议定书》《京津冀健身休闲运动协同发展规划（2016—2025年）》等政策为京津冀三地体育部门共同策划、举办京津冀品牌赛事活动，构建"一地、五区、五带、六路"健身休闲空间布局，促进体育产业协同发展等方面提供了制度保障。

长三角地区呈现"一核多中心"的空间结构，内部城市的体育产业发展较为均衡，具备区域一体化发展的先天优势，进而成为我国率先进行体育产业一体化探索的区域。近年来，沪苏浙皖在政府间合作、产业合作、项目合作等方面协同发力，形成了一批可复制、可推广的经验做法。一是在顶层设计、体制机制等领域大胆创新、先行先试，形成沪苏浙皖体育行政部门的合作机制，联合发布了《长江三角洲区域汽车运动产业一体化发展战略合作框架协议》《长三角地区体育产业一体化发展规划（2021—2025年）》等文件。二是在资源共享、要素流动、平台建设等领域开拓创新，组建长三角体育产业集团联盟，加强了长三角地区10家国有体育产业集团的合作关系，建立了规则统一、交易规范、高效运行的资本市场交易平台——长三角体育资源交易平台，为长三角体育企业跨境并购、融资等提供专业服务。三是连续举办了11届中国·长三角国际体育休闲博览会、7届长三角运动休闲体验季、3届长三角体育产业高峰论坛，稳步推进长三角体医融合项目等34个重点合作项目。

粤港澳大湾区是由广东省 9 个城市和香港、澳门 2 个特别行政区组成的巨型城市区域，一体化过程存在跨越不同制度体系、不同法律体系、不同行政等级的复杂性，粤港澳大湾区建设为粤港澳体育产业协作提供了平台。近年来，澳门在文娱体育产业的发展上取得了显著进展，特别是在体育赛事的举办方面。其中，澳门马拉松赛事成为一个亮点，吸引了大量来自粤港澳大湾区的参赛者，成为澳门体育界的年度盛事。此外，澳门还成功举办了多项体育赛事，包括乒乓球大赛、世界女排联赛和 FIBA 三人篮球大师赛等。这些赛事的举办，不仅提升了澳门在国际体育界的地位，也为澳门与香港及邻近地区之间的合作提供了平台。通过体育赛事的交流，澳门与香港之间建立了更为紧密的联系，共同促进了体育人才的发展和交流。此外，在构建新发展格局的时代背景下，粤港澳三地在体育发展基础、体育产业布局以及各自的协作定位等方面均存在差异。因此需要进一步突破体制机制瓶颈制约，加强三地在竞技体育、传统项目、全民健身、人才培养、资源配置、平台建设等方面的合作交流。

二 "十四五"时期战略任务的实施进展

《"十四五"体育发展规划》提出，到 2025 年，体育产业总规模将达到 5 万亿元，增加值占 GDP 比重达到 2%，居民体育消费总规模超过 2.8 万亿元，从业人员超过 800 万人。这一目标的提出，标志着中国体育产业迎来新的发展机遇期，也反映出我国体育产业对经济社会发展的贡献正在不断扩大。2023~2024 年正值"十四五"规划重大战略任务实施及达成目标的关键攻坚期，因此，梳理并掌握各项任务的实施进展，对新发展格局下我国体育产业高质量发展工作的开展具有重要参考意义。

（一）落实创新发展理念，强化要素创新驱动

该规划实施以来，科技、金融、人才、数据等创新要素对体育产业创新发展做出了积极贡献。一是在科技方面，数字体育蓬勃发展，虚拟运动、智

慧赛事服务、智能场馆、数字体育用品、数字化健身设施等体育与科技融合新领域不断涌现，居家健身的兴起为健身行业发展打开新的空间，群众在直播课程、线上健身、智能健身器材和可穿戴设备方面的消费明显提升。线下体育场馆运营服务数字化水平明显提高，智慧健身场景开始普及，一批智能化场馆运营服务品牌快速发展。二是在金融方面，2024年国家体育总局体育经济司与中国银联股份有限公司相关机构联合开展体育消费券、积分奖励、数字人民币等方面的合作，不断丰富体育消费场景，发挥金融在发展体育产业、促进体育消费方面的作用。三是在人才方面，连续开展多年度全国体育产业处级干部培训班，组织体育营销、体育赛事等专业人才培训与认证。联合人力资源和社会保障部增设运动防护师专业，拓展体育专业人员职称通道，进一步完善以职业属性和岗位要求为基础的体育人才评价机制。新增体育旅游管理师、户外营地教育师、体育品牌营销师等新型、复合型人才培养课程与认证体系。多个体育类院校联合市场主体建立产教融合人才培养基地。四是在数据方面，目前政府体育数字化治理、体育企业数字化生产、群众体育数字化消费格局基本形成。"国家全民健身信息服务平台"正式上线，全国各地公共体育服务和体育消费平台快速建立。冬奥会期间北京数十项核心信息系统实现整体"上云"，赛事直播与转播技术全面创新，数字孪生技术、全息虚拟影像技术广泛应用，实现"科技冬奥"对场馆设施、比赛、转播、观赛等各个环节的全覆盖。杭州亚运会迭代升级数字化办赛平台"亚运在线"，打造一站式数字观赛服务平台"智能亚运一站通"，充分展现了"数字中国"建设成果。

此外，各地探索智能体育产业创新发展，涌现一批典型示范。山西搭建"体育场馆开放信息数据平台"，实现了省市县三级联网；上海不仅在"赛事与智能化运用深度融合"方面全国领先，还积极推动运动装备智能化，上海中国乒乓球学院研发的庞伯特乒乓球机器人配置高速双目立体视觉系统、芯片以及人工智能算法平台，现已运用于国家队的日常训练；安徽以智能化体育用品研发设计为主的合肥高新区获评国家体育产业示范基地；福建则发挥安踏、匹克、舒华等体育制造企业研发创新、加速转型优势，推动省内体育制造业智能化、数字化转型；湖北打造武汉智慧体育建设运营平台，正着手创造国家级智慧体育行业应用示范标杆；云南省依托企业打造"全人群智能化体育公园"和"全民健身智能训练馆"；广东省东莞市借助华为的技术优势，聚焦攻关运动健康产业的关键共性技术问题，打造智能运动健康特色产业集群。

（二）加快发展现代化产业体系，推动产业体系优化升级

现代化体育产业体系是指以产业创新为引领，以科技、资本、人才等高端要素的优化配置为依托，体育产品和服务供给与体育消费需求平衡充分、产业链条完整、产业结构优化、体制机制灵活、国际竞争力强的体育产业系统。我国基本形成了以竞赛表演、健身休闲为引领，体育场馆服务、体育培训、体育用品制造、体育用品贸易等共同发展的产业体系，体育产业不断向纵深发展，并与相关产业相互交叉、相互渗透、相互融合，产业体系更为健全。在经济发展的不同阶段，现代化体育产业体系建设的任务和要求有所不同，当前现代化体育产业体系的构建内容主要体现在持续推进体育制造强国建设、加快发展体育服务业、多业态融合发展等方面。

一是推进体育制造强国建设。制造业是实体经济的基础，是产业链供应链的核心载体，推进体育制造强国建设有助于推动体育全产业链优化升级。目前，我国体育制造业覆盖了齐全的产品门类，我国成为世界体育用品生产基地，发展质量不断提升，产业竞争力逐渐增强，先进生产技术层层突破，部分体育用品的研发生产制造实现了对发达国家的赶超。2023年，中国体育用品制造业总产出14696亿元，同比增长3.1%，在体育产业总产出中的占比为40.0%；体育用品制造业增加值为3832亿元，较上年增长4.0%，体育用品制造业增加值在体育产业增加值中的占比为25.7%，较2022年降低2.5个百分点。[①] 同时，我国体育用品制造业逐步融入全球体育用品制造业

---

① 《2022年全国体育产业总规模与增加值数据公告》，国家体育总局网站，2023年12月29日，https：//www.sport.gov.cn/jjs/n5039/c27260758/content.html；《2023年全国体育产业总规模与增加值数据公告》，国家统计局网站，2024年12月31日，https：//www.stats.gov.cn/sj/zxfb/202412/t20241231_ 1958124.html。

价值链，并成为全球市场竞争格局中的重要力量。我国体育用品制造业出口区域已经扩展到美国、德国、日本、英国、加拿大、法国、意大利等全球84个国家及区域，我国成为当之无愧的全球体育用品制造业"出口贸易大国"。体育用品制造业A股上市公司总营业额和净利润保持稳步提升，体育"国潮"产品已占据体育用品消费的主要市场，拥有相当大的发展潜力。国产体育用品个性化、时尚化特征更加突出，智能化、专业化趋势更加显著。

二是加快发展体育服务业。体育服务业是产业结构优化升级的重要方向。体育服务业发展要紧扣满足人民日益增长的美好生活需要，以标准化、品牌化、数字化为引领，推动体育服务业高品质和多样化升级。近年来，体育服务业增加值占比持续提升，2023年体育服务业增加值为10849亿元，占体育产业增加值的比重为72.7%，比上年提高2.6个百分点；体育竞赛表演活动增加值增长2.0%，体育传媒与信息服务增加值增长3.4%，其他体育服务增加值增长6.8%，体育健身休闲活动增加值增长9.2%。[①] 一些赛事名城精心谋划赛事发展，着力提高办赛能力和水平，以赛惠民、以赛兴业、以赛聚力。上海、杭州、成都等多地加快推进赛事名城建设。北京冬奥会、冬残奥会如期开幕并成功举行，展现了国家形象，成功实现"带动三亿人参与冰雪运动"的目标。杭州遵循"杭州为主，全省共享"原则，坚持"体育惠民"，让主办城市和协办城市均能够实现"办好一个会，提升一座城"的目标，持续高质量加强赛事与城市互动，为城市交通、环境、旅游等提质升级，带动区域协同发展站上新起点。

三是多业态融合发展态势显著。体育产业交叉业态频繁发力，借助不同产业的功能互补和延伸，形成了发展有序、层次分明、结构优化、特色凸显的融合型体育产业新体系。在体旅融合板块，2023~2024年，国家体育总局联合文化和旅游部办公厅发布12条"2023年国庆假期体育旅游精品线路"和12条"2024年春节假期体育旅游精品线路"。多省出台相关政策或推出

---

① 《2023年全国体育产业总规模与增加值数据公告》，国家统计局网站，2024年12月31日，https://www.stats.gov.cn/sj/zxfb/202412/t20241231_1958124.html。

新举措，充分利用山地、海洋、湖泊等自然资源形成区域特色户外运动品牌，推进体旅融合发展。在体卫融合板块，加强体卫融合顶层设计，国家体育总局办公厅发布《关于开展社区运动健康中心建设试点工作的通知》，在上海、浙江、湖北、贵州和海南5个省（市）试点建设社区运动健康中心。在体教融合方面，国家体育总局会同教育部印发《关于深化体教融合　促进青少年健康发展的意见》。以青少年体育赛事体系作为体教融合的重要抓手，组织筹备第一届全国学生（青年）运动会，连续组织举办两届中国青少年足球联赛，各地积极开展各项目青少年锦标赛、青少年 U 系列赛事、中学生运动会、市级联赛等，社会化办赛数量快速递增。

（三）扩大体育消费，丰富体育产品与服务供给

国家体育总局已出台一系列措施扩大体育消费并增加体育产品与服务的供给。例如发布《关于恢复和扩大体育消费的工作方案》，其中包含了 16 条具体举措，旨在进一步恢复和扩大体育消费，充分发挥体育在扩大内需、助力构建新发展格局中的重要作用。地方层面也在积极响应国家政策，例如江苏省出台了《关于进一步恢复和扩大体育休闲服务消费的措施》，从供需两侧围绕五个方面采取 18 条举措，激发体育休闲服务消费潜力，推动体育休闲产业提质增效。这些措施包括丰富产品供给、创新场景业态、加强示范引领、深化改革创新和完善保障措施等方面。为了满足多样化的体育消费需求，国家体育总局重点增加场地设施、体育产品、政策措施等方面的供给。这表明政府不仅关注体育产品的数量，也重视质量和多样性，以适应不同人群的需求。

一是场地设施供给体系不断健全。吸引社会力量利用城市空闲地、老旧厂房、河滩地等空间资源，以及可复合利用的城市文化娱乐、商业等设施资源，完善群众身边健身场地设施，打造城市社区"15 分钟健身圈""10 分钟健身圈"。公布国家体育服务综合体典型案例，引导和推动各地建设体育特色鲜明、服务功能完善、经济效益良好的综合体项目，培育体育产业新业态、打造体育消费新模式。各地加大投入，积极推进体育公园、健身步道、

社会足球场等建设，截至 2023 年底，全国体育场地达 459.27 万个，体育场地面积达 40.71 亿平方米，人均体育场地面积达 2.89 平方米。① 二是丰富体育消费供给。以运动项目产业为载体，构建完整运动项目产业链条，运动项目产业链的完善与体育消费之间形成一个良性循环，为消费者提供更为便捷的参与路径和多样化的选择。当前，足球、篮球、自行车、羽毛球、山地户外、汽摩、虚拟体育等众多运动项目产业链条逐步形成，产业规模效应初显。尤其是冰雪产业得到长足发展，近年来，冰雪运动、冰雪文化、冰雪装备、冰雪旅游等产业快速兴起，冰雪经济热度提升。全国各地差异化布局助力冰雪场地设施供给稳步优化，截至 2023 年底，全国共有各类冰雪运动场地 2847 个，其中，滑冰场地 1912 个、滑雪场地 935 个。相比 2022 年，2023 年冰雪运动场地数量增长了 16.11%，其中，滑雪场地增长 6.74%、滑冰场地增长 21.32%。② 三是丰富体育消费场景。各地重点培育 1~2 个体文旅商联动的消费新场景，释放体育休闲服务消费潜力。例如，各地利用特色自然资源禀赋积极打造综合户外运动空间的热度正在持续上涨，各地户外运动基地从点到线、以线带面，多层次协同发展，形成全域互联、项目多样、产业融合、受众面广的户外运动消费空间。例如，浙江省提出创新"体育+旅游"全域模式，打造"运动浙江 户外天堂"品牌，加快建设"环浙步道"，推动浙江省形成综合户外运动空间，构建了户外运动与自然保护融合发展的浙江模式。该举措有助于创造更多的消费机会，吸引更多的消费者参与体育活动。

（四）培育与壮大市场主体，激发市场活力

2023 年公布的体育领域国家级"专精特新"企业及制造业单项冠军企业名单，指导全国各省（区、市）出台多样化政策，采取多元化手段不断

---

① 《2023 年全国体育场地统计调查数据》，国家体育总局网站，2024 年 3 月 11 日，https：//www.sport.gov.cn/n315/n329/c27549770/content.html。
② 《大众冰雪消费市场研究报告（2023—2024 冰雪季）》，国家体育总局冬季运动管理中心，2024 年 6 月。

培育壮大体育市场主体。在扶持中小微企业方面，北京、湖北、辽宁、山东、上海、四川、天津、湖南、重庆、福建、广东利用体育产业引导资金对中小微企业进行专项扶持。在培育龙头企业方面，甘肃、湖北、辽宁、四川、云南、山东等地积极建设体育产业集团。广州成功推动"体育与健身"重点产业链"链长制"九个一工程，确立广州双鱼体育用品集团有限公司为总链主企业，广州珠江体育文化发展股份有限公司、广州爱奇实业有限公司等公司为分链主企业，形成链主带动行业发展的良好态势。在强化企业服务机制方面，贵州连续3年举办贵州体育产业工作座谈暨体育企业联席会议，同时开展入企走访活动，对体育规上企业进行常态化帮扶指导。江苏全省建立74个体育产业政企沟通联系点，开设"江苏体育企业发展服务政策库"微信小程序。广西成功争取到北部湾经济区（6个设区市）范围内符合条件的11个大类体育企业享受9%的企业所得税，是全国体育企业享受的最优惠税收政策。可见，政府通过优化营商环境、支持创新创业、提供政策支持等措施，可以有效地激发市场活力，促进体育产业发展。

（五）加强体育市场监管，优化产业发展环境

新修订的《体育法》以习近平法治思想为指导，针对体育领域的立法和治理问题，新增了第十章"监督管理"，细化了体育市场和高危险性项目的监管体系，强化了政府在《体育法》实施中的主体责任。新《体育法》通过立法明确责任体系、完善制度机制、细化监管监督、重视执法保障、强调人大监督，对高危险性体育项目和赛事活动提出了更严格的监管要求，旨在提高法治化水平，保障人民生命安全，促进体育事业高质量发展和体育强国建设。有效的市场监管可以防止不正当竞争和欺诈行为，确保市场的公平与透明，营造健康有序的市场环境，保护消费者的合法权益，提升消费者对产品和服务的信心。同时，优化产业环境和健全的法治体系有助于吸引更多投资，激发创新活力，提高体育产业的整体竞争力和国际影响力，推动产业链的成熟，最终实现经济效益和社会效益的双重提升。

一是体育市场监管体系初步建立。体育市场监管不断探索创新，通

过多项措施实现监管与服务的深度融合。在监管与服务融合方面，例如上海市体育局和上海市社会体育管理中心组织的体育赛事活动"一网通办"和相关政策解读活动，不仅为市场主体提供了便捷的办事平台，还通过详细的政策说明，使市场参与者更好地理解相关法规，提升经营的规范性和透明度。这种做法有助于减轻日常监管的负担，也为市场发展创造了良好环境。在监管与体育改革相匹配方面，配合"放管服"改革，上海积极调整监管方式，逐步放开体育赛事的举办限制。例如，对《上海市体育竞赛管理办法》和《上海市体育赛事管理办法》的对比分析显示，监管重心从严格限制转向服务和指导。这种转变反映了对快速增长的体育赛事市场的适应以及对未来发展的前瞻性考量。在监管与消费关联性加强方面，上海注重保护消费者权益，尤其在健身行业。面对预付式消费的投诉，上海通过多部门协同监管，以及使用单用途预付消费卡平台和示范文本等工具，显著减少了相关投诉数量，这不仅提高了健身行业的服务水平，也为其他领域的体育消费监管提供了宝贵经验。总体而言，上海通过创新监管增强了市场的活力和消费者的信心，为全国体育市场监管提供了成功的范例。

二是服务平台建设逐步健全。体育产业资源交易平台能够有效促进体育产业资源的开放和共享，增加专业化公共服务的有效供给。截至2023年12月31日，已有12个省（区、市）建设省级体育产业资源交易平台。北京市体育局、天津市体育局、河北省体育局共同建设京津冀体育产业资源交易平台，为京津冀体育产业资源整合、信息共享、规范流转和优化配置服务提供支撑。福建厦门建立体育产业资源交易平台为体育企业提供股权转让、赛事承办权、经营开发权、赛事电视转播权、新媒体版权、体育实物资产交易等多种服务，进一步解决体育资源交易信息闭塞、资源无法有效配置等问题。广西推动建设广西—东盟体育产业资源交易平台。

三是开放新格局取得成效。推动体育展览展会蓬勃发展，目前我国体育展览展会形式、内容、规模、影响等不断取得突破。作为亚太地区规模最大的体育行业综合性展览品牌，2023年中国体博会的整体规模创下近五年新

高，参展商数量达到 1565 家，展会体量超过 15 万平方米。此外，北京市举办国际冬季运动（北京）博览会现场签约，签约总金额高达 111.46 亿元。福建举办中国体育产业融资展，助推体育产业跨越发展。云南举办 2020 年云南体育旅游项目招商会，现场促成项目意向签约金额达 54.93 亿元。会议、展览、活动三种路径融合成为一种发展趋势。

三　中国式现代化进程中体育产业发展趋势

党的二十大报告围绕全面建设社会主义现代化国家的历史任务，深刻阐述了中国式现代化的科学内涵、中国特色和本质要求，为我国未来发展指明了方向。在全面建设社会主义现代化国家、向第二个百年奋斗目标进军的新发展阶段，体育产业作为新经济的重要内容，承担着成为国民经济支柱性产业的重要使命，并在推动高质量发展、创造高品质生活、发挥体育多元功能等方面展现更大作为。未来一段时间，面向中国式现代化的中国特色和本质要求，如何进一步提升体育产业贡献率是体育产业发展过程中必须回答的问题。

（一）由快速扩张迈向高质量发展

实现高质量发展是中国式现代化的本质要求之一，是全面建设社会主义现代化国家的首要任务。在全面建设社会主义现代化国家的新征程中，体育产业的发展逐渐转向"提升质量和效益"的高质量发展。随着进入后工业化时代，发展方式转变、产业结构优化和新旧动能转换成为经济高质量发展的主要任务。而我国体育产业也需从劳动密集型向智力密集型转变，从低附加值向高附加值转变，以满足人民日益增长的美好生活需要。2019 年国务院首次明确了体育产业高质量发展的国家战略目标，推动体育产业高质量发展成为必然选择。目前，体育产业处于导入期向成长期过渡的阶段，仍以量的扩张为特征，但需要在高速增长和高质量发展之间找到平衡。体育产业必须遵循产业成长规律，实现高速增长，同时通过质量、效率和动力的变革，实现质的提升，以更高的综合效益支持经济发展。这表明体育产业必须在中国式现代化进程中发挥新引擎作用，实现从量的扩张到质的提升的关键转变。其中，质量变革是关键，通过供给侧结构性改革提高产业供给的质量，并推动产业结构向中高端发展。效率变革作为发展主线，通过优化产业制度环境和改变要素投入方式提升运行效率。同时，动力变革作为基础，通过强化技术、人才、资本等创新要素的作用，增强需求和要素动力，促进体育制造业的转型升级和体育服务业的进步。未来，体育产业的发展趋势将在产业转型提质、创新要素驱动和健全的市场监管及标准体系中展现。一是体育制造业将实现持续的转型升级，同时体育服务业也将取得显著进展，带动运动项目的产业化进程加速推进。二是创新要素如技术、人才、资本和数据正取代传统要素，成为体育产业发展的核心动力，从而进一步激发体育消费潜力并完善产业的内需体系，为产业注入新动能。三是随着体育市场的监管体系、行业信用体系、法治保障和标准体系的逐步完善，体育产业的生产、服务和商业模式的创新能力将不断提升，确保产业走上健康、有序和快速的发展轨道。

（二）由政策引领迈向需求牵引

中国体育产业政策通过加强宏观调控、提升竞争力和优化布局引导产业发展，在导入期选择性支持新兴产业成长，成长期则转向市场竞争导向的功能性政策，目前正处于从导入期向成长期过渡的关键阶段，市场需求潜力逐渐释放并成为主要动力。加快构建以国内大循环为主体、国内国际双循环相互促进的新发展格局是推进中国式现代化的必然要求。需求侧管理是构建新发展格局的重要支撑，通过促进消费升级、完善投资结构和扩大对外贸易，增强需求对供给的牵引作用。为此，体育产业需充分利用国内超大的内需市场优势，积极探索和完善需求管理政策与体制，发挥体育消费的基础性作用以及体育投资和出口的关键性作用，从而推动形成由需求牵引供给的双循环新格局。中国式现代化进程中，体育产业明显从政策引领转向了需求牵引，展现出强大的动力，具体展现出以下趋势。一是在体育消费需求方面，为满足中高端体育消费需求，政府加大政策投入以促进消费升级，以"体育赛

事进景区、进街区、进商圈"为典型举措引领消费发展。另外，随着人口结构和受教育水平的变化，个性化、智能化体育消费增长迅速，以北京的一些智能健身房项目为例，采用人工智能技术定制健身方案，受到了年轻消费者的青睐。针对"一老一少"的市场特征，政府积极推动运动康养项目，2023 年的全国健身大会特别关注老龄人群的健身设施优化；在青少年体适能方面，教育部与体育部门合作推动校园体育设施升级。二是在体育投资方面，"补短板"和"促升级"成为投资的关键词。例如，浙江省政府投资乡村体育公园建设，解决基层场地设施不足的问题；海南省则大力发展体育旅游和数字体育，吸引国内外游客，展现了"促升级"的成效。三是在体育服务贸易方面，中国扩大电子竞技领域的出口，2023 年中国的顶级电竞赛事如 LPL（英雄联盟职业联赛）的国际影响力显著增强，扩大了服务出口优势。此外，具有中国特色的武术表演项目正在通过"一带一路"走向世界，提高了我国在全球体育服务贸易中的话语权和文化软实力。未来一段时期，体育产业政策与市场需求的双向促进，也强调了在中国式现代化进程中，需求拉动已成为不可或缺的核心驱动力。

（三）由资源依赖迈向创新发展

体育产业资源是企业竞争优势和产业可持续发展的基础，包括传统生产要素和体育场馆等特殊要素，随着新业态不断涌现，体育产业范畴和形态不断扩展。而我国长期以来依赖投资带动的资源驱动方式，目前在要素配置上面临供给约束和错配问题。中国式现代化进程中，体育产业依靠创新驱动成为构建新发展格局的重要支撑和推动高质量发展的关键。加快构建新发展格局，要以创新驱动作为战略基石。在全球化遭遇逆流和新兴经济体激烈竞争的背景下，体育产业必须通过科技创新提升发展质量和效益。这意味着，通过科技创新，体育产业不仅可以升级传统消费需求，还能开拓智能健身和虚拟赛事等新兴市场，抢占科技和产业的制高点。这种创新驱动不仅能创造新的经济增长点，还能提升我国在国际市场上的竞争主动权，从而有效促进国内国际双循环，为我国现代化建设提供坚实的基础性和战略性支撑。因此，应加快实施创新驱动发展战略，为体育产业提供新动能。党的二十届三中全会提出，完善要素市场制度和规则，推动生产要素畅通流动、各类资源高效配置、市场潜力充分释放。体育产业要深化要素市场化配置改革，必须推进劳动、资本、土地、技术、数据等要素改革，增强要素配置的灵活性、协同性和适应性。技术、人才、资本、数据作为创新要素，将在体育产业创新发展中发挥至关重要的作用。在中国式现代化进程中，体育产业的高质量发展离不开技术、人才、资本、数据的强力支撑。一是技术赋能体育产业转型升级。随着高新技术的迅速发展，体育产业正迎来一场智能化和科技化的深刻转型。例如，信息技术和物联网的结合正在改变体育训练和赛事管理的方式，体育场馆的智能化改造使得观众体验和赛事运营更加高效便捷。在5G技术的支持下，虚拟现实（VR）和增强现实（AR）技术被广泛应用于观赛体验，提升了观众的沉浸感。生物技术的应用改进了运动员的体能监测和康复过程，而新材料技术则在智能运动装备中找到突破，增强运动安全性的同时提高运动员运动表现。二是人才支撑体育产业创新。通过实施人才强国战略，我国体育产业正在不断吸引和培养高层次、复合型、创新型人才。此外，各大体育机构正深化产教融合，退役运动员也得到了更多的就业和创业支持，他们活跃在赛事组织、体育教育和体育传媒等领域，以独特的经验和视角推动产业发展。三是资本市场助力体育产业发展。金融供给侧结构性改革为体育产业发展提供了更灵活的资本支持。近年来，中国体育产业投资基金等机构不断涌现，支持了一大批创新型体育企业的发展。例如，一些初创公司通过资本市场得到了重要的融资支持，推动了智能健身设备和在线健身服务等新业务的兴起。资本市场的开放与多样化使得体育产业与金融行业的合作更加紧密，为企业创新提供了充足的资金。四是挖掘数据价值推动体育产业发展。数据要素在推动中国体育产业创新中发挥关键作用，贯穿观众体验和商业决策的方方面面。在观众体验方面，腾讯体育利用用户观看历史和兴趣偏好数据，提供个性化赛事直播和精彩集锦，增强用户黏性和观赛体验。在商业运营上，安踏通过数据分析深入洞察消费者需求，从而指导产品设计和营销策略，保持市场竞争力。此外，在2024

年服贸会上，数字体育成为热点，展示了数据在推动体育产业发展中的强大动力。数据要素与数字技术的发展形成共振，在场景应用中实现价值释放，赋能体育产业的创新发展和转型升级。

（四）由初步整合迈向深度融合

产业融合是产业经济的基本规律，也是现代化产业体系的重要发展趋势。体育作为大健康、大文化、大休闲的重要组成部分，具有关联性强的特征。在中国式现代化进程中，体育产业通过与旅游、文化、养老、教育、健康、科技等产业的深度融合，推动了产业链和价值链的提升，形成多元业态。在国务院政策的推动下，体育产业从互动阶段逐渐整合发展到融合阶段，提高了资源配置效率。尽管技术进步和消费需求变化促使新业态快速成长，但体育产业仍面临整合壁垒。未来，应结合健康中国战略和乡村振兴，深化产业融合与改革，实现价值增值。一是户外运动产业的跨界融合正在加速。这一趋势与绿色转型和生态文明建设高度契合。通过与乡村旅游和休闲农业等领域的结合，户外运动不仅促进了生态环境的保护和可持续发展，还拓展了体育旅游的市场空间。随着居民对健康和生活质量的追求，户外运动逐渐成为新兴的社会时尚。同时，以户外露营和体育游学为代表的新业态和新产品不断涌现，进一步推动了"体育+"产业的发展。这些发展动向不仅有助于实现人与自然的和谐共生，还为经济的多样化提供了新的动力。二是运动促进健康新模式将不断涌现。随着全球肥胖率上升和人口老龄化加剧，运动和健康管理的重要性日益凸显。因此要推动健康关口前移，以提升全民健康水平。为此，国家体育总局联合相关部门制定了《社区运动健康中心建设试点工作方案》，旨在创建综合性健康服务新模式。该模式将整合先进健康监测技术、专业运动指导和营养管理，旨在预防慢性疾病并提升居民整体健康水平。具体来说，社区运动健康中心将整合先进的健康监测设备、专业的运动指导服务以及科学的营养管理方案。中心将配备专业的健康教练和营养专家，为居民提供个性化的健康评估服务，制定科学的运动计划和营养饮食建议。通过这些细致的服务，期望能够提升社区居民的整体健康水平，建立以预防为主导的健康管理体系。三是乡村振兴与体育产业发展深度融合。体育产业的带动作用能够全面促进乡村经济、社会和文化的可持续发展。首先，体育赛事和活动能够显著提升乡村的基础设施建设水平，如道路、体育场馆和旅游接待设施的建设，为乡村的长远发展奠定坚实基础。其次，体育产业的发展可以带动相关产业链的形成，如体育装备制造、旅游、餐饮和住宿服务业，增加乡村就业机会，提升农民收入水平。例如，乡村马拉松、自行车赛和足球联赛不仅吸引了大量参赛者和观众，还促进了当地特色农产品的销售和旅游业的发展，有效提升了乡村的知名度和经济效益。最后，体育活动还可以丰富村民的文化生活，增强社区凝聚力，促进健康生活方式的普及，提升乡村的整体宜居性。总之，乡村振兴与体育产业发展的深度融合，不仅能够加速乡村经济的多元化增长，还能全面增进乡村的社会福祉，为实现乡村全面振兴注入新的活力。

（五）由政府主导迈向企业主体

体育产业的发展得到政府与市场的协同推动，这是在中国改革开放情境下的鲜明特征。政府在其中扮演引导角色，而市场则逐渐成为优化资源配置和激发产业活力的主要力量。体育企业作为体育产业的关键主体，不仅是体育产品和服务的主要提供者，而且在促进经济增长、增加就业和推动科技创新方面具有重要作用。根据规模，企业可划分为大型、中型、小型和微型，它们在产业生态中具有不同的作用。随着市场化改革的深化，我国体育企业经历了以政府为主导到"政府引导、市场主导"的演变，企业数量和规模迅速扩张，特别是 2014 年《国务院关于加快发展体育产业促进体育消费的若干意见》发布后，社会对体育产业的投资热情显著提升，推动了体育企业的加速发展。但是，与发达国家相比，我国龙头体育企业在规模、资本操作、技术革新等方面依然有较大差距，缺乏具有品牌影响力和资本实力的上市公司和"专精特新"企业。在当前国际环境的不确定性和复杂性增加的情况下，创新已成为全球竞争的核心。为了加快体育产业的创新进程，必须强化体育企业的创新主体地位，构建良好的创新生态系统，并加大支持力度，以持续激发体育企业创新活力，推动体育产业实现更高质量的发展。一是发挥龙头体育企业的引领作用。龙头体育企业在产业链中占据主导地位，具有重要的示范和引领效应。它们能够有效整合上下游企业资源，大幅影响整个产业链的资源配置，从而决定体育产业的创新方向。通过推动"建圈强链"策略，增强龙头企业的创新主体地位，并加大政府支持力度，能够更好地发挥龙头企业引领作用，例如通过技术革新和运营升级，促进产业的高级化和现代化。二是培育"专精特新"中小企业。我国的"专精特新"企业、"瞪羚"企业和隐形冠军企业在市场中拥有独特的竞争优势，但大部分仍处于孵化或成长阶段，面临较大的风险压力。为了促进这些中小企业的发展，需要提供良好的营商环境和成长沃土。可以通过建设体育专业楼宇、孵化基地和产业生态园等方式，创造支持它们发展的基础设施。同时，应建立创新服务扶持机制，强化资金、人才和技术等要素保障，推动中小企业创新能力和市场竞争力的提升。

四　新质生产力驱动体育产业高质量发展的实现路径

高质量发展是新时代的重要理念，需要新的生产力理论作为指引。在此背景下，习近平总书记在中共中央政治局第十一次集体学习时指出："发展新质生产力是推动高质量发展的内在要求和重要着力点。"[①] 这一重要论述强调了新质生产力在推动高质量发展中的关键作用，展示了其在实际应用中所具有的强劲推动力和支撑力。在体育产业迈向高质量发展过程中，新质生产力成为必不可少的驱动力，为深化对体育产业发展规律的认识提供了重要依据。新质生产力的构建核心在于科技创新，并以战略性新兴产业和未来产业为载体，以培育高质量发展新动能。体育产业作为新兴产业，新质生产力

---

① 习近平：《发展新质生产力是推动高质量发展的内在要求和重要着力点》，《求是》2024年第11期。

的引入表现为对资源配置、技术创新、市场需求和产业结构的重构。这意味着，体育产业不仅要在传统的运动项目与赛事中寻求突破，还需要在健身、休闲、文化与数字技术等新兴领域开辟发展新赛道，最终形成多元化、高效化的产业结构。因此，加快发展新质生产力不仅是推动体育产业高质量发展的客观要求，也是体育产业实现现代化、迭代升级的重要保障。通过新质生产力的推动，体育产业将在新时代的征程中不断探索创新，实现高质量发展，进而塑造新的发展动能与优势。新质生产力助推体育产业实现跨越式发展，需要从科技创新、产业体系、产业数字化、体育消费、保障机制等多个维度展开深入探究。

（一）提升科技创新能力，筑牢高质量发展软实力

新质生产力的显著特点是高度依赖创新，创新在体育产业发展中应作为核心引擎进行全面推动。以科技创新推动产业创新，是实现体育产业深度转型升级的关键路径。通过不断引入和应用新技术，体育产业可以提高生产效率，降低运营成本，提升产品和服务的质量，从而在激烈的市场竞争中占据有利地位。

一是科技创新强化关键核心技术攻关。体育产业新质生产力的形成同样依赖前沿技术领域的颠覆式创新，为持续推动科技创新在体育产业中的应用与发展，我国应定期开展对体育领域关键技术的识别，特别注重加速推进"卡脖子"技术和薄弱环节的科技攻关。这种动态识别机制不仅可以帮助及时发现制约体育产业发展的技术瓶颈，还能有效整合跨领域的科技资源，确保体育科技攻关方向的精准性和前瞻性。从国家层面的核心技术攻关来看，例如智能体育装备、运动大数据分析、虚拟现实训练系统等创新必须在国家主导下，以"大科学"方式统筹安排和科学布局，形成从基础研究到应用开发再到产业推广的全链条创新体系。在此基础上，各类科研主体，包括高校、研究机构和体育科技企业等，将被引导和激励主动对接国家在体育产业中的重大战略需求，形成合力，组建创新联合体。这样的合作模式能够促进不同主体之间的资源共享与优势互补，加速体育科技

创新成果的转化与应用,推动体育产业高端化、智能化和国际化发展。二是科技创新助力体育制造业迈向自立自强。在体育用品制造业的发展中,应强化体育企业在科研创新活动中的主体地位,特别是产业链上的龙头和关键企业应在基础研究与创新突破上发挥引领和支持作用。在体育用品制造业中,链主企业作为"主力军"和"领头羊",应带领各类经营主体,聚焦提高产品质量、创新材料应用、优化产品功能与设计等关键技术领域,以共同解决行业中的关键核心技术难题,推动国产体育装备国际竞争力和市场份额的提升。三是科技创新提升体育服务质量。随着赛事规模的扩大和需求的复杂化,气象大数据、人工智能、物联网和云计算等前沿技术构建了全方位、精细化、智能化的综合保障体系,为大型和各级赛事的安全运行提供坚实支撑,也为日常运动训练和大众健身创造科学便捷条件。从赛事组织和服务来看,智能交通管理和医疗服务系统通过协同工作,实现了人流和车流的智能调度,减少了拥堵,提升了观众体验感。从智能场馆管理方面看,物联网技术实现了设施的实时监控和智能调节,如自动调节照明和空调系统,提升了观赛体验且降低了运营成本。通过大数据分析,可更好地理解观众需求,制定精准运营策略。从用户个性化体验来看,数字化服务平台集成人工智能助手,提供智能健身指导和医疗服务,收集用户运动数据提供个性化健身计划和建议。VR 和 AR 技术提供沉浸式赛事体验,提高观众的参与感和满意度。

(二)加快建设现代化产业体系,支撑和保障产业转型升级

打造现代化体育产业体系是我国现代化经济体系建设的重要组成部分,是体育产业高质量发展的基本要求,对培育经济发展新动能具有重要意义。要努力打造的现代化体育产业体系,是以健身休闲和竞赛表演为龙头,体育高端制造业和现代体育服务业融合发展的产业体系。

一是以健身休闲业与竞赛表演业为引领。为了建设与世界体育强国地位相匹配的体育赛事体系,应加强重大赛事的战略规划,积极引进和举办国际顶级赛事,努力申办有全球影响力的赛事,建立国际标准评价体系。优化职

业赛事环境，培育中国特色体系，支持高水平赛事和俱乐部发展，推动治理结构现代化。鼓励社会力量参与，打造具有民族文化特色和生态优势的赛事品牌，提升国际竞争力，推广区域特色赛事，加大市场推广力度。同时，实施全民健身计划，推广多样化、易参与的体育项目，支持冰雪、水上、户外等消费引领性项目，推进极限运动和电子竞技发展。科学规划体育场地设施，推进全民健身场地设施全覆盖，建设便民运动中心和场馆，鼓励社会力量参与，构建多元化健身休闲设施。此外，开展体育资源调查，合理布局体育产业，保护自然资源，打造健身休闲产业带和集聚区。结合体育产业基地建设，培育健身休闲服务示范基地，推动体育旅游休闲基地发展，建设特色体育休闲目的地。这些措施将推动我国体育赛事体系和健身休闲产业的高质量发展。二是发展先进体育制造业。国家推动体育装备制造产业转型升级，鼓励企业向服务业拓展，深化制造与服务的系统集成，形成全产业链竞争优势。支持企业发展定制服务，以满足个性化生产需求；积极培育本土品牌，通过引进先进技术和海外并购，提升冰雪、水上和户外运动等器材的国产化水平。在技术创新方面，国家建设公共技术服务平台，支持研发具有自主知识产权的新型体育装备和可穿戴设备，推动智能制造、增材制造等技术在体育领域的应用。建立创新产品推荐目录，将符合条件的体育装备纳入优先采购清单。同时，支持龙头企业设立高端研发机构，利用互联网技术满足青少年和老年人的个性化需求，研发多样化的体育器材。国家还将建设质量监督检测中心，制定相关国家标准，以确保体育装备的质量与安全。这些措施将推动我国体育装备制造行业的高质量发展。三是体育制造业与体育服务业深度融合。数字技术的飞速发展使体育制造业领域催生智能制造、柔性生产和全生产周期管理等多种全新组织方式，极大地提高了资源配置效率。推动体育制造业与服务业的深度融合必须抓住数字化这一核心驱动力，将数字化转型视为主要路径。通过智能化的数字技术，可以对传统产业链和供应链进行全面改造，从而实现体育实体经济的质量与效率双提升。具体而言，利用物联网、大数据分析、云计算和人工智能等先进技术，体育制造业能够实现生产过程的自动化、智能化和信息化。柔性生产则让企业能够根据瞬息万变的

市场需求，迅速调整生产线，灵活应对市场波动，更好地满足消费者的个性化和定制化需求。而全生命周期管理通过全面的数字化数据分析，实现从产品设计到生产再到售后服务的全程精细化管理，大幅提升了整体运营效率。此外，在体育服务业与体育制造业的融合过程中，通过建立专门的数字化服务平台，体育企业能够精准捕捉消费者需求，提供量身定制的服务和解决方案，亦可发展服务反向制造，鼓励体育服务业企业通过品牌授权、贴牌生产、连锁经营等方式嵌入体育制造业企业。

（三）大力推进产业数字化，发展新业态新模式

体育产业数字化是指通过数字技术与体育产业的深度融合，激发产业创新与变革的力量，其中最具突破性的特点在于多层次、全方位融合。这种融合具体体现在三个关键层面。在要素的融汇方面，体育产业数字化通过构建数字化的系统、平台和终端设备，彻底重塑并丰富了体育活动中人与人、人与物、物与物之间的互动模式与内容。这种转变推动了体育活动中人、机、物等核心要素在物理世界、人类社会和虚拟信息空间中的智能互联与协同运作，实现了要素之间的无缝对接和高效互动。在技术的整合方面，数字技术在体育产业中的应用深刻反映了当前科技革命的进展。大数据分析、人工智能、物联网等前沿技术的引入，不仅为体育产业提供了全新的工具和方法，还为未来可能出现的新兴技术预留了广阔的应用空间，使新兴技术能够持续推动体育产业的创新发展。在业态的融合方面，数字技术不再局限于体育产业的某一个特定环节或领域，而是全面渗透体育的全场景、全领域、全流程。这种深度融合应用催生了众多全新的体育场景和商业模式，孵化出大量新业态，极大地推动了体育产业的数字化转型。这不仅促进了各种创新模式的涌现，也为新业态的蓬勃发展提供了肥沃的土壤，进一步丰富和拓展了体育产业的内涵与外延。通过这种全方位的数字化转型，体育产业得以不断提升运营效率、用户体验和市场竞争力，迈向更加智能化和可持续发展的未来。

体育产业结构复杂，涵盖体育用品制造业、体育竞赛表演业、体育场馆

服务业以及体育教育培训业等多个关键组成部分。这些产业不仅是体育生态系统的重要支柱，也是推动整个体育产业向前发展的核心动力。数字技术的蓬勃发展，正在加速体育产业市场服务体系的现代化进程，赋能各子产业转型升级，为体育产业的全面现代化和智能化注入新的活力。

一是数字技术赋能体育用品制造业定制化产销。传统体育用品制造业依赖大规模生产模式，难以满足消费者日益增长的个性化需求。大数据分析和人工智能技术帮助制造商精准捕捉市场需求，实现定制化生产，不仅提升了产品的市场适应性，也提高了消费者的满意度和忠诚度。例如，李宁与腾讯合作打造"智慧门店"，利用智能试衣镜、人脸识别等技术，提供个性化服务和精准营销，优化库存管理，降低运营成本，实现从大规模生产向定制化产销的转变。

二是数字技术推动体育竞赛表演业融合发展。数字技术打破了时间和空间的限制，为体育竞赛表演业带来了新的发展机遇。VR、AR和直播技术的应用，使得体育赛事不仅可以在现场举办，还能通过网络平台实时传播，覆盖更广泛的观众群体，提升赛事的观赏性和参与感。例如，王者荣耀职业联赛（KPL）将赛事全线上化，并推出虚拟主持人，利用动作捕捉技术实现生动互动，为观众带来耳目一新的观赛体验，吸引更多年轻用户关注，推动了电竞乃至传统体育赛事的转型升级。

三是数字技术助力体育场馆服务业智能化升级。智能场馆管理系统、物联网技术的应用，使得体育场馆的运营更加高效和智能。观众可以通过手机应用获取场馆内的实时信息，预订座位、购买食品饮料等，大大提升了用户体验。此外，场馆的智能化管理还能够优化资源配置，减少能源消耗，提升运营效率，为场馆服务业带来新的增长点，促进场馆智能化升级。

四是数字技术促进体育教育培训业平台化发展。在线教育平台的兴起打破了传统体育教育培训的地域限制，使得体育培训不再局限于面对面教学，而是可以通过网络平台进行远程教学。平台化服务不仅扩大了培训的覆盖范围，还能够整合优质的教学资源，提供个性化的学习方案，满足不同学员的需求。通过数据分析，平台可以实时监控学员的学习进度，提供针对性的反

馈和建议，进一步提高教育培训的效果和效率，推动体育教育培训业平台化发展。

（四）加强产品与服务有效供给，释放体育消费发展潜能

在新发展格局的背景下，体育消费的高质量发展成为推动经济增长的重要引擎。这一发展不仅是扩大内需、拉动消费的有效手段，更是促进国内国际双循环的关键环节。随着人民生活水平的提高，消费者对体育产品和服务的需求日益呈现个性化、差异化和品质化的特点。从供给端看，数字化转型利用大数据和云计算技术，深入分析消费者的运动习惯与偏好，实现精准市场细分和个性化服务，满足个性化需求，唤醒潜在消费市场。新材料、新工艺和新技术的应用显著提升了体育产品的性能和品质，使消费者在使用器材健身时体验更加舒适和安全，进而增强产品吸引力，刺激消费增长。此外，通过推广使用环保材料和节能技术，降低环境影响，符合消费者对健康与可持续发展的追求，引导消费者选择更环保的体育产品与服务。因此，新质生产力的提升不仅满足了多元化消费需求，也为体育消费的持续增长和市场繁荣奠定了基础。

新质生产力通过技术革新和模式创新，推动传统体育行业的改造提升、新兴体育产业的培育壮大以及未来体育产业的布局建设，从而促进体育消费的转型升级和整个产业链的完善。一是提升传统体育行业的消费体验。通过推进高端化、智能化和绿色化发展，运用现代科技提升体育赛事、媒体和场馆的质量，打造高端品牌和产业集群，拓展产业链、提升附加值，并充分利用数字技术的网络协同效应，促进产品上下游的互联互通。二是创造新兴体育消费场景。推动体育与文化、旅游、健康养生等产业的融合，创造体育消费的数字化场景，支持体育康复与医疗的结合，提升体育服务产品的质量，打造具有竞争力的品牌和产品，扩大体育消费规模。三是挖掘未来产业的消费潜力。将人工智能、元宇宙、脑机接口等前沿技术应用于体育行业，推动数字技术渗透，利用数字遥感、动作捕捉、数字仿真等技术为用户提供个性化服务，开发高端智能可穿戴设备，建立互联网体育社区，优化消费者参与方式，深入挖掘电子竞技产业的潜力，推动电竞产业规范化、主流化和国际

化发展，助力体育消费的转型与升级。四是建立开放、协同的体育消费政策机制。通过简化政府管理程序，营造一个高开放、高包容、高精度的体育消费创新政策环境，并提供税收优惠和财政补贴，以减少行政壁垒对创新活动的影响，鼓励创新要素的动态流动，确保体育消费领域的持续科技创新。建立跨部门、跨区域的协同机制，提升政策体系的运行效率，促进国内外体育企业的交流与合作。通过国际化标准打造规范的营商环境，采取"引进来"和"走出去"相结合的策略，打通国内外常态化交流合作渠道，推动体育消费实现互利共赢，从而激发创新主体的活力，提升整个体育消费市场的竞争力。

（五）不断完善创新体制机制，提供有力制度保障

体育产业治理机制是推动体育产业健康发展的关键工具，它通过系统的组织、高效的运行和激励措施，协调与调整体育产业内的政治、经济、科技与文化等多重要素，将它们有机地结合起来，使之相互联系、相互作用，并形成一种相互制约的动态平衡。在这一过程中，政府、企业、研究机构及其他相关主体的协同合作至关重要，以共同推动体育产业治理机制的优化升级，为体育产业的长远发展奠定坚实基础。

一是区域协同机制创新。协同创新发展是实现区域体育产业一体化高质量发展的重要驱动力，尤其在长三角、京津冀和粤港澳大湾区等区域合作中尤为突出。协同创新是推动区域体育产业由传统要素驱动转向创新驱动的核心要义。在数字经济背景下，长三角、京津冀和粤港澳大湾区等应通过智慧体育场馆建设、跨区域体育赛事合作、体育科技协同创新、区域体育产业联盟和政策支持与引导，进一步推进区域体育产业的协调与创新发展。因此，应建立健全协调管理和联席会议制度，加强政府、体育协会及体育企业之间的合作，推动体育产业一体化发展。同时，建设区域内的协调合作发展平台，促进生产要素的自由流动，实现资源的高效配置。将协调与创新发展结合起来，不仅能推动体育产业的供给侧结构性改革，还能促进多层次融合和跨行业合作，以满足多样化和个性化的消费需求，形成具有国际竞争力的体育产业集群。二是夯实市场体系基础制度。当前我

国龙头体育企业较少，与国外大型体育公司相比，企业营业额、市场占有率较低，国际竞争力还较弱。因此要加快培育壮大体育企业，尤其是民营体育企业，积极培育具有世界竞争力的体育企业。同时，要加大对中小体育企业的支持力度，坚定企业发展信心，引导体育中小企业向"专精特新"方向发展。夯实市场体系基础制度是壮大体育产业市场主体、激发活力的有力保障。一方面完善产权保护制度，确保各类体育企业能够依法、平等地保护产权，降低创新风险，鼓励长期发展。另一方面通过政策支持、财政补贴、税收优惠等措施，鼓励体育企业进行技术和管理创新，提升竞争力。三是投融资机制创新。多层次投资市场能够为各类体育企业提供丰富的融资渠道，确保企业在不同发展阶段都能获得所需资金。例如，初创阶段的企业可以通过创业投资和天使投资获得资金支持，而发展阶段的企业则可通过股权融资和债务融资实现更大规模的发展。同时，完善的投资市场有助于引导社会资本向体育产业倾斜，吸引更多的投资者参与体育行业，从而推动整个行业的繁荣。此外，针对体育领域的科技专项贷款和产业发展专项金融支持，能够为体育企业的研发、生产和销售等环节提供全方位资金保障。这些专项资金不仅可以减轻企业的资金压力，还能激励企业在技术创新方面加大投入。

参考文献

黄海燕：《中国式现代化进程中的体育产业：发展趋势与变革路径》，《西安体育学院学报》2022 年第 6 期。

黄海燕等：《扩大内需战略下促进体育消费的关键问题与政策建议》，《体育学研究》2023 年第 6 期。

黄海燕等：《新时代体育强国建设的内涵、任务与路径》，《上海体育学院学报》2023 年第 11 期。

杨凤英等：《新质生产力驱动体育产业高质量发展的逻辑与路径》，《体育学刊》2024 年第 2 期。

分报告 ⟩⟩

B.2

2023~2024年中国户外运动产业
发展报告

曾博伟　程金燕[*]

摘　要： 在我国加快构建新发展格局、积极实施扩大内需战略的背景下，释放户外运动消费潜力，激发市场活力，加速户外运动产业发展，是满足人民美好生活需要、推动体育产业高质量发展的关键举措。当前，我国户外运动产业蓬勃发展，主要体现在户外运动产业政策持续发力、户外运动产业消费市场繁荣、户外运动市场主体发展壮大、重点户外运动项目持续牵引、户外运动产品供给日趋多元、户外场地设施建设逐渐完备、户外赛事安全管理机制逐步完善等方面。在快速发展的进程中，我国户外运动产业在资源发展环境、人才培养体系、市场供给、安全监管机制和消费潜力方面存在发展瓶颈。由此提出，我国户外运动产业亟须营造资源环境、提

---

[*] 曾博伟，北京联合大学旅游学院教授，中国旅游协会休闲度假分会副会长，研究方向为文化旅游体育政策、体育旅游；程金燕，北京体育大学体育休闲与旅游学院博士研究生，研究方向为体育旅游、户外运动。

高产业持续发展活力，拓宽人才培养渠道、完善人才培养体系，丰富产品供给、推动产品转型升级，加强政策供给、建立监管制度，释放消费潜力、提升消费水平。

关键词： 户外运动产业　户外运动项目　户外赛事管理

户外运动产业是提供相关运动产品和服务的一系列经济活动，是体育产业的重要组成部分。国家体育总局等八部委联合发布的《户外运动产业发展规划（2022—2025年）》提出"到2025年户外运动产业总规模超过3万亿元"的发展目标，从产业发展环境优化、产业布局调整、产业结构升级等六个维度，擘画了户外运动产业转型升级的蓝图。发展户外运动产业，不仅能够有效激活自然资源的内在价值，深刻践行"绿水青山就是金山银山"的可持续发展理念，也极大地促进了体育消费的繁荣，为经济增长注入了新的活力，对满足人民日益增长的美好生活需要具有重要意义。本报告对当前户外运动产业发展趋势进行全面分析，并针对产业发展瓶颈提出了相应的对策与建议，以期为深入了解我国户外运动产业发展的实际情况与未来的发展路径提供有力参考。

一　户外运动产业发展态势

（一）户外运动产业政策持续发力

近年来，国家级、省级衔接配套的户外运动产业政策体系已经基本形成。在国家层面，2023年9月，国务院办公厅印发《关于释放旅游消费潜力推动旅游业高质量发展的若干措施》；2024年8月，国务院印发《关于促进服务消费高质量发展的意见》。国家体育总局会同相关部门不断健全政策措施，2023年10月，国家体育总局等五部门联合印发《促进户外运动设施建设与服务提升行动方案（2023—2025 年）》；2024 年 4 月，国家体育总局办公厅印发《关于进一步加强高危险性山地户外运动赛事管理的通知》等。这些政策文件完善了户外运动产业的顶层设计，进一步释放户外运动消费潜力、加强户外运动设施建设、强化户外运动安全保障。在省级层面，各地也因地制宜编制支持户外运动产业发展的政策文件，多个省份出台了户外运动产业发展规划或行动计划，为户外运动产业发展营造良好环境（见表 1）。

表 1　2023~2024 年部分省份与户外运动产业相关的文件

省份	发布时间	文件名
云南	2023 年 5 月	《云南省户外运动产业发展三年行动计划(2023—2025 年)》
西藏	2023 年 8 月	《西藏自治区户外运动产业发展三年行动计划(2023—2025 年)》
湖南	2023 年 10 月	《湖南省户外运动产业发展规划(2023—2025 年)》
吉林	2023 年 11 月	《吉林省户外运动产业发展规划(2023—2025 年)》
湖北	2024 年 1 月	《湖北省马运动产业三年行动计划(2024—2026 年)》
湖北	2024 年 1 月	《湖北省冰雪产业发展三年行动计划(2024—2026 年)》
湖北	2024 年 1 月	《湖北省钓鱼产业三年行动计划(2024—2026 年)》
河北	2024 年 3 月	《河北省户外运动产业发展三年行动计划(2023—2025 年)》
河南	2024 年 4 月	《河南省户外运动产业发展规划(2024—2026 年)》
四川	2024 年 7 月	《四川省户外运动产业发展行动计划(2024—2027 年)》

资料来源：根据网络公开资料整理。

（二）户外运动产业消费市场繁荣

户外运动已逐步走向全民化，有效满足了人民群众的消费需求。在消费频次上，与户外运动相关的订单人次保持持续增长态势，与 2019 年相比，2023 年与户外运动相关的订单人次增长 14.99%；2024 年上半年与户外运动相关的订单人次同比增长 59.78%。在消费水平上，户外运动爱好者年均消费保持在较高水平，户外运动爱好者年均消费 2000~5000 元。与 2019 年相比，2023年与户外运动相关的订单消费金额增长63.42%。在消费群体上，户外运动核心消费群体以80后、90后为主。2023年，在户外运动参与群体中，80后群体占比最高，为37.13%；其次是90后群体，占比35.17%；00后的青少年群体和70后群体相当，占比分别为12.79%、10.02%。在消费项目上，不同户外运动项目的消费情况表现不一，2024年上半年，骑行、垂钓、滑翔伞、冲浪、帆船的订单量相较2023年上半年有所增长，马术、露营、潜水、漂流的订单量则有所下降。① 此外，中国户外运动产业大会、中国体育旅游博览会等各类活动成功举办，进一步释放了户外运动的经济效益和社会效益。北京、上海等地在消费季活动中也通过发放体育消费券等措施，极大地促进和扩大了户外运动消费。

（三）户外运动市场主体发展壮大

市场主体是户外运动产业发展的基石，近年来，各类社会力量投资、发展户外运动产业的热情高涨，市场主体迅速发展壮大。截至2024年9月底，我国在营户外运动相关企业17.7万余家。其中，2024年1~9月，新增注册户外运动相关企业4.2万余家，比2023年同期增长近50%；从地域分布看，广东、江苏、浙江、湖北、福建户外运动相关企业数量位居前列，分别为1.5万余家、1.3万余家、1.3万余家、1.3万余家和1.1万余家。从成立时间看，51.4%的相关企业成立于1~5年内，成立于1年内的相关企业占31.6%。② 随着户外运动装备需求显著提升，中国户外运动装备市场规模已由2019年的675亿元增长至2023年的872亿元。③ 因此，多数户外运动装备相关企业营业收入保持快速增长，2023年牧高笛、探路者、三夫户外营业收入合计超过35亿元。④ 在北京冬奥会带动下，冰雪装备器材企业的销

---

① 国家体育总局：《中国户外运动产业发展报告（2023—2024）》，2024年10月。
② 国家体育总局：《中国户外运动产业发展报告（2023—2024）》，2024年10月。
③ 《2024年中国户外装备行业市场现状及发展前景预测分析（图）》，中商情报网，2024年4月18日，https://www.askci.com/news/chanye/20240418/1719562713431996234 41775.shtml。
④ 《中国三大户外巨头盈利出炉，一年赚了40个"小目标"｜行业观察》，网易新闻，2024年5月11日，https://www.163.com/dy/article/J1U2T62O05562E0G.html。

售额也大幅增长。户外运动相关企业的投融资市场也十分活跃，2023 年国内体育领域共发生 49 起投融资事件，融资总额超 81.97 亿元。其中，户外运动是最受关注的前五大领域之一，共获得 10 笔、总额 4.95 亿元投资。①此外，据中国旅游研究院预测，2014~2024 年（截至 2024 年 9 月底），全国户外运动营地相关固定资产投资累计达 6300 亿元。②

（四）重点户外运动项目持续牵引

户外运动项目涵盖山、水、陆和空等自然领域，具有经济效益高、覆盖人群广、自然资源依赖性强、社会影响和作用广等特征。在户外运动产业利好政策引领和市场力量驱动下，我国户外运动产业增长迅速，以滑雪、登山、冲浪、垂钓等为代表的户外运动项目逐渐普及，引领户外运动产业发展。冰雪运动产业继续保持引领态势，2023~2024 年冰雪季，冰雪运动参与总规模达 2.64 亿人次。在航空运动方面，2023 年共举办各级各类航空科技体育赛事活动近 70 场。在水上运动方面，全国冲浪、桨板项目消费人群已超 100 万人，整体消费规模超 10 亿元。在山地运动方面，攀岩、户外徒步在网络平台上热度很高，相关笔记和搜索量大幅增长。在骑行运动方面，赛事数量持续增加，参与群体不断扩大，带动自行车整车、骑行服饰、骑行装备"骑行三大件"增幅均超 100%。在路跑运动方面，2023 年全国范围共举办 800 人以上规模路跑赛事 699 场、参赛人数超 605 万人次，截至 2024 年 9 月底，已举办路跑赛事 371 场、参赛人数超 316 万人次。在钓鱼运动方面，目前国内大约有 1.6 亿钓鱼人群，其中，25~44 岁人群是钓鱼的主力军。在马术运动方面，2023 年马术运动经济规模达到 209.9 亿元，全国马术运动爱好者已有近 130 万人。在户外露营方面，

---

① 《复盘2023：49起体育投融资超81亿，电竞户外赛道火热》，"体育大生意"百家号，2023 年 12 月 18 日，https://baijiahao.baidu.com/s? id=1785585011188965506&wfr=spider&for=pc。

② 《2023 年市场规模将达 2000 亿元——户外营地成为推动产业发展重要赛道》，国家体育总局网站，2023 年 11 月 9 日，https://www.sport.gov.cn/n20001280/n20067608/n20067635/c26945158/content.html。

2023年9月以来，消费点评平台自驾露营装备销量增长167%，小红书上的露营相关话题阅读量超60亿次。①

（五）户外运动产品供给日趋多元

户外运动品牌赛事、体育旅游精品线路和户外运动目的地建设，户外运动产业与其他产业融合发展是促进户外运动产业快速发展的重要抓手。一是从户外运动品牌赛事来看，中国的户外运动赛事行业迎来了前所未有的发展高潮，已经涌现了一批具有鲜明发展特色、深受群众喜爱的品牌赛事，赛事质量也实现了显著提升。具体而言，赛事供给持续增加，环青海湖国际公路自行车赛、中国家庭帆船赛等影响力不断提升；赛事规模持续扩大，中国大型城市马拉松报名人数进入了"20万+"时代；赛事效益持续提升，2024年7月国家体育总局、文化和旅游部联合发布21项"跟着赛事去旅行"2024暑期全国户外运动赛事，各地也擦亮"跟着赛事去旅行"品牌，推进赛事与文化、旅游等深度融合，不断放大户外赛事经济效益。二是从体育旅游线路来看，2024年9月国家体育总局发布8条"2024年国庆假期户外运动精品线路"，如天津环团泊湖户外运动休闲线路、浙江台州"山之骏"户外运动线路、福建南平武夷山国家公园1号风景道户外运动线路等。在推动体育旅游与文化产业深度融合的浪潮中，各地依托当地独特的自然资源优势，通过发布体育旅游线路、户外运动线路等，满足群众户外运动需求。同时，体育旅游精品线路有效拉动了地方经济增长。例如，河北崇礼滑雪体育旅游线路累计接待游客47.38万人次，实现旅游收入5.21亿元，单日旅游收入最高达7800万元。② 三是从户外运动目的地建设来看，截至2023年，国家体育总局、文化和旅游部共认定74家国家体育旅游示范基地、26家国家级滑雪旅游度假地。③ 这些国家体育旅游

---

① 国家体育总局：《中国户外运动产业发展报告（2023—2024）》，2024年10月。
② 《体育旅游精品线路春节假期显魅力》，国家体育总局网站，2024年2月23日，https://www.sport.gov.cn/n20001280/n20067608/n20067635/c27498975/content.html。
③ 数据来源于国家体育总局、文化和旅游部网站。

示范基地以水上、山地、航空、冰雪、露营等户外运动项目为主，各地因地制宜、推陈出新，采用组建户外运动商盟、发布户外运动电子地图、规划户外运动产业试点县等推进户外旅游目的地发展的新方式，不断激发户外运动产业活力。四是户外运动与相关产业深度融合，户外运动赋能文旅项目、商业体转型、研学旅行、乡村振兴等，创新户外运动产品供给形式，由此带来显著的经济和社会效益。

（六）户外场地设施建设逐渐完备

国家发展改革委等部门联合发布的《促进户外运动设施建设与服务提升行动方案（2023—2025年）》提出，到2025年，户外运动设施建设和服务质量供需有效对接，推动户外运动产业总规模达到3万亿元，大力推进了全国户外运动场地设施的布局建设。在健身步道建设方面，《2023年全国体育场地统计调查数据》显示，全国健身步道共有15.28万条，长度37.10万公里[①]；同时，根据中国登山协会统计，截至2024年6月，国家登山健身步道已有34条，总里程达3494公里[②]。在冰雪场地建设方面，全国多地积极响应冰雪运动热潮，显著加速了冰雪场地设施的建设进程。《2023年全国体育场地统计调查数据》显示，全国冰雪运动场地2847个，其中滑冰场地1912个，占67.16%；滑雪场地935个，占32.84%。[③] 此外，各地也积极推动冰雪运动设施建设，加快冰雪场地建设，打造室内滑雪场、嬉雪场、冰雪综合体、真冰场和仿真冰场等，鼓励利用数字化、智能化等技术手段，实现冰雪场地提档升级。在航空运动设施方面，营地建设和服务水平的不断提高是大众低空消费需求的直接体现。目前，符合中国航空运动协会《航空飞行营地场地要求和运行管理规范》且向大众提供航空运动产品和服务的航空飞

---

① 《2023年全国体育场地统计调查数据》，国家体育总局网站，2024年3月24日，https：//www.gov.cn/lianbo/bumen/202403/content_6941155.htm。
② 数据来源于中国登山协会官网，https：//www.cmasports.cn/。
③ 《2023年全国体育场地统计调查数据》，国家体育总局网站，2024年3月24日，https：//www.gov.cn/lianbo/bumen/202403/content_6941155.htm。

行营地达 190 余家。① 从汽车自驾营地来看，由中国汽车摩托车运动联合会认定的汽车自驾运动营地达 824 家，包括星级营地 47 家。②

（七）户外赛事安全管理机制逐步完善

中国探险协会发布的数据显示，2023 年我国发生户外探险事故 425 起，涉及人员 1350 人，其中 156 人死亡③，引发舆论强烈关注。近年来，我国致力于不断完善户外运动相关管理制度，营造安全有序的户外运动发展环境。2023 年国家体育总局发布的《关于公布高危险性体育赛事活动目录（第一批）的公告》《关于做好高危险性体育赛事活动管理工作的通知》，推动高危险性体育赛事活动许可制度落地生效，进一步提升高危险性体育赛事活动的管理水平。但长期以来，各级体育部门和组织参与者对山地户外运动中的超长距离山地越野赛等高危险性赛事的规律认识不足，致使一些赛事出现风险。因此，国家体育总局于 2024 年 4 月发布了《关于进一步加强高危险性山地户外运动赛事管理的通知》，主张贯彻"谁审批，谁负责""谁主办，谁负责""谁主管，谁负责"的原则，推动体育事业更好地为经济社会发展服务。2024 年 7 月，国家体育总局会同中央宣传部、公安部等八部门印发《开展马拉松、山地越野跑等群众体育赛事专项整顿规范工作方案》，重点从九个方面开展整顿。由此可见，全国各地坚持底线思维，不断完善户外运动安全管理规章制度、行业标准，开展马拉松、山地越野跑等群众体育赛事活动专项整顿规范，进一步加强对山地、水上、航空等户外运动的安全管理。同时，通过社交平台动员户外运动爱好者积极参与社会监督，为户外运动产业发展营造更加安全的环境。

---

① 数据来源于国家体育总局《中国户外运动产业发展报告（2023—2024）》，2024 年 10 月。
② 数据来源于中国汽车摩托车运动联合会官网，http://www.autosports.org.cn/bulletin/。
③ 《光明日报：户外运动如何更规范、更安全》，京报网，2024 年 8 月 13 日，https://news.bjd.com.cn/2024/08/13/10865673.shtml。

二　户外运动产业发展瓶颈

（一）资源发展环境尚不理想

新时代背景下，户外运动产业正面临高质量发展环境欠佳的挑战，亟待优化与完善，主要表现在以下几个方面。一是自然资源开放不足。户外运动产业是典型的资源禀赋和环境依赖型产业，其高质量发展离不开森林、沙漠、湖泊等自然资源的有序开放。然而，我国自然保护地开展户外运动处于起步阶段，仅有不足1/3的自然保护区域提供户外探险服务和活动，且项目内容同质化严重，无法满足户外运动产业高质量发展的多元化需要。二是户外运动资源与人口分布存在错配的问题。具体而言，许多优质的户外运动资源往往分布在人口稀少、交通不便的偏远地区，这使得广大户外运动爱好者难以便捷地接触这些资源，制约了户外运动的普及和深入发展，影响了户外运动产业的均衡发展。三是服务环境亟待优化。当前，户外运动面临装备器材运输难题，受限于规格尺寸及营地布局，无法实现便捷运输，增加了跨区域参与难度，抑制了消费者流动性。同时，户外运动产业服务平台建设不足，数量少且区域限制多，现有平台功能单一、数字化水平低、一体化进程滞后，难以满足行业快速发展需求。

（二）人才培养体系还未成熟

随着户外运动产业的蓬勃兴起，行业内对专业人才的需求越来越大，然而我国在构建户外运动人才培养体系方面仍显滞后。一是人才培养机制不完善。从已有实践来看，院校、企业、政府等多元主体在精准把握市场动态、灵活调整教育策略方面尚显不足，多主体协同育人的机制尚未健全。同时，专业设置上未能充分反映户外运动市场的多元化需求，课程设置缺乏鲜明的特色与针对性，难以有效对接并引领行业发展，限制了人才潜力的充分释放。二是人才储备的匮乏。市场上极度缺乏既能够提供专业的技术指导，还能结合市场需求创新服务模式，推动户外运动体验全面升级的复合型人才。

从事户外运动指导工作的专业人员总量不足，且具备这类综合素质的人才更是稀少。三是人才标准体系的建设滞后。随着户外运动产业的不断细化与专业化，当前的人才评价体系尚不完善，缺乏统一的行业标准与认证机制，难以对从业人员的专业能力、职业素养等进行客观、准确的评估与认证。这不仅影响了人才市场的规范与健康发展，也制约了人才质量的持续提升与产业竞争力的增强。

（三）市场供给有待进一步完善

随着户外运动参与人数逐年增多，户外运动渗透率逐渐提升，消费需求日益旺盛，具有广阔的市场空间，而与此对应的供给端仍存在明显的短板与不足，主要表现在以下几个方面。一是户外赛事产品供给不丰富。多数地方缺乏户外竞赛开展前后的配套产品供给，导致全国户外竞赛产品供给同质化，供给质量低下。二是赛事活动品牌影响力有待提升。当前我国户外赛事活动以各地开展的群众户外活动为主，许多赛事品牌尚未充分挖掘和展现独特的品牌价值和文化内涵，导致品牌辨识度不高、市场号召力有限。三是户外用品低端供给过剩，高端供给不足。一方面，我国户外用品生产忽视消费者个性化的消费需求，造成中低端户外用品面临供给过剩、滞销、库存堆积等。另一方面，我国自主研发生产的高标准、高质量、智慧化户外用品较少，高精尖的户外运动装备器材领域存在诸多空白。

（四）安全监管机制存在不足

由于我国户外运动产业的市场化起步相对较晚，户外运动产业的政策体系和安全监管机制尚处于不断完善的阶段。一是户外运动产业政策环境不理想。虽然近年来国家层面出台了一些户外运动产业发展的利好政策，但对于户外运动产业的组织、布局、结构等发展尚缺乏相应的政策支持。二是户外运动相关企业的监管制度尚未建立。诸如户外运动用品与制造相关企业，其生产过程的质量监管、销售过程的资质监管、售后过程的服务跟踪等都需要完善的制度，以强化全流程管理。三是户外风险防御体系不健全。一方面，组织者的行为习惯以及参与者的简单盲从导致在户外活动开展前易忽视实施户外风险知识教育，导致风险发生时不能及时采取有效措施；另一方面，户外应急救援系统尚不健全，不论是政府还是社会组织，都尚未建立完善、高效的户外应急救援保障体系，专业化的户外救援队伍较为匮乏。

（五）消费潜力需进一步挖掘

户外运动产业发展势头迅猛，但消费挖掘不充分的问题仍然较为突出。一是国民户外消费意识不强。户外运动参与人群消费行为多为一次性、体验性消费，长期稳定且高频次参与户外运动的人群较少，户外运动消费黏性不高。二是户外运动消费人口基数有待提高。尽管户外运动的吸引力在逐渐提升，但新增消费人群的增速相对缓慢，未能充分释放市场的潜在需求，难以构建稳固的消费人口基础。三是中低端消费不足，高端消费外流。一方面，人们进行户外运动消费不仅追求健身休闲、游憩康养等功能性价值，还追求消费本身所彰显的符号和社交价值。然而，时下户外运动场所配套的服务设施等难以满足消费者个性化需求。另一方面，高端消费外流是阻碍产业经济增长的显著表现，主要体现在高质量的产品和服务供给仍然较为紧缺，导致有更高享受需求的人群前往海外消费。

三 户外运动产业发展建议

（一）营造资源环境，提高产业持续发展活力

营造良好的资源环境，可以为户外运动产业高质量发展提供保障。首先，要推动自然资源向户外运动有条件开放。建立跨部门的利益协调机制，在符合法律法规、管控要求和项目准入制度的前提下，探索依靠自然资源开展户外运动的有效做法，提高自然资源向户外运动开放的程度。其次，要优

化资源配置，加强基础设施建设。完善交通网络，提升道路通行能力，同时在户外运动场所周边建设完善的配套设施，确保游客在参与户外运动的同时，能够享受便捷、安全的服务。最后，要营造服务环境，打造户外运动产业服务平台。一方面，要着力解决户外运动装备器材便利化运输难题，协同快递企业和交通运输部门开通户外运动装备器材点对点精准邮寄服务。另一方面，要加大财政投入力度，支持各项目协会建设项目产业服务平台，补齐运动项目产业服务平台数量短板。

（二）拓宽人才培养渠道，完善人才培养体系

人才是体育产业的核心要素，破解户外运动人才短缺瓶颈，需要不断拓宽人才培养渠道，发挥政府扶持引导作用，鼓励人才资源开发和人才引进，以提升户外运动服务水平。首先，加强多主体协同育人，优化专业设置与课程体系。政府应牵头搭建院校、企业、行业协会等多方参与的合作平台，根据行业发展趋势和市场需求，动态调整课程设置和教学内容，确保教育内容与行业前沿紧密对接。其次，加强复合型人才的培养与储备。加强校企合作、师资队伍建设，合理安排招生计划，建立健全专业教学体系，培养高水平户外体育人才。最后，建立完善的人才标准体系。联合多方力量，共同制定户外运动行业的人才需求标准，并建立权威的行业认证机构，对从业人员的专业能力、职业素养等进行客观、准确的评估与认证。

（三）丰富产品供给，推动产品转型升级

解决我国户外运动产品有效供给不足的问题是新时代满足人民日益增长的户外运动需求和实现户外运动产业高质量发展的必然举措。首先，丰富户外赛事和节庆产品供给。行业协会或地方政府应以举办群众喜闻乐见的参与性户外竞赛表演活动为主导，辅以节日、会展及旅游等配套产品一体化供给，提升户外赛事与节庆产品品质，借助竞赛活动带动地方经济发展。其次，打造有国际影响力的赛事活动品牌。最后，减少户外用品无效供给，增加高端供给。

（四）加强政策供给，建立监管制度

目前，我国对于户外运动的政策监管还不完善，造成行业内不良竞争，风险事故时有发生，政府和相关部门亟须从顶层设计角度加以干预。首先，完善户外运动产业组织、布局相关政策。一方面，以培育户外运动市场主体为导向，为各类社会力量、多元市场主体参与发展户外运动产业提供良好的营商环境。另一方面，以优化户外运动产业布局为导向，根据区域经济社会发展差异以及大众消费需求差异等，合理布局户外运动产品与服务。其次，加强户外运动市场监管。完善相关法律法规，明确户外运动市场的准入标准、服务规范、安全要求及责任追究机制，为监管提供法律依据。最后，完善户外运动风险防范体系。开展户外风险知识教育，建立户外从业人员风险知识培训体系；加强户外安全信息警示和装置配建，补齐户外安全防护装置等设施配置短板；以体育行政部门为中心，联合公安、消防等部门制定相应的联动救援机制。

（五）释放消费潜力，提升消费水平

释放国民户外消费潜力，提高国民户外消费水平是实现 2025 年户外运动产业总规模超过 3 万亿元远景目标的重要途径。首先，培养国民户外消费意识，增强消费黏性。不断完善与国民消费水平相适应的户外运动产品和服务供给体系，培育具备体验式、情境化、社交性特点的户外运动新模式，增强用户消费黏性。其次，培育户外消费人口。一方面，积极开展青少年户外运动普及推广工作，支持地方中小学将户外运动课程纳入校本课程或研学旅行课程体系。另一方面，引导各级各类户外运动项目协会与俱乐部开展户外运动技能培训和指导，降低户外运动参与门槛，培育户外消费人口。最后，提高国民户外消费水平。一方面，搭建基于户外运动的社交场景、内容场景和营销场景，积极培育新时代消费者更丰富的情感体验需求和更强烈的社交需求，推动中低端消费持续增长。另一方面，推动科技赋能户外场景打造，研发数字化消费产品，引导高端消费回流。

参考文献

周丽君、王琰:《自然保护地开展户外运动的国际经验与中国路径:人地关系协调视角》,《体育学刊》2023 年第 2 期。

赵承磊:《新时代我国户外运动产业发展现状、问题与对策》,《北京体育大学学报》2020 年第 8 期。

蒋全虎等:《新时代我国户外运动产业高质量发展思考》,《体育文化导刊》2023 年第 9 期。

许弘:《北京 2022 年冬奥会和冬残奥会背景下冰雪运动进校园的现状、思考与展望》,《体育科学》2021 年第 4 期。

B.3

2023~2024年中国健身行业发展报告

窦 赢*

摘 要： 当前，我国人民群众多样化体育需求日益增长，消费方式逐渐从实物型消费向参与型消费转变，健身行业面临重大发展机遇。本报告从健身行业发展的重要指导政策切入研究行业发展的宏观环境，并通过梳理分析健身消费市场规模、健身场馆数量、居民健身偏好、健身行业融资热点、线上健身及健身场馆的经营情况等六个方面数据，呈现我国健身行业的发展现状与特征；同时提出健身行业多元化、社交化、数字化、专业化、服务化、规范化发展趋势，以期为健身市场的健康发展和体育产业的高质量发展提供实践支持。

关键词： 健身行业 健身消费 健身场馆

健身行业是我国体育产业的重要组成部分，也是居民体育健康消费的重要环节。健身行业发展是推动体育产业向纵深发展的强劲引擎，对挖掘和释放消费潜力、保障和改善民生、培育新的经济增长点具有重要意义。发展健身行业亦是增强人民体质、实现全民健身和全民健康深度融合的必然路径，是推动体育强国和"健康中国"建设的重要依托。因此厘清健身行业发展脉络、了解行业发展现状、把握行业发展特征对健身行业健康可持续发展具有重要意义。

---

* 窦赢，三体云动联合创始人、CEO，上海市徐汇区工商联执委会执委、上海市健身健美协会副会长，上海市商务委、上海市体育局行业特聘专家，上海体育大学、华东理工大学、浙江体育产业联合会特约导师，研究方向为体育健身数智化。

一 我国健身行业发展的宏观环境与政策方向

（一）全民健身与全民健康深度融合

习近平总书记指出："全民健身是全体人民增强体魄、健康生活的基础和保障，人民身体健康是全面建成小康社会的重要内涵，是每一个人成长和实现幸福生活的重要基础。"[1] 健身行业的发展可以有效满足新时代人民对健康美好生活的向往与需求。近年来，在我国加快推进全民健身和全民健康深度融合背景下，更好地满足人民群众的体育健身需求成为健身行业发展的新目标。2022 年，中共中央办公厅、国务院办公厅印发《关于构建更高水平的全民健身公共服务体系的意见》，要求打造群众身边的体育生态圈等全民健身新载体，落实全龄友好理念、培养终身运动者。从"健身"到"健康"，各级行政部门持续加强对体育健身行业的支持、扶持，不断完善相关政策法规，加强监管，为行业发展提供保障。并且，居民对健身行为的关注度与健身意识也逐步提高，在"健康生活""乐活主义"等新兴理念倡导下，健身逐渐转变为主流生活方式，"健身"成为工作、居住之外的第三空间的重要场景入口。随着政策的不断推进落实和居民健身意识的持续深化，体育健身行业迎来更加繁荣的局面。

（二）体育消费成为扩大内需的重要引擎

2023 年 7 月 24 日，习近平总书记主持召开中共中央政治局会议，明确指出要"积极扩大国内需求，发挥消费拉动经济增长的基础性作用……推动体育休闲、文化旅游等服务消费"；[2] 同年，国家体育总局办公厅印发

---

[1] 《全民健身开启发展加速度》，中国政府网，2024 年 8 月 8 日，https：//www.gov.cn/yaowen/liebiao/202408/content_ 6967066. htm。

[2] 《中共中央政治局召开会议 分析研究当前经济形势和经济工作 中共中央总书记习近平主持会议》，中国政府网，2023 年 7 月 24 日，https：//www.gov.cn/yaowen/liebiao/202307/content_ 6893950. htm。

《关于恢复和扩大体育消费的工作方案》，要求不断优化体育消费环境、丰富优质体育产品供给；2024年国务院《政府工作报告》提出"实施数字消费、绿色消费、健康消费促进政策""推动全民健身活动广泛开展"。在各类消费促进政策引领下，体育消费步入发展快车道，人民群众的健身消费热情进一步释放，健身消费规模快速提升。当前，我国体育消费规模约1.5万亿元，预计2025年将增长至2.8万亿元。[①]

同时，随着国内大循环的深入推进以及国家刺激消费政策的逐步落地，消费作为经济增长的主引擎作用逐步凸显。2023年全国社会消费品零售总额达47.1万亿元，比上年增长7.2%，居民人均服务消费支出增长14.4%，占居民人均消费支出的比重达45.2%，比上年提升2个百分点。[②]居民消费的增加与健身服务消费的增长之间呈现相互促进、互为动力的关系，随着居民总体消费水平的提升，人们对健身服务的需求也相应增长，将带动健身消费持续扩大，进一步推动健身行业的繁荣。

（三）高质量发展理念引领健身行业优化升级

我国经济已由高速增长阶段转向高质量发展阶段，这是以习近平同志为核心的党中央对中国经济发展阶段做出的深刻判断。在新时代背景下，顺应经济社会发展形势，我国体育产业发展思路也逐渐演变为以"提升质量和效益"为主线的高质量发展。2019年9月17日，国务院办公厅印发《关于促进全民健身和体育消费推动体育产业高质量发展的意见》，从国家层面确立了我国体育产业高质量发展的战略目标。为贯彻执行战略目标，体育产业需要培育新型体育业态和体育消费模式，满足人们多层次、个性化体育消费需求，以高品质体育供给满足人民日益增长的美好生活需要。为此，需要大力培育健身休闲服务业态，开发健身产品，创新商业模式，延伸产业链条。

---

① 《中国城市体育消费报告全文发布》，搜狐网，2022年3月18日，https：//www.sohu.com/a/531182261_505583。

② 《2023年我国社会消费品零售总额超47万亿元》，中国政府网，2024年1月18日，https：//www.gov.cn/lianbo/bumen/202401/content_6926700.htm。

二 我国健身行业发展特征

（一）健身消费市场规模庞大，消费群体规模略有下降

截至 2023 年末，中国健身消费市场规模为 2263 亿元，与 2022 年（2559 亿元）相比下滑了 11.57%，约为 2019 年的 73%。2023 年健身俱乐部会员的人均年度消费金额为 2952 元，健身工作室会员的人均年度消费金额为 5086 元，分别比 2022 年的 3324 元和 5486 元下滑了 372 元和400 元。

数据显示，2020~2023 年，我国健身消费市场规模、健身俱乐部会员的人均年度消费金额和健身工作室会员的人均年度消费金额降幅均在 20% 左右。

健身人口渗透率是反映健身消费市场发展情况的重要指标，2019~2021 年我国健身人口渗透率呈现明显的上升趋势，而在 2022 年、2023 年该数据出现下滑，到 2023 年我国健身人口渗透率为 4.89%，仍低于发达国家平均水平（见表 1）。

表 1　2019~2023 年中国健身消费市场数据

项目	2019 年	2020 年	2021 年	2022 年	2023 年
健身消费市场规模（亿元）	3112	2952	2714	2559	2263
健身俱乐部会员的人均年度消费金额（元）	4085	3722	3378	3324	2952
健身工作室会员的人均年度消费金额（元）	6933	6178	5587	5486	5086
健身人口渗透率（%）	4.90	5.02	5.37	5.06	4.89

资料来源：根据三体云动数据中心发布的 2019~2023 年《中国健身行业数据报告》整理。

（二）健身场馆数量下滑，商业模式有待优化

健身场馆①是居民健身运动的重要空间载体，也是健身休闲产业发展的重要依托。截至 2023 年底，全国累计建成健身场馆 111604 个，较 2022 年的 113554 个减少 1950 个。从各省（区、市）数据看，2023 年健身场馆数量排名前三的依次为广东省、江苏省和山东省。广东省的健身场馆数量达 13542 个，江苏省达 9669 个，山东省达 8776 个（见图 1）。

本报告将健身场馆分为健身类、瑜伽类和项目类进行分析。健身类场馆包括健身俱乐部、健身房、健身工作室等；瑜伽类场馆包括瑜伽工作室、普拉提工作室等；项目类场馆包括跆拳道馆、武术馆、格斗室、拳馆、空手道馆等。

从健身场馆服务类型看，截至 2023 年底，全国共有健身类场馆 47943 个，占健身场馆总数的 43%；瑜伽类场馆共计 31965 个，占健身场馆总数的 29%；项目类场馆共计 31696 个，占健身场馆总数的 28%。与 2022 年健身场馆数据相比，健身类场馆增加了 1771 个，上涨 3.8%；瑜伽类场馆增加了 2908 个，上涨 10.0%；项目类场馆减少 6629 个，下降 17.3%（见图 2）。

从区域分布看，2023 年长三角地区健身场馆数量排名第一，共 27505 个，超出京津冀地区（11002 个）16503 个，比珠三角地区（10620 个）多出 16885 个，是川渝地区（7842 个）的 3.5 倍有余（见图 3）；从每万人健身场馆数量看，珠三角地区以 1.356 个位列四大经济区域第一，其次分别为长三角地区（1.169 个）、京津冀地区（0.997 个）和川渝地区（0.678 个）。

我国健身场馆数量减少主要受两方面因素影响。一是传统健身企业门店大规模扩张，使得企业无法通过资金的快速回流填补高昂的运营成本，继而

---

① 健身场馆是进行商业经营的健身房、健身工作室，以及瑜伽、普拉提、跆拳道、武术、格斗、拳击、搏击和空手道等场馆的统称。

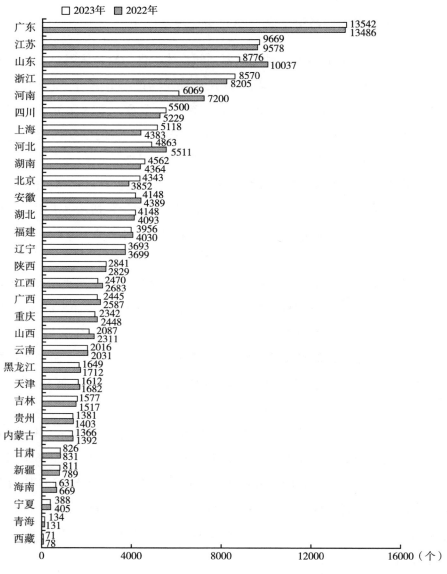

图1 2022~2023年31个省（区、市）健身场馆数量

资料来源：根据三体云动数据中心发布的2022~2023年《中国健身行业数据报告》整理。

产生了资金链断裂的风险，最终闭店。尤其是在现金流短缺的情况下，健身企业还需正常支付场地租金、水电费、设备维护费、员工薪资等高额的保有

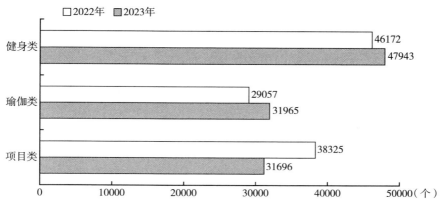

图2　2022~2023 年全国各类健身场馆数量

资料来源：根据三体云动数据中心发布的 2022~2023 年《中国健身行业数据报告》整理。

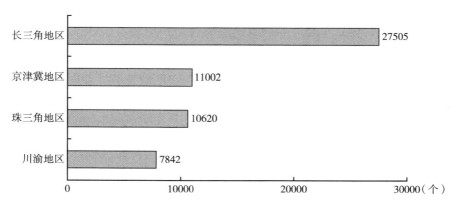

图3　2023 年中国主要区域健身场馆数量

资料来源：《2023 年中国健身行业数据报告》。

成本和管理成本，收支严重倒挂，只能通过关店闭店的方式缓解资金紧缺造成的经营压力。据统计，2023 年中国健身俱乐部门店总数 36447 家，比上年减少了 3173 家，增长率为-8%，其中不乏 10 亿元规模以上的大型健身俱乐部企业。[①] 二是健身机构重销售轻服务的商业模式忽视了体育健身服务品

<hr />

①　数据来源于《2023 年中国健身行业数据报告》。

质，造成会员卡续费率低、消费者投诉量高，最终闭店。当前多数传统体育健身企业的核心盈利模式是"预付卡+私教课程"模式，在短时间内可获取高额收益，通过销售不同类型的会员卡来积累客户，过度重视销售提成与销售业绩，忽略服务的本质，阻碍健身企业的转型升级，影响行业健康可持续发展。

（三）居民健身消费偏好转变，健身消费多元发展

居民健身消费偏好是健身行业发展和升级的原动力，消费者对健身服务产品的需求是催生行业产品创造、服务模式创新的鞭策力，居民消费数据能够从需求端有效反映当前健身行业发展水平、指导未来发展方向。

从居民健身消费场景看，大型健身房/俱乐部消费者流失严重，家庭健身消费者数量增加。2023 年，大型健身房/俱乐部仍是消费者的主要健身场所（84.79%），但越来越多的健身消费者转向小型健身工作室（19.83%）或选择家庭健身（43.87%）（见图 4）。在大型健身房/俱乐部的消费场景下，消费者锻炼的器械并未发生显著变化，更多的健身消费者选择有氧器械（78.54%）和力量练习（40.88%）作为主要的健身方式。相比 2022 年，2023 年选择力量练习（40.88%）、有氧团体操（8.23%）和其他团体课程（17.82%）的消费者数量均有不同程度上升，而选择私教训练（22.11%）的消费者数量下降幅度最大。①

从居民健身消费支出层面看，2023 年居民健身消费支出整体呈现低消费区间增加，高消费区间减少的特征。与 2022 年对比，2023 年居民健身消费在 5000 元以下的占比增加了 9.34 个百分点。聚焦各消费层级，2023 年，消费者在健身场所会员费、健身卡、健身课程等服务类健身消费上的支出主要集中在 3000~5000 元；5000 元及以上的消费支出比例相比 2022 年均有所下降，5000~8000 元的消费支出比例下降最多（4.05 个百分点），客户流失最为严重；1000 元以内、1000~3000 元的消费支出比例均有所上升（见图 5）。

---

① 数据来源于《2023 年中国健身行业数据报告》。

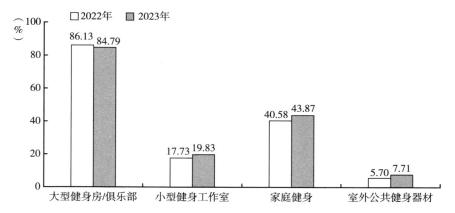

图4 2022~2023年中国居民健身消费场景选择情况（多选）

资料来源：根据三体云动数据中心发布的2022~2023年《中国健身行业数据报告》整理。

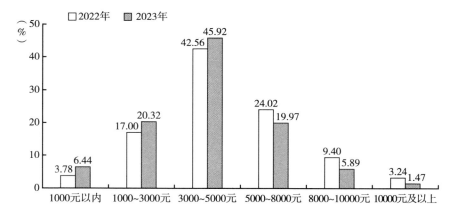

图5 2022~2023年中国居民健身消费分层情况

注：消费区间均为含左不含右。

资料来源：根据三体云动数据中心发布的2022~2023年《中国健身行业数据报告》整理。

此外，不同地区服务类健身消费数据显示，华东地区的消费者人数最多、消费能力最强，在服务类健身消费的各个水平上均大幅领先全国其他地区。在消费者分布最广泛的3000~5000元消费水平，华南（14.71%）、华

中（14.20%）、华北（13.83%）、西南（13.39%）四大地区消费者占比差异较小；而在8000～10000元的较高消费水平上，西南地区（13.24%）超过华南地区（11.27%）和华中地区（9.31%），说明相比华南地区、华中地区，西南地区每年服务类健身消费达8000～10000元的消费者占比更高。

从居民健身消费类型看，2023年健身服饰消费继续领跑，半数以上消费者进行辅助工具消费。2023年，健身服饰消费继续领跑健身周边产品消费类型，占比为77.06%，与上一年（77.04%）基本持平，健身服饰作为运动健身的必需品，消费者对其依然具有很高的消费热情。运动手表、体脂秤等健身辅助工具因具有轻便、易于携带的特征，同时兼具测量心率、体脂含量的功能，受到57.78%的消费者青睐，对心率、体脂等指标的关注也反映出消费者更加注重健身的科学化。此外，互联网经济的发展催生健身领域的知识付费，2023年知识付费类健身消费占比19.88%（见图6）。未来，消费者多元化、个性化健身需求也为知识付费类健身消费提供了广阔的发展空间。

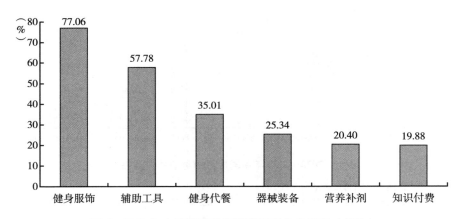

图6 2023年中国居民健身消费细项分布情况（多选）

资料来源：《2023年中国健身行业数据报告》。

从居民健身消费意愿看，消费者健身热情较高，但消费意愿偏低。2023年我国健身消费者的续费意愿整体偏低（3.96分），长期参与健身消费的意愿不强（3.73 分）（见图 7）。数据显示，2023 年我国具有较高长期健身消费意愿的人群占健身消费人群的 27.1%，相比 2022 年下降近 8 个百分点。从人群结构来看，具有较高长期消费意愿的多为女性（55%）、26~35 岁（44.7%）和 36~50 岁（25.2%）、本科及以上学历（67.6%）、未婚（51.8%）或已婚无子女（30%）群体，以及收入 5000~10000 元（40.7%）和 10000~20000 元（28.3%）群体。①

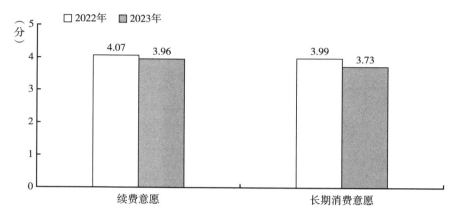

图 7　2022~2023 年中国居民健身消费意愿

资料来源：《2023 年中国健身行业数据报告》。

（四）健身行业融资事件数量略有下降，资本愈加集聚

数据显示，2023 年中国健身行业融资事件数量为 21 起，相比 2022 年下降了 38.2%。尽管 2023 年融资事件数量呈现下降趋势，但融资金额处于上升趋势。三体云动数据中心预估，2023 年中国健身行业融资金额约为 50 亿元，是 2022 年融资金额的 6 倍有余。② 从融资金额分布情况看，2023 年健身行业的融资金额主要集中在 5000 万元及以下；金额亿元及以

---

① 数据来源于《2023 年中国健身行业数据报告》。
② 数据来源于《2023 年中国健身行业数据报告》。

上的融资事件由 2022 年的 3 起上升到 5 起，占 2023 年融资事件数量的
28.6%。这表明尽管整体融资事件数量减少，但资金更加集聚。

　　分析 2023 年健身领域投融资热点可以发现，投融资主要发生在体育文化产业综合体、健康食品、家庭健身和健身/户外服饰领域，其中健康食品领域细分为轻食代餐、运动功能饮料和新中式健康零食等，家庭健身领域获得融资的项目仍然是智能健身镜，健身/户外服饰领域获得融资的项目主要有健身服饰、瑜伽服饰和轻极限运动服饰（见表 2）。

表 2　2023 年健身领域投融资热点

月份	轮次	品牌	金额	投资方	细分领域
1 月	—	IMBODY 数智引力	1500 万元	三碁电气、易建联及老股东共同参投	智能健身镜
	天使轮	闪动	数百万元	个人投资者	数字化体育平台
2 月	天使轮	轻了	近千万元	珠海创势以及个人投资者共同投资	果醋品牌
3 月	Pre-A 轮	乐途科技	3000 万元	固生堂中医、MERIT CONCEPT（中国香港）、天博传媒集团及数名 LP 个人投资者联合投资	智能健身综合服务商
4 月	A 轮+B 轮	老金磨方	数亿元	A 轮由欧洲百年乳企贝勒集团独家投资；B 轮由中金资本旗下中金文化消费基金领投	新中式健康零食品牌
5 月	天使轮	TOPAZ 托帕兹	数百万元	众合创投	健身服饰
7 月	天使轮	冷卡	500 万元	—	轻食品牌
	Pre-A1 Pre-A2	SPEEDIANCE 速镜	—	由海益投资、元禾原点领投，融大 CVC、峰瑞资本跟投	智能健身镜
	Pre-A 轮	ELECTROX	数千万元	益源资本领投，东锦食品跟投	运动功能饮料
8 月	A 轮	IMBOOY 数智引力	数千万元	火炬兴业科创基金	智能健身镜

月份	轮次	品牌	金额	投资方	细分领域
9月	A轮	舌里	1亿元	—	轻食代餐品牌
	A+轮	本末科技	—	立湾资本领投,建元投资跟投	提供无减速器的直驱型动力方案,产品面向智能健身器材等领域
10月	—	MAIA ACTIVE	—	安踏	瑜伽服饰
11月	B轮	十方运动 TENWAYS	数亿元	立讯精密、高瓴投资	电助力自行车品牌
	天使+轮	TOPAZ托帕兹	近千万元	老股东众合创投继续追投	轻极限运动品牌
	天使轮	玖智科技	数千万元	由新加坡淡马锡控股旗下祥峰投资领投	智能硬件
	天使轮	科睡猫	—	龙铃资本	健康睡眠管理平台提供商
12月	投资	泰山文旅健身中心	37亿元	北京寰聚商业管理有限公司	体育文化产业综合体
	战略投资	滚石健身	—	古德菲力健康科技集团	健身俱乐部
	A轮	沙拉食刻	1亿元	不惑创投	轻食品牌

资料来源:《2023年中国健身行业数据报告》。

纵观2019～2023年体育健身领域的融资事件,5年间我国体育健身领域共发生融资事件168起,其中36起融资金额为亿元及以上,占比超20%。2020年(42起)与2021年(42起)的融资事件数量较多,2021年的融资金额较高,金额亿元及以上融资事件达15起(见表3)。从融资领域看,2019～2023年,资本市场将目光集聚在拥有巨大消费市场的日常消费品如健康食品、互联网数字技术在健身行业的融合应用,以及智能健身设备制造与研发等方面,可见零售化、智能化、场景化将是未来健身资本市场的重点关注领域。

表3　2019~2023年健身领域融资情况

单位：起

年份	健身领域融资事件数量	融资金额亿元及以上事件数量
2019	29	3
2020	42	9
2021	42	15
2022	34	3
2023	21	6

资料来源：《2023年中国健身行业数据报告》。

（五）线上健身规模快速增长，家庭健身成为重要引擎

随着科技的发展，健身领域开始广泛应用创新技术，如虚拟现实（AR）、智能设备和传感器等，这些技术的运用不仅提升了用户体验，也为健身行业带来新的商机。线上健身内容多元化发展，线上健身平台不断推出新的健身内容，包括各种课程、直播教学、私人健身教练等，满足不同用户的需求。同时，一些平台还通过引入AR、人工智能（AI）等新兴科技手段，为用户提供更加智能化、个性化的健身服务。华经产业研究院的数据显示，2019~2023年线上健身市场规模的年均增长率达到17.6%，预估2023年中国线上健身市场规模将达到5272亿元，与2022年线上健身市场规模相比增长了15.7%（见图8）；2023年线上健身市场规模占整体健身市场规模的50.4%，比2022年（48.4%）增长2个百分点。

家庭健身是线上健身市场蓬勃发展的主要增长点。中泰证券发布的《线上健身：家里的健身房》报告显示，居家健身者从2016年的140万人增至2021年的1.38亿人，且预计到2026年将达到2.38亿人，2021~2026年的年均增长率将为11.5%，其中居家健身会员及健身内容产生的收入预计将达30.8%的年均增长率。

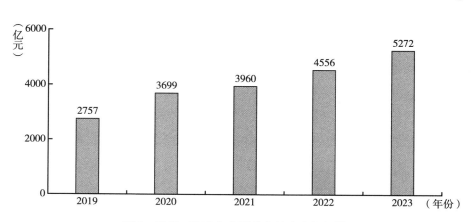

图8　2019~2023年中国线上健身市场规模

资料来源：根据 Keep 招股书整理，https://manager.wisdomir.com/files/676/2023/0630/ 20230630064502_00419409_tc.pdf。

（六）健身场馆营收略有波动，总体呈现回温态势

健身场馆的经营情况是行业发展情况的直接体现，主要受场馆的经营成本和营业收入影响。2023年，我国健身俱乐部的经营成本主要由课时成本、房租物业水电费和销售成本三大部分构成。其中，课时成本占比最高，达到26.63%，房租物业水电费占比也相对较高，达到26.37%。这两项成本合计占比达到53%。此外，人员工资和折旧摊销占比分别为9.17%和7.17%，也相对较高，表明人员工资和设施设备的摊销成本也是俱乐部重要的开支。市场推广和其他费用占比分别为5.36%和4.62%，而办公费和IT服务费占比相对较低（见图9）。

2023年我国健身场馆的营收曲线升降和波动相比往年都更加剧烈。从整体上看，2023年中国主要城市①健身俱乐部单店月均收入为40.2万元，相比2022年月均收入45.9万元下滑了12.42%，相比2019年月均收入53.6

---

① 主要城市包括4个一线城市，依次为上海、北京、广州、深圳，以及15个新一线城市，依次为成都、重庆、杭州、武汉、苏州、西安、南京、长沙、天津、郑州、东莞、青岛、昆明、宁波、合肥。

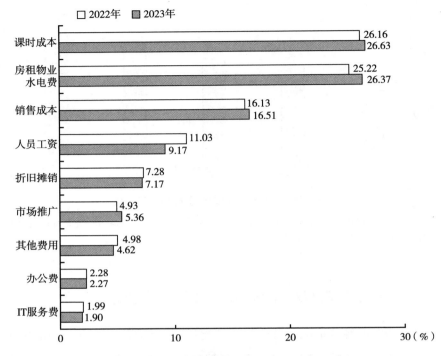

图9　2022～2023年中国健身俱乐部经营成本构成

资料来源：《2023年中国健身行业数据报告》。

万元下滑了25%；2023年中国主要城市健身工作室单店月均收入为9.8万元，近年来首次跌破10万元，相比2022年月均收入10.1万元下滑2.97%，相比2019年月均收入11.2万元下滑12.5%。主要原因是健身俱乐部会员的消费支出下滑、健身频次降低，而健身工作室更多以私教业务为主，业务模式相对单一，会员群体也相对更稳定。

从2023年我国健身俱乐部月度营收占比看，1月营收占比全年最低，不到1%；3月健身俱乐部的开年（春节后）大促加上各种常规促销活动推动营收占比达到全年首个峰值；6月健身热潮再次高涨，健身俱乐部营收占比达到全年第二个峰值也是最高值。之后开始逐月平缓下滑，直至11月"双十一"大促等可能原因小幅度拉升营收占比，之后12月跌至2%以全年次低谷收官。2023年四个季度健身俱乐部营收占比分别为20.9%、33.5%、29.0%、16.6%（见图10）。

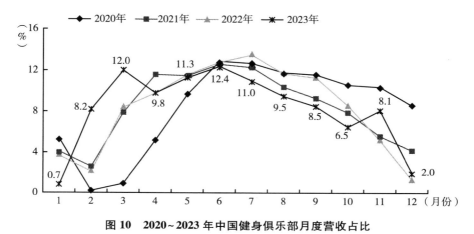

图10　2020~2023年中国健身俱乐部月度营收占比

资料来源：《2023年中国健身行业数据报告》。

三　我国健身行业发展趋势

（一）健身空间多元化

随着国内健身市场的不断完善，市场主体间的竞争愈加激烈，健身领域企业通过不断更新商业模式、开拓更加丰富多元的健身空间，增强对消费者的吸引力。从无人值守健身房到智能化健身空间，从私人教练模式创新到多元付费模式兴起，消费者在参与健身和形成消费决策中拥有了更多的自主权。未来线下健身空间的发展将更加关注消费者的垂直细分需求，从价格与销售模式、新兴项目、运营模式等多方面服务高端和平价消费群体。同时，传统健身空间将打破经营服务边界，围绕健身人群消费特征不断丰富服务内容，向运动健康产业链上下游衍生辐射。

（二）健身内容社交化

"互联网+健身"是互联网生态理念和传统健身资源的有效整合，在互联网技术高速发展的背景下，不断出台的相关产业扶持政策、市场需求的多元化以及企业竞争越发激烈驱动二者融合进程加速，驱动传统俱乐部运营模式的转型升级，也推动自带互联网基因的新模式健身空间的诞生与扩容。同时，健身行业也借助互联网技术和网络社交媒体平台等，推出优质健身课程、短视频以及在线健身衍生产品，赋予健身活动更多的社交功能和文化属性，并通过"安利""种草"等社交平台的营销模式，广泛而高效地触达潜在消费群体，提高服务效益。

（三）健身设备数字化

物联网、大数据、云计算、人工智能等新兴科学技术的飞速发展，使得健身行业逐渐趋向科技化与智能化，智能健身设备以及适配家庭市场的轻量级智能健身设备不断涌入市场，5G、AI、VR/AR、物联网、大数据等前沿科技能够实现疲劳控制、能力监测、体质监测、评估锻炼效果等功能，实现智能运动跟踪，为每个用户带来智能个性化运动体验。近年来，健身场景数字化、健身装备智能化和数字健身服务（运动 App）三大领域实现了高速发展。

在健身场景数字化方面，家庭健身、元宇宙健身、直播健身等概念逐渐兴起，而 24 小时营业、智能化服务、数字化管理的线下新兴健身场景也成为健身行业发展的重要驱动力。在健身装备智能化方面，诸多健身设备制造商加强科技研发，为传统动感单车、力量训练器械等附加集计划制定、智能分析、课程服务、数据记录于一体的智能化训练解决方案，提升人与物的交互体验，实现"硬件+内容+服务+AI 技术"的装备智能化升级，相关新产品的出现也带动居家智能健身装备、可穿戴智能装备的消费爆发式增长。在数字健身服务（运动 App）方面，运动 App 快速发展催生了一系列新的健身商业模式，健身指导、运动追踪、社交互动等多元服务功能可以有效覆盖健身人群需求，线上挑战类赛事和私人健身计划定制进一步提升了健身运动参与感。此外，互联网头部企业和传统智能设备研发巨头的加快布局也推动健身行业数字化进入发展快车道，未来健身行业将在数字化、智能化浪潮下培育更多的新产品、新业态、新服务。

（四）健身服务细分化

当前，健身行业依据消费者的需要、购买行为和购买习惯等方面的差异，将消费者划分为若干群体，并根据群体特殊性提供针对性服务，特别是针对老年人和女性群体的健身消费服务愈加专业。我国经济社会转型升级和人口老龄化加速，参加体育锻炼的老年人口总规模持续增长，老年人的健身需求正在逐步由生存必需型向高质量发展型过渡。2022年国家体育总局印发《关于开展社区运动健康中心建设试点工作的通知》，支持上海、浙江等5个省（市）试点建设社区运动健康中心，目前以"长者运动健康之家""智慧健康小屋"等为代表的适老化健身场所正在全国多地加快探索。此外，以无障碍垂直律动机、专业老年人跑步机、心肺有氧多功能训练机、老年人卧式健身车等为代表的适老化健康促进设备研发制造也有较大发展空间。

近年来，"她"经济迅猛发展，女性群体在健身、瑜伽、拳击等健身项目上的消费快速增长，特别是瑜伽等项目相关的健身服饰、小型健身器材在女性消费者中愈加火热，《2023年中国健身行业数据报告》显示，女性健身消费者占比达到55.41%，女性已经成为健身领域的重要消费群体，这一趋势不仅反映了现代女性对于健康生活的追求，也展现了她们在消费领域的独特选择与偏好。未来，随着女性体育健身和运动社交需求的进一步释放，以及热瑜伽、高空瑜伽、普拉提、健身操等多元化、专业化、细分化的健身运动项目的崛起与普及，女性健身行业将迎来更多的机遇和挑战。

（五）健身装备服务化

"向服务业延伸"成为健身制造业龙头企业提升企业竞争力、开拓新市

场最具潜力的战略选择。以华米科技、亿健、佑美、麦瑞克、小乔等为代表的体育用品制造企业均开拓软硬件产品和服务叠加的模式，推出"智能健身器材+运动健康服务""体育器材制造+场馆数字管理"等产品，增强线上线下健身空间和健身设备的交互性。例如，智能动感单车"TANGO音乐飞轮"依托领先的内容制作和流畅、清晰高质量系统为用户提供在线优质课程，同时会根据用户身体数据和运动状态提供运动指导建议，帮助用户在无教练指导的情况下也可以进行专业、安全的运动。再如，麦瑞克推出的"1+5+N模式"通过产品加软件的方式将众多健身燃脂产品智能联动，用数据存储和处理器反馈信息，根据用户数据为用户规划出专业的课程并提供动作指导。未来，随着健身制造业的持续智能化、高端化转型升级，面向定制化应用场景的"产品+服务"模式将成为更多健身器材制造企业的发展选择。

（六）健身行业规范化

长期以来，健身行业准入机制不完善，呈现"入行门槛低，竞争壁垒不高"的发展格局，使得体育健身行业管理处于相对真空状态，消费者权益难以保障，对我国体育健身行业健康发展产生了不利影响。为有效规范地方体育健身行业管理、维护健康有序的市场环境，多个重点城市率先进行行业规范化路径探索。上海市体育局和北京市体育局先后出台《上海市体育健身行业会员服务合同示范文本（2021版）》和《北京市体育健身行业预付费服务合同》，明确健身会员退卡退费的情形，保护消费者和市场主体的合法权益；甘肃省建立单用途预付消费卡监管服务平台；青岛市开发了国内首个"运动官数字体育SAAS服务系统"。为进一步推动健身行业规范发展，长三角地区开始探索区域行业规范路径。2023年，沪、苏、浙、皖三省一市体育局与市场监督管理局联合发布《长三角区域体育健身服务合同示范文本（2023版）》。未来，随着健身行业的持续发展以及重点城市和主要城市群的带动引领，持续构建健身市场长效监督管理机制，加强行业的信用体系建设，规范健身行业发展将成为重要趋势。

参考文献

黎涌明等：《2019 年中国健身趋势——针对国内健身行业从业人员的网络问卷调查》，《上海体育学院学报》2019 年第 1 期。

于永慧：《"全民健身"与"健康中国"的理论阐释和政策思考》，《北京体育大学学报》2019 年第 2 期。

柳舒扬、王家宏：《新时代我国体育消费研究综述：进程、挑战与展望》，《体育学研究》2023 年第 6 期。

周超群：《中国健身俱乐部产业链条、盈利模式及优化策略研究》，《成都体育学院学报》2023 年第 5 期。

郭聪、张瑞林：《优化与改革：预付式消费视角下健身俱乐部商业模式的完善》，《武汉体育学院学报》2021 年第 6 期。

B.4
2023~2024年中国体育用品制造业发展报告

佘伟珍 何劲松[*]

摘 要： 体育产业是新经济的重要内容，在推动高质量发展、创造高品质生活、发挥体育多元功能等方面肩负重任。我国是体育用品制造大国，产品种类繁多、畅销全球，但同时存在需求牵引的体育消费驱动不足、自主创新的优质装备供给不够等问题。本报告介绍了我国体育用品制造业发展概况，调研了健身器材、冰雪装备、户外装备、球类制造等重点产业发展情况，梳理分析了我国体育用品制造业的发展趋势以及存在的问题，并提出了推进产业高质量发展的措施建议。

关键词： 体育用品制造业 体育产业 运动器材

习近平总书记在考察调研北京冬奥会、冬残奥会筹办工作时强调，"冰雪产业是一个大产业，也是一个朝阳产业，这里面不光是体育运动问题，也包括体育器械的研发和制造问题，是我国制造业的一个组成部分。要加强自主创新，推动我国体育器械制造业加快发展"。[①] 可以说，体育用品是体育运动的物质载体，其供给质量直接关系到国家体育事业的发展建设程度。一个国家整体制造业发展水平构筑了体育用品制造业的发展基础，而国家体育

---

* 佘伟珍，中国机械工业联合会副秘书长，研究方向为体育用品制造；何劲松，上海体育大学博士研究生，研究方向为体育产业。

① 《自主创新，加快建设体育强国——冬奥之约·2022 向我们走来②》，人民网，2021 年 2 月 2 日，http://sports.people.com.cn/n1/2021/0202/c14820-32019525.html。

产业的内生需求和市场容量则决定了体育用品制造业发展的未来潜力。坚实的制造业基础、超大规模的市场和人民群众日益增长的对美好生活的需要，将积极推动我国体育用品制造业的高质量发展。推进体育用品制造业高质量发展，既是加快建设体育强国、提高人民体质和生活质量的根本需求，也是加快建设现代化产业体系、推进中国式现代化的重要途径，更是我国加快构建新发展格局、着力推动高质量发展的有效支撑。

一 我国体育用品制造业重点领域发展现状

（一）运动鞋服领域国产品牌强势崛起

在运动鞋服领域，目前我国形成了以李宁、安踏、特步和361°为引领，多品牌共同发展的格局。从市场占有率来看，安踏、李宁等国产品牌强势崛起，耐克和阿迪达斯两大国际品牌依旧坚挺。在港上市的四大国产体育品牌安踏、李宁、特步、361°陆续发布2023年业绩报告，2023年四大品牌的总营收首次突破千亿大关，达到1127.23亿元，比2022年增长了13.46%。2023年，安踏、李宁、特步、361°的营收分别为623.56亿元、275.98亿元、143.46亿元和84.23亿元，相比2022年均实现了增长，其中增幅最大的是361°（21.01%），安踏和特步分别增长16.23%和10.94%，李宁以6.96%的增幅排在最后。除李宁外，安踏、特步和361°的净利润与2022年相比均实现了增长。[①] 一方面，国产品牌强势增长的原因在于国产品牌在设计、品质和功能性方面有了显著提升，更能满足消费者的需求；另一方面，消费者对国产品牌的接受度和信任度逐渐提高，推动国产品牌市场份额的增长。

从研发投入来看，研发费用快速增长，但占比有待提升。以安踏、李

---

① 《去年总营收超1100亿元　国产体育品牌年报亮点纷呈》，中华全国体育总会网站，2024年4月11日，https：//www.sport.org.cn/shouye/tycy/2024/0411/621777.html。

宁、特步、361°四大本土运动品牌为例，四大品牌研发费用在近年呈现快速上涨趋势，但是研发费用占营收比重多为2%～4%，处于较低水平（见图1）。国际经验显示，研发投入占比达到5%～10%的企业才具有核心竞争力，可见我国体育用品企业的研发投入仍有提升空间。从研发产出来看，研发成果显著，科技含量提升。一方面，各大品牌通过设立研发中心、成立研发团队的形式加大技术攻关和自主研发力度，如安踏运动科学实验室、李宁运动科学研究中心等，直接推动了体育专利数量的显著增加。另一方面，依托强大的科研平台，各大品牌都研发出了具有竞争力的核心技术，如特步跑鞋具有动力巢、减震旋和气能环等多项专利，李宁具有以李宁云、李宁弓、李宁弧为首的减震科技等。

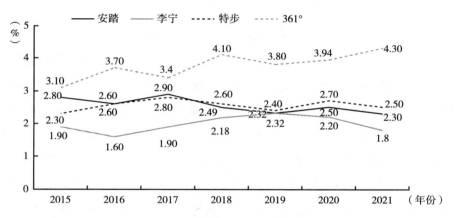

图1 2015～2021年中国四大本土运动品牌研发费用占营收比重

资料来源：各企业历年年报。

（二）球类运动器材总体需求稳定上涨

在球类产品领域，全球范围的总体需求呈现稳定增长态势，乒乓球运动成为我国球类运动器材供给的优势项目。全球范围内，由于球类运动在世界各地的普及和受欢迎度，该细分市场的规模明显高于其他市场。从我国球类用品的销售构成看，根据中国体育用品业联合会对某电商平台销售数据的分析，球类运动中，羽毛球相关产品最受大众欢迎，篮球和乒乓球普及度也很高，分别占球类及其他用品电商消费额的11.1%、9.5%和8.8%；高尔夫和网球等运动相对小众，但也占据了一定的市场份额。就我国球类运动器材供应方而言，国际球类品牌占据了强有力地位，只有少数国内品牌能够跻身前十。但在乒乓球市场上，由于我国是乒乓球体坛最具影响力的国家，以红双喜、双鱼为代表的国产乒乓球品牌影响力较大，我国乒乓球用品出口市场一直呈贸易顺差态势。根据海关总署数据，2024年第一季度，乒乓球、羽毛球、网球及相关用品累计出口额2.04亿美元，环比增长0.59%，同比增长0.93%。[①]

（三）冰雪装备及配件需求快速增长

2022年，北京冬奥会、冬残奥会的举办，极大地促进了中国冰雪运动及相关装备器材产业的发展，企业和科研机构投入冰雪装备器材研发的热情明显提高。"3亿人上冰雪"的发展目标带来了对运动装备的庞大需求，现如今中国滑雪者数量已位居全球第三，室内滑雪场数量位居全球第一，为带动造雪机、压雪机和飘雪机等冰雪装备相关制造业的发展奠定了坚实基础。一方面，围绕北京冬奥会需要，一批装备器材攻关成功，产业布局逐步优化。黑龙江省已形成以索道、魔毯、造雪机等产品为主的冰雪场地基础装备生产体系；吉林省与全球先进冰雪装备制造厂商合作，增强滑雪模拟机、雪地车与全地形车生产能力；河北省张家口市加快推进冰雪运动装备产业示范园区建设和招商引资工作，累计签约冰雪类项目53个，完成公司注册项目47个，已投产项目14个，运营项目15个，实现产值8.84亿元。另一方面，我国冰雪装备器材品牌在海外也获得了较好的销量。阿里巴巴旗下跨境电商平台速卖通数据显示，2021年第四季度，我国滑雪用品海外销售额较上年同期增长超过60%，

---

① 《2024Q1体育用品行业出口数据速览：轮滑、旱冰鞋出口情况向好，球类用品出口额增加》，中国体育用品业联合会，2024年4月29日，http：//cn.csgf.org.cn/xhzx/xhsj/8893.html。

其中滑雪头盔海外销售额同比上涨15倍。在北京冬奥会举办过程中，除夕至正月初四期间，天猫平台滑雪装备销量同比增长180%以上，冰上运动品类销量同比增长超300%，有效带动了国内冰雪装备用品市场的快速发展。①

（四）户外装备迎来产业发展新空间

随着大众健康意识的转变与提升，越来越多的人走向户外寻求亲近自然的生活方式，全国范围内参与户外运动的人数已突破4亿人次②，我国户外行业正式迎来黄金发展期。从产业规模来看，户外装备相关市场需求快速增长。根据中国纺织品商业协会户外用品分会统计数据，2022年中国户外用品行业市场规模约1971亿元，预计2025年中国户外用品行业市场规模将进一步增长至2400亿元。从细分项目来看，2022年中国露营核心市场规模达1134.70亿元，同比增长51.80%；户外鞋服国内头部品牌骆驼和蕉下凭借优秀的美学设计以及性价比持续吸引消费者，2023年MAT销售额（滚动全年数据）同比分别增长110.40%和63.40%。具体来看，仅2022年上半年，我国露营天幕、便携桌椅床销售额就分别增长了331.8%、123.1%。③从产业链条来看，我国上市户外企业集中在产业链中上游，主要为纺织、化纤、面辅料制造企业与OEM/ODM代工企业，其中拥有核心技术的企业盈利能力较为突出。产业链中下游为品牌商与零售商，国内上市企业稀缺，体量相比海外公司较小。上游产业链条中的纺织、化纤、面辅料制造等企业主要集中在浙江义乌、广东东莞、江苏苏州等地；中游企业则以户外服饰制造商为

---

① 《〈虎年春节消费趋势报告〉：冬奥带旺冰雪消费》，中国科技网，2022年2月6日，https：//www.stdaily.com/index/kejixinwen/202202/84c42ae998d24c799d4c9fc725c21e01.shtml#：~：text=2%E6%9C%886%E6%97%A5%EF%BC%8C%E9%98%BF%E9%87%8C%E5%B7%B4%E5%B7%B4%E5%8F%91。
② 《国家发改委：全国户外运动参与人数超过4亿人次》，中国网，2023年10月24日，http：//v.china.com.cn/2023-10/24/content_116770603.html。
③ 《户外用品行业发展趋势：预计2025年中国户外用品行业市场规模将增至2400亿元》，中研网，2023年11月1日，https：//www.chinairn.com/news/20231101/105953384.shtml。

主，主要集中在广东、浙江、江苏等地，与上游产业链的地理分布密切相关；而下游企业总体稀缺，在品牌打造方面与欧美顶级户外厂商还有很大的差距。

（五）健身器材市场规模持续扩大

随着大众健康意识的觉醒，线上线下参与运动健身的人不断增多，主要呈现由中间年龄段逐步向"一老一小"两头扩张的趋势，健身全民化趋势显著。数据显示，2024年全国有长期运动习惯的人数达到4.3亿人。[①] 与此同时，我国健身器材制造业市场规模快速增长，2023年中国健身器材行业市场规模已增至348.08亿元，其中，跑步机占据了市场主流地位，约占总市场份额的一半。从市场供给来看，2023年，中国健身器材行业销售收入达484.05亿元，产值为512.32亿元，总资产为362.31亿元，利润为22.79亿元。面对复杂多变的发展环境，行业整体运行较为平稳，呈现持续向好的发展态势。从市场主体来看，健身文化的普及让健身器材行业吸引了越来越多的企业加入，规模以上企业数量在近年呈波动增长态势，优秀企业逐渐涌现，推动整个行业向更高水平迈进。2023年，中国健身器材行业规模以上企业数量达到440家。[②]

（六）水上及航空运动装备生产逐渐自主化

同发达国家相比，水上及航空运动项目在我国仍属于小众运动项目，相关装备主要依赖进口，市场上国内装备品牌较少。但近年来，随着海外水上运动装备的需求火热，以及我国水上及航空运动项目在互联网宣传效应加持下逐渐"出圈"，相关装备的生产制造厂商呈现自主化、品牌化发展趋势。在水上运动领域，2022年中国水上运动行业市场规模为5742.05

---

① 《体育产业百亿新赛道正待挖掘》，国家体育总局网站，2024年9月12日，https：//www.
sport.gov.cn/n20001280/n20067608/n20067635/c28091642/content.html。

② 《2023年中国健身器材行业市场规模、政策、产值、产业链、重点企业及发展趋势分析》，
华经情报网，2024年4月5日，https：//www.huaon.com/channel/trend/975630.html。

亿元，同比增长 13.19%。预计到 2027 年，市场规模将达到 10823.98 亿元，显示出强劲的增长势头。① 从产品供给来看，当前，中国已成为水上运动用品制造和出口最大国家之一，全世界水上运动用品中的三成出自中国。但我国水上运动装备生产厂商以代工模式为主，自研自营的国产化品牌逐渐崭露头角。以主要冲浪装备冲浪板为例，尽管目前世界上 70% 的冲浪板都是在中国生产制造的②，但大多数为代工厂。从市场主体来看，随着水上运动逐渐进入大众视野，我国现存"冲浪"相关企业注册量达到了高峰。企查查数据显示，我国现存"冲浪"相关企业共 1918 家，从企业地域分布来看，广东、海南因地理位置优势居于榜首。

航空运动领域发展基础不断夯实，运动组织网络逐步完善，全国已有 30 多个省（区、市）的体育部门向中国航协选派了委员，建立了 18 个省级航空运动协会，各项各类航空体育俱乐部分布在 28 个省（区、市）。运动项目不断增加，从最初的跳伞、滑翔伞到现在的轻型飞机、直升机、动力悬挂滑翔机、热气球、飞机跳伞、动力伞、航空模型、航天模型和模拟飞行等大型项目，我国的航空体育运动项目在改革和创新中不断发展壮大。以滑翔伞为例，中国滑翔伞行业市场规模逐年扩大，从 2016 年的 1.9 亿元上涨至 2021 年的 10.8 亿元。

二　我国体育用品制造业的发展特征

（一）顶层设计日益完善，外部发展环境愈加完善

体育产业作为五大幸福产业与六大消费领域的重要组成部分，近年来在国民经济中的地位显著提升。在顶层设计方面，近年来国家出台了一系

---

① 《2024—2029 年水上运动行业发展现状、竞争格局及未来发展趋势与前景分析》，中研网，2024 年 5 月 31 日，https：//www.chinairn.com/hyzx/20240531/142930344.shtml#：~：text＝%E6%8D%AE%E4%B8%AD%E7%A0%94%E6%99%AE%E5%8D%8E%E4%BA%A7%E4%B8%9A%E9%99%A2%E7%A0%94%E7%A9%B6。

② 《爆火之后，冲浪的商业化才刚刚开始》，腾讯网，2021 年 11 月 4 日，https：//new.qq.com/rain/a/20211104A0CPSQ00。

列顶层政策，强力推动体育产业的发展。2019 年 8 月，《体育强国建设纲要》提出了体育强国建设的五大战略任务，为我国体育用品制造业的发展提供了方向遵循。2022 年新《体育法》的修订通过，为体育用品制造业的有序规范发展提供了法律依据。同年 7 月，《关于体育助力稳经济促消费激活力的工作方案》发布，从加大助企纾困力度和加大体育产品供给两个维度提出落实纾困政策、减免相关费用、加快资金执行、优化政府采购等 15 条共 42 项具体举措，进一步释放了体育产业整体的发展活力，体育用品制造业的政策环境愈加完善。与此同时，在社会基础方面，我国体育用品制造业的发展基础也愈加坚实，体育参与人口不断增多。根据国家体育总局的数据，我国经常参与体育锻炼的人数已超 4 亿人。在细分运动项目上，全球总滑雪人数多年来基本稳定在 4 亿人次左右，其中，室外滑雪参与人数基本稳定在 3 亿~3.6 亿人次[①]，体育参与人群的不断壮大为相关体育用品提供了强劲消化出口。体育参与人数的增长带来了强劲的体育消费需求。2022 年，40 个国家体育消费试点城市居民体育消费总规模达 6821 亿元，人均体育消费支出的平均值为 2576 元，分别比 2020 年增长 17.95%和 19.65%。[②]

（二）科技水平持续提高，数字化应用领域逐渐宽泛

高新科技及数字技术在体育装备中的应用日益广泛，成为体育用品制造业发展演进的重要趋势。一方面，体育用品科技水平的提升，可以有效促进比赛装备、科学训练、日常锻炼等方面的高速进步与发展，不断提高运动员比赛成绩的同时，满足体育爱好者多元化、功能化的需求。以冰雪装备为例，为解决因科研支撑不足影响运动员训练比赛等问题，2016 年北京冬奥

---

① 《大数据创新动态：冰雪产业智能化》，搜狐网，2022 年 1 月 19 日，https://www.sohu.com/a/517667315_ 120957950。
② 《40 个试点城市近三年体育消费规模增速明显——国家体育消费试点城市总结交流会在苏州举行》，"扬子晚报"百家号，2023 年 12 月 9 日，https://baijiahao.baidu.com/s? id = 1784807629842101843。

组委统筹制定了"科技冬奥（2022）行动计划"，针对场馆、装备等关键场景的应用需求，安排部署80个科研项目，形成了212项成果，其中多项冰雪装备器材新技术新产品实现产业化并在北京冬奥会上落地应用。另一方面，随着数字化智能技术深入渗透社会各个方面，数字形态也成为重要的体育消费形态。得益于我国全球领先的网络应用技术，极具活力的数字企业和平台、全球规模最大的线上消费市场，支撑发展了多种形态的数字体育产品，形成了数字体育用品消费的特有优势。数字化、智能化技术在体育全域广泛应用，目前智能体育用品及设备占体育用品市场比例已高达46.2%。①

（三）国产品牌崭露头角，地域化分布格局形成

中国体育用品制造企业多借助国际品牌代工的经营模式起家，在早期的发展过程中，通过经营品牌和快速发展经销体系形成了一定规模，也带动了体育用品制造业的快速发展。2008年北京奥运会后，我国体育用品制造企业迎来了新的发展机遇，逐渐涌现一批具有国际竞争力的上市公司、"专精特新"企业和行业隐形冠军，如李宁、安踏、泰山体育等。与此同时，我国体育企业对斐乐、迪桑特、奥索卡等国际著名品牌的商业并购行为的落地，有效弥补了国产品牌在冰雪体育用品领域和高端品牌上的缺失，丰富了我国体育用品的产品线和品牌结构，国产品牌的影响力不断扩大。此外，受地理优势和政策推动的影响，我国体育用品制造企业形成了较高层次的产业集聚。就空间分布格局而言，呈现东部地区专业化水平较高、中部西部专业化水平逐级降低的特征；就集聚区域而言，主要集中在江苏、浙江、上海、广东、福建5省（市），产业集聚度超过80%。其中，福建省占据绝对集聚优势，体育用品制造业产值常年位居全国第一。就区域生产特征而言，形成了福建晋江运动鞋集群、浙江温州运动服饰制造集群、江苏泰州体育器材集群、山东乐陵竞技体育器材集群等一大批知名细分产业集聚地。集群内的上

---

① 《"智能体育"活力四射——"聚焦智能体育消费新业态"系列报道之一》，腾讯网，2023年7月14日，https://new.qq.com/rain/a/20230714A07QLW00。

下游企业高度集聚，供应链相对固定，形成了链式联结、协同互促的发展格局，提高了抵御风险的能力。

三 我国体育用品制造业发展存在的问题

（一）需求牵引的体育消费驱动不足

首先，当前我国民众对于体育消费的需求相对有限，主要集中在跑步、游泳、乒乓球、羽毛球等少数几个传统项目，对于体育器材的需求也相对固定。尽管近年来陆冲、滑雪、飞盘、匹克球等小众运动逐渐风靡，却缺乏相对长期稳定的受众基础，市场需求峰值较短、波动较大，导致体育用品市场同质化竞争激烈，缺乏多元化的发展方向，也限制了企业的研发和营销策略，难以形成个性化的产品风格和品牌文化。其次，我国民众"终身体育"的意识形成较晚，体育消费观念尚未深入人心，多数人对于体育用品的认识还停留在简单的运动工具上[①]，缺乏对于专业器材的功能和价值认知，体育用品市场缺乏多样化的消费需求刺激，企业难以获得更大的市场份额。以冰雪运动为例，相较于已经养成冰雪运动习惯并拥有自己专用服饰和装备的爱好者，初学者及一次性体验者参与冰雪运动的服饰和装备多为租赁，仍停留在"尝鲜"的探索猎奇阶段，消费贡献率有限。最后，部分在欧美等体育强国、大国较为流行的项目，如冲浪、帆船等，在我国的普及率不高，无法充分释放此类器材装备消费需求，众多高端体育用品装备市场被国外公司垄断，国内企业再次进入的投入成本较大、产出效益较低、回报周期较长，企业进入意愿也较低，因此造成部分高端体育用品装备在国内没有生产企业。

（二）自主创新的优质装备供给不够

首先，我国体育用品制造业起步较晚，多数体育用品制造企业长期以代

---

① 雷正方：《新时代全民健身高质量发展的科学内涵、问题指向与实践旨归》，《成都体育学院学报》2024 年第 1 期。

工、贴牌和加工贸易为主，缺乏原始创新能力，与发达国家龙头企业相比，在新技术、新材料和新工艺等方面的研究和应用相对滞后。[1] 尽管近年来国家大力推进供给侧结构性改革，部分体育用品制造企业科研投入力度加大，但总体研发费用和研发投入与世界高端体育品牌相比仍有较大差距，导致核心技术和关键部件存在"卡脖子"现象，部分细分领域产品性能可靠性、质量稳定性、环境适应性、使用便捷性及寿命年限等核心指标不占竞争优势，某些领域产品基本依靠进口。如当前，我国仅有一所国家冬季运动服装装备研发中心，专职从事冬季运动项目体育装备研发的人员稀少，相关关键技术标准缺失，产品制造环节难以获得有效科技支持，以"高端冰刀"、滑雪板、雪板固定器、压雪机等为代表的冬季装备技术研发滞后，核心科技长期被国外垄断，与运动员对尖端科技装备的需求和人民群众对体育装备的期待仍存在较大差距。其次，我国体育用品领域知识产权保护制度尚不完善，知识产权布局相较于体育产业发达国家仍有差距，一方面大量核心专利掌握在国外厂商手中，另一方面我国企业申请专利主要在国内，缺少国际布局。此外，对于侵权行为的打击力度不够，也一定程度上制约了企业的自主创新积极性。例如，在竞赛型自行车领域，国外厂商禧玛诺和速联两家变速器企业在全球申请了五六千件专利，在中国的专利数量也超过了 2400 件，几乎封死了所有后来者的追赶之路。

（三）高效协同的产业链条融合不畅

首先，我国体育用品制造企业布局仍存在散、小、弱现象，同行竞争大于协作。体育用品制造业上下游之间未能形成紧密的合作关系，无效供给过多、低端产能过剩、高端产品不足的矛盾较为显著，与民众日益增长的体育装备需求渐行渐远，所对应的现实是我国运动鞋接近世界水平、运动服装处于中等水准、健身器材仍较落后、竞赛装备及专用仪器存在多领域空白。其

---

[1] 李增光、沈克印：《双循环新发展格局下体育用品制造业转型升级的动力机制研究》，《沈阳体育学院学报》2022 年第 1 期。

次，跨行业连接互动较少，金融等资源要素对产业链升级的支撑不足。体育用品制造业与相关产业的关联不密切，特别是由于管理体制、协同平台的缺乏，体育用品制造业与相关产业融合的整体性、系统性不强，尚未与文化、旅游、教育、健康、养老等相关产业形成紧密的联动效应，相关生产要素整合、共享、流转、配置效率较低，产业延伸所产生的放大效应尚未显现。此外，产业发展区域不均衡情况较为突出，区域间产业关联度和互补性较低，产业链不完整，未形成以点带线、以线带面的联动效应。最后，创新链与产业链对接不畅，基础研究和产业化应用脱节。我国强大的制造业基础尚未成为体育用品制造业发展的支撑和助力，先进的科技成果在体育用品领域转化较慢，成果供需双方缺乏对接、转化机制。

（四）与时俱进的先进标准体系不优

标准体系对于行业的发展至关重要，它能够规范产品生产、保障产品质量、提高市场竞争力。然而，目前我国体育用品制造业的标准体系尚未完成优化。首先，部分现行标准存在标龄长、标准低、内容不完善等问题，不少标准已经超过修订期限。随着科技的发展和生产工艺的进步，一些传统的体育用品标准可能已经无法适应当前的生产和技术要求，而一些新技术、新设计、新材料的出现无法在标准中得到及时体现，制约了体育用品制造业的发展。例如，目前我国市场针对跳绳品类的执行标准仅适配于传统的普通跳绳，对于跳绳的材质、长度、重量等基本参数并没有细致规定，而计数、智能等新功能以及新兴的跳绳品类并没有纳入标准范围，对于产品质量和性能缺乏统一的标准约束。又如，部分智能化健身器材、运动康复训练器械、冰（雪）场设施装备及维修保养装备等缺乏统一的质量检测和评价标准，无法对这类产品的智能功能、数据安全等方面进行规范，不仅阻碍了这些产品的发展，也给消费者的选择和使用带来困难。其次，我国相关标准与国际标准接轨不够，在全球化的背景下，我国体育用品制造业的发展不仅需要满足国内市场的需求，还需要与国际市场接轨。然而，目前部分国内体育用品标准与国际标准的接轨程度并不高，这在一定程度上限制了我国体育用品的国际

竞争力。例如，国际上对于户外装备有统一标准，具体规定包括安全绳的寿命、冲坠系数，帐篷的耐磨程度、抗撕裂程度等，但目前，国内并没有统一的户外用品标准，只能粗略地借鉴其他行业或部门的标准，造成了户外用品品质参差不齐、价格混乱。

四　我国体育用品制造业的发展趋势

（一）产品研发的自主化、集群化

随着世界经济环境下行与国际政治冲突加剧，我国体育用品制造业产业链条的稳定性受到严重威胁，越来越多的企业倾向于改变以往的代工生产经营模式，逐渐呈现产品研发自主化与集群化的特点。一方面，越来越多的企业围绕体育用品发展趋势，以创新、改革的思维聚焦产业发展的瓶颈环节，补短板、锻长板，持续增加产品研发投入，着重加强对产品设计、先进材料、关键零部件、生产工艺等关键核心技术的攻关。另一方面，体育用品制造企业与各地政府主管部门开始建立协同联动机制，加强对于体育用品制造企业特别是中小企业的政策扶持，鼓励企业进行技术创新、扩大生产规模、提升产品质量，企业的地理布局与行业布局愈加合理，企业间的创新合作愈加频繁。

为此，面向未来，首先，应该支持以行业龙头企业为牵引，建立具有世界领先水平的体育用品先进技术研发中心，对核心技术、关键技术和共性技术进行重点攻关，形成具有自主知识产权的核心技术支撑体系。其次，推动工业领域先进技术成果向体育用品制造业转移转化，通过建立有效的合作机制和开放协同的合作平台，在我国强大的工业基础与体育用品制造业之间搭建科技成果共研、共享、共用的桥梁，鼓励体育用品制造企业协同多学科、多行业的力量，与高校、科研院所以及制造业领域其他相关行业开展跨产业链的联合创新与科技成果转化，通过共同研发、技术转让、知识产权共享等方式，以装备需求牵引科技创新，以科技成果赋能装备研发。最后，支持各地以产业链为核心，结合当地的创新机制、辅助产业、文化因素等，以区域性、产业化、协同性生产基地建设为突破口，推动体育用品研制生产基地科学布局。依托产业联盟、行业协会、制造业创新中心等平台，引导体育用品制造业的上下游企业、配套企业、相关产业企业等集聚，共同打造集群式产业生态。

（二）产品供给的多元化、个性化

随着我国体育产业的蓬勃发展，运动场景不断更新迭代、消费模式不断创新，体育用品的供给既要满足竞技体育的高水平需求，也要满足全民健身的大众化需求，更要兼顾和适应持续变化的消费市场带来的特殊需求。一方面，在"竞技比赛""极限探险""休闲健身""兴趣社交"等不同运动场景下，体育用品的品类进一步扩展和细化。如充分考虑不同年龄段消费者的需求和习惯，针对儿童、青少年、中老年等人群，需要提供不同类型、尺寸和功能的体育用品。又如，一些数智化的体育用品需要将竞技体育和全民健身的需求充分融合，既可以为专业运动员提供更精确的训练数据，也可以为大众健身者提供更科学的健身指导。另一方面，消费者对于同一款体育用品可能有颜色、功能等不同要求，或者希望根据自身的身体条件、运动需求进行个性化设计，个性定制的模式逐渐在体育用品领域流行，促成了体育用品个性化的发展趋势。

为此，面向未来，首先应该加强体育用品的精细化分类，根据不同运动项目、不同功能用途以及不同的品质能级构建差异化、多元化的分类体系，降低入门级装备用品的购买门槛，满足专业级别要求的性能水平，推动专业运动装备用品走出运动场地、走向多元场景，就体育用品的多元分类形成具有行业共识的标准规范，推进我国体育用品制造业供给方与需求方的整体距离拉近，强化满足不同消费者功能需求的能力。其次应紧跟社会体育热潮，充分利用露营、飞盘、骑行等运动项目的网络破圈效应，借助需求动力实现小众化、个性化运动项目供给能力的提升，充分挖掘运动项目的疗愈、社交、休闲等潜藏属性，根据多元属性开发功能差异化的体育用品。最后应跟

随制造业服务化趋势，通过延伸体育用品制造业产业链条，在立足运动装备制造的核心业务基础上，打造包含针对性咨询、个性化定制的一体化解决方案，以研发、设计、营销流程的模式革新，推出体育用品装备个人定制等服务，实现体育用品的价值体验升级。

（三）制造过程的智能化、柔性化

数字技术与传统体育用品制造业的融合，可以将数据作为生产要素直接投入生产过程，从供给端提升生产效率和生产质量。[①] 我国体育用品制造业应用数字技术的水平不断提高，在制造过程中表现出了智能化、柔性化的特点。一方面，当前一些体育用品制造企业已经采用自动化生产线和智能机器人进行生产，通过自动完成的切割、印刷、喷码、涂胶、折边等工序使产品更加标准化，也降低了生产过程中的高能耗和高排放问题，使得产业的可持续发展潜能进一步释放，越来越多的企业加入数字化改造的行列。另一方面，随着消费者对于个性化体育用品要求的提高，更多体育用品制造企业借助智能化、大数据、云平台等新技术不断改造和升级产销模式，将计算机辅助设计、虚拟现实、人工智能等要素不断运用于产品设计和制造流程，通过数字化的生产线和运营网络，实现生产流程的柔性化，以满足客户的特殊需求，增强市场竞争力。

为此，面向未来，首先应鼓励体育用品制造企业向服务型制造企业发展，加强智能制造、大数据、人工智能等新兴技术在体育用品制造领域的应用，引导体育用品制造企业与大数据、云计算、5G、虚拟现实、人工智能等跨行业合作，开展数智化改造，推进全产业链化经营，从技术实力、产品力、供应链管控力、营销运营力等方面进行全面优化升级。其次应通过对消费需求的快速响应以及敏捷履约，重构全渠道模式，加强与消费者的线上线下连接和互动，更精准地定义内容和场景，实现用户画像及需求的精准刻

---

① 鲁志琴、陈林祥、沈玲丽：《中国体育产业数字化发展的趋势、挑战与应对》，《成都体育学院学报》2023年第3期。

画、用户的精准触达，通过线上选品、虚拟订货、云货架等方式，以消费者大数据为驱动，推动从消费者洞察、商品开发、企划、运营到营销各个环节形成闭环，推进高效、柔性、低碳制造，提升品牌黏性和消费者体验，形成产用结合的新发展模式。

（四）产业结构的高端化、融合化

随着"双循环"发展格局的构建，我国秉承开放包容理念，以更高水平参与全球市场竞争，我国体育用品制造业长期以来在全球产业链中所扮演的加工、组装等低附加值角色也逐渐转变。一方面，一些体育用品制造企业已经通过加强自主创新与加大科技投入寻求自身技术积累，不断提升工艺与技术水平，打造具有科技含量和市场竞争力的自有品牌，通过跨国经营和合作的方式扩大产业规模、拓展产品范围，不断提升产品质量和国际竞争力，打造符合中高端市场需求的体育用品。另一方面，体育用品制造业与文化、旅游、健康等产业的融合发展越来越紧密，更多的产品形式不断拓展体育用品制造业的边界，如体育用品制造业与文旅产业的融合，催生了汽车房车自驾、露营生活等更多新的运动场景，激发了消费者对融合运动与旅游元素的户外运动装备的新需求。

面向未来，首先应鼓励骨干企业整合国内外优质资源，加快打造一批具有生态主导力、国际竞争力，综合实力过硬、核心竞争力强的产业链领航企业。支持中小企业在产业优势领域精耕细作，在细分领域培育一批市场前景佳、成长性好、市场占有率高的专精特新"小巨人"企业和制造业单项冠军企业，加速构建形成大中小企业融通发展的格局。其次应鼓励支持有条件的地方打造具有区域特色和优势的青少年体育用品品牌，满足青少年运动技能培训、赛事活动的用品和场地设施需求。支持地方政府部门、行业组织举办国际赛事、体育产业博览会、高层论坛等，宣传推介国产优秀产品。推动体操器材、杠铃、雪车、自行车等一批具有较强竞争力的产品打入国际赛事，提升自主品牌国际知名度。最后应支持体育用品制造企业与健身场馆、医疗机构、专业体育院校等需求侧用户广泛合作，推动体育用品在亚健康检

测、体质评估、代谢能力评估等健康评估与检测中发挥更大作用，满足竞技体育、体育教学以及健身锻炼等不同领域用户在相关应用场景下对于运动指导、训练建议、身体管理、健康监测等的个性化需求，增强体育用品制造业的核心竞争力。

参考文献

鲁志琴、陈林祥、沈玲丽：《中国体育产业数字化发展的趋势、挑战与应对》，《成都体育学院学报》2023年第3期。

雷正方：《新时代全民健身高质量发展的科学内涵、问题指向与实践旨归》，《成都体育学院学报》2024年第1期。

李增光、沈克印：《双循环新发展格局下体育用品制造业转型升级的动力机制研究》，《沈阳体育学院学报》2022年第1期。

B.5
2023~2024年中国体育服务贸易发展报告

王雪莉　王　鹏*

摘　要：　本报告对中国体育服务贸易领域发展情况进行了统计与分析。2017~2023年我国主要体育服务贸易进出口总额呈现斜N形变化趋势，已进入加速增长阶段；主要体育服务贸易出口额呈现W形变化趋势，2023年创下主要体育服务贸易出口额新高；体育旅游服务贸易已实现快速复苏。同时，重点分析了职业体育竞赛表演、体育赛事赞助、体育赛事版权交易、互联网体育服务、体育旅游等重点领域体育服务贸易的发展情况，对当前我国体育服务贸易发展面临的问题进行了总结，并提出了相应的对策建议。

关键词：　体育服务贸易　进出口　体育产业

当前，中国经济发展已经进入新的历史时期，服务贸易是国际贸易的重要组成部分和国际经贸合作的重要领域，在构建新发展格局中具有重要作用。加快发展服务贸易是扩大高水平对外开放、培育外贸发展新动能的必然要求。习近平总书记在致2024年中国国际服务贸易交易会的贺信中指出，中国愿同世界各国一道，顺应经济全球化大趋势，共享机遇、共商合作、共

---

* 王雪莉，清华大学经济管理学院长聘副教授，博士生导师，清华大学体育产业发展研究中心主任，研究方向为体育产业、组织文化、组织变革、战略人力资源管理等；王鹏，清华大学博士研究生，研究方向为体育管理。

促发展，为推动世界经济增长、增进各国人民福祉贡献力量。[①] 2024 年国务院办公厅印发《关于以高水平开放推动服务贸易高质量发展的意见》，其中包括"推动中国武术、围棋等体育服务出口"以及"在具备条件的地区引入国际精品赛事"等涉及体育服务发展的重要内容。体育服务贸易作为我国服务贸易的重要组成部分，符合未来中国服务贸易发展要求，具有极大的发展空间。对中国体育服务贸易发展情况的梳理和分析，有助于了解当前我国体育服务贸易的总体情况，对贸易对象的类别、规模、活跃程度等情况进行阐述，有助于为未来制定体育服务贸易产业相关引导与规范政策提供借鉴与参考。

一 我国体育服务贸易发展的基本框架

（一）政策背景

服务贸易是一国的法人或自然人在其境内或进入他国境内向外国的法人或自然人提供服务的贸易行为。[②] 其中，服务主要包括商业服务，通信服务，建筑及有关工程服务，销售服务，教育服务，环境服务，金融服务，健康与社会服务，与旅游有关的服务，娱乐、文化与体育服务，运输服务等。[③] 体育服务贸易作为我国服务贸易的重要组成部分，是指我国体育产业企业或个人向外国企业或个人提供体育服务，外国体育产业企业或个人向国内公司或个人提供体育服务的贸易行为。

当前，中国政府对体育服务贸易持鼓励发展的态度。国务院于 2015 年发布了《国务院关于加快发展服务贸易的若干意见》，为包括体育服务贸易在内的各项服务贸易产业明确了发展方向，并提出了一系列优惠政策与保障措施。2018 年发布的《国务院办公厅关于加快发展体育竞赛表演

① 《习近平向 2024 年中国国际服务贸易交易会致贺信》，《人民日报》2024 年 9 月 13 日。

② 余欣：《广东推进服务贸易自由化及创新发展研究》，《城市观察》2018 年第 5 期；汪倩：《论〈服务贸易总协定〉中的国民待遇》，《国际经贸探索》2000 年第 5 期。

③ 郑吉昌、夏晴：《服务业、服务贸易与区域竞争力》，浙江大学出版社，2004。

产业的指导意见》，对体育竞赛表演服务贸易提出了明确的发展要求与鼓励意见。国家发展改革委、商务部于 2022 年发布的《鼓励外商投资产业目录（2022 年版）》，明确鼓励外资从事"体育场馆经营、健身、竞赛表演及体育培训和中介服务"以及"智能体育产品和服务的研发、普及与推广"。2024 年发布的《外商投资准入特别管理措施（负面清单）（2024 年版）》未包含体育服务类内容。2024 年，国务院办公厅印发《关于以高水平开放推动服务贸易高质量发展的意见》，其中强调要"推动中国武术、围棋等体育服务出口"以及"在具备条件的地区引入国际精品赛事"。由此可知，体育服务贸易是我国允许、部分鼓励外资发展的领域之一。

（二）体育服务贸易的内容与分类标准

目前，我国尚未进行体育服务贸易方面标准的汇总与分类。为便于研究，本报告应用国家统计局于 2019 年 4 月 1 日发布的《国家体育产业统计分类（2019）》中对于体育产业的分类标准，结合服务贸易跨境交付、自然人流动、商业存在、跨境消费四种提供形式，对中国体育服务贸易情况进行汇总与分类。我国体育服务贸易主要集中于国家体育产业分类中的体育竞赛表演活动，体育场地和设施管理，体育经纪与代理、广告与会展、表演与设计服务，体育教育与培训，体育传媒与信息服务，其他体育服务等 6 个大类、15 个中类与 18 个小类中。另外，国家统计局与国家体育总局于 2023 年 12 月联合发布的《2022 年全国体育产业总规模与增加值数据公告》[①] 明确指出，《国家体育产业统计分类》中的体育用品及相关产品制造、体育场地设施建设等产业不属于体育服务业。因此以上两类产业不纳入体育服务贸易相关统计研究与分析。对相关数据进一步研究可以发现，在产业分类方面，进口体育服务贸易主要集中在职业体育竞赛表演活动、体育场馆管理等

[①] 《2022 年全国体育产业总规模与增加值数据公告》，国家统计局网站，2023 年 12 月 29 日，https：//www.stats.gov.cn/sj/zxfb/202312/t20231229_ 1946084. html。

18 个小类中，而出口体育服务贸易主要集中在体育广告服务、互联网体育服务等 14 个小类中（见表1）。

表 1　中国体育服务贸易的行业分布情况

大类	小类	典型案例	
		进口	出口
体育竞赛表演活动	职业体育竞赛表演活动	NBA 季前赛 外国足球俱乐部中国行和交流比赛 体育明星中国行 外籍体育运动员在国内俱乐部效力，外籍教练在国内俱乐部执教等	中国运动员与教练被国外体育俱乐部或运动队聘用
体育场地和设施管理	体育场馆管理	国外公司在国内运营的体育场馆设施，如上海梅赛德斯奔驰中心、奥地利 AST 公司、冰世界体育、意大利银河集团、意大利莱特纳集团、马来西亚云顶集团等（注意区分外商投资与外商运营，体育服务贸易涉及的是外商运营部分）	—
体育经纪与代理、广告与会展、表演与设计服务	体育经纪人	国外个人或公司提供的国内体育明星经纪人服务	—
	体育中介代理服务	世界级赛事赞助 国外个人或公司为国内赛事所做的招商与推广活动 国外个人或公司代理国内体育知识产权服务	国内个人或公司代理国外体育知识产权服务
	体育广告服务	国内企业付费的国际体育明星广告 国内企业付费的国外赛事现场广告 国内企业付费的国外俱乐部赞助商广告	国外企业付费的国内体育明星广告 国外企业付费的国内赛事现场广告 国外企业付费的国内俱乐部赞助商广告
	体育会展服务	国外个人或公司在国内举办的体育相关展览展示活动	国内个人或公司在国外举办的体育相关展览展示活动
	体育表演服务	国外体育表演团体或机构在国内举办的体育表演活动	国内体育表演团体或机构在国外举办的体育表演活动

续表

大类	小类	典型案例	
		进口	出口
体育经纪与代理、广告与会展、表演与设计服务	体育设计服务	大型体育赛事中国外策划与设计团队提供的服务,包括替地方政府完成的赛事方案设计与重大赛事的申报咨询服务等	—
体育教育与培训	学校体育教育活动	国外专家、教师来国内授课或国内教师、学生赴国外进修	国内专家、教师前往国外授课或国外教师、学生赴国内进修
	体育培训	在国外开展的专业体育运动队培训(冰雪、游泳、网球等项目) 国外教练在国内针对专业体育运动队开展的培训 国外个人或公司在国内举办的体育运营管理培训 国外个人或公司开展的民间体育运动培训(滑雪、篮球、橄榄球等),地点可能在国内也可能在国外 国外个人或公司向国内提供的体育项目研究工作	国外体育运动队在国内开展的专业体育运动队培训(乒乓球等项目) 国内教练在国外针对专业体育运动队开展的培训 国内个人或公司向国外提供的体育项目研究工作
体育传媒与信息服务	体育影视及其他传媒服务	国内公司付费,国外公司为国内及国外体育赛事的报道与转播所提供的拍摄、摄影、录像及后期制作等服务 国外体育运动向国内转播	国外公司付费,国内公司为国内或国外体育赛事的报道与转播所提供的拍摄、摄影、录像及后期制作等服务 国内体育运动向国外转播
	互联网体育服务	国外体育运动网上直播(足球、篮球、网球、游戏等)	网络游戏代练服务
	其他体育信息服务	国外生产的电子竞技游戏在国内运营	国内生产的电子竞技游戏在国外运营

续表

大类	小类	典型案例	
		进口	出口
其他体育服务	体育旅游活动	世界杯、奥运会等国际赛事举办时组织赴国外观赛 国外度假+体育,例如冬季的欧洲度假+滑雪,夏季的海边度假+冲浪、度假+马拉松等	外国运动员来中国参赛和旅游,比如马拉松赛事中的外籍跑者
	体育健康与运动康复服务	国内付费,外国专家实施的体育伤病治疗与康复服务	外方付费,国内专家实施的体育伤病治疗与康复服务
	体育彩票服务	购买国外体育彩票服务	购买国内体育彩票服务
	体育金融与资产管理服务	购买国外体育保险及相应的理赔服务	—
	体育科技与知识产权服务	国外优秀体育赛事的版权、转播权及IP交易等 国外优秀赛事冠名权、联合举办授权交易等	中国赛事的版权、转播权(中网、中超等)

注:参考国家统计局发布的《体育产业统计分类(2019)》中对于体育产业的有关分类标准,筛选与本报告相关的具体服务产业,对中国体育服务贸易情况进行了汇总与分类。

二 我国体育服务贸易发展的特征

整体来看,2023年中国主要体育服务贸易呈现以下发展特点。一是进出口总额企稳回升。2023年中国主要体育服务贸易进出口总额为528.9亿元,比上年增加338.6亿元,增长1.78倍,占同期中国服务贸易进出口总额的比例为0.80%,高于上年0.32%的占比。二是进出口结构仍不均衡。2023年中国主要体育服务贸易进口额达517.2亿元,占进出口总额的97.79%;出口额达11.7亿元,占进出口总额的2.21%,进出口逆差达505.5亿元。三是中国主要体育服务贸易进出口规模集中度较高。2023年体育旅游类体育服务贸易进出口额占主要体育服务贸易进出口总额的82%以上，其余四项体育服务贸易进出口额占比合计不足18%。在中国服务贸易继续保持增长态势的带动下，2024年上半年中国体育服务贸易也实现了快速复苏。

（一）主要体育服务贸易进出口总额呈现斜N形变化趋势

我国主要体育服务贸易进出口总额呈现斜N形变化趋势，目前已进入加速增长阶段。2017~2023年中国主要体育服务贸易进出口总额变化趋势如图1所示，从数据上看，2017~2019年中国主要体育服务贸易进出口总额呈现稳步上升态势，至2019年达到最高，但2020年主要体育服务贸易进出口总额出现较大幅度下滑，2021年降至最低点，2022年起呈现企稳回升态势，2023年我国主要体育服务贸易进出口总额恢复到2019年31.79%的水平。预计在高品质体育消费需求逐渐增强，以及中国服务贸易发展持续向好等一系列有利因素的带动下，2023年起中国主要体育服务贸易进出口总额将进入加速增长阶段，特别是在2024年各项全球体育盛会成功举办的背景下，未来有望逐步恢复并超过2019年总体规模与发展水平。

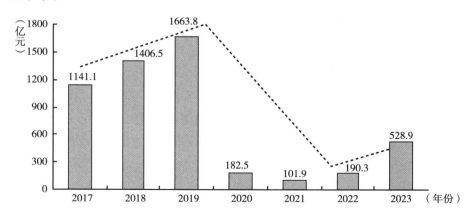

图1　2017~2023年中国主要体育服务贸易进出口总额

资料来源：清华大学体育产业发展研究中心《2023年中国体育服务贸易发展报告》。

（二）主要体育服务贸易出口额呈现 W 形变化趋势

我国主要体育服务贸易出口额呈现 W 形变化趋势，2023 年创下主要体育服务贸易出口额新高，首次突破 10 亿元。2017~2023 年我国主要体育服务贸易出口额变化情况如图 2 所示。从数据中可以看出，2017~2022 年中国主要体育服务贸易出口额基本保持稳定，始终在 6 亿~10 亿元的区间波动，呈现 W 形变化趋势。2017~2019 年经历先降后升的变化，2020 年受疫情影响再次下降，但 2023 年创下主要体育服务贸易出口额新高，并首次突破 10 亿元大关。这主要得益于 2023 年我国先后成功举办的成都世界大学生运动会及杭州亚运会等赛事产生的体育旅游服务贸易。预计随着越来越多的国内高水平专业选手与运动队伍走出国门参加国外职业体育赛事并获得不菲的奖金或薪酬收入，在我国进一步扩大体育旅游对外开放规模的大背景下，今后中国主要体育服务贸易出口额将继续保持增长态势。

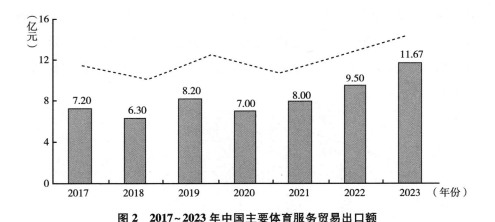

图 2　2017~2023 年中国主要体育服务贸易出口额

资料来源：清华大学体育产业发展研究中心《2023 年中国体育服务贸易发展报告》。

（三）体育旅游服务贸易快速复苏

如图 3 所示，2017~2019 年中国体育旅游服务贸易进口额始终保持在千亿以上，均占当年主要体育服务贸易进出口总额的 90% 以上。2020 年中国体育旅游服务贸易进口额出现断崖式下跌，2021 年我国对出入境采取了更为严格的管控措施，体育旅游服务贸易发展陷入停滞。2022 年我国出境游市场开始重启，根据我国境外出行的恢复程度对我国境外观赛游市场进行推算，2023 年，我国出境旅游人数超过 8700 万人次。① 在此背景下，2023 年我国体育旅游服务贸易实现快速复苏，整体规模恢复至 2019 年 28.3% 的水平。进入 2024 年，随着欧洲杯、巴黎奥运会等大型体育赛事的举办，以及第 14 届中美旅游高层对话在西安成功举办，国内外体育旅游宏观环境大幅改善，中国体育旅游服务贸易将会以较快的速度实现恢复和提升，加速释放可观的发展潜力，成为中国主要体育服务贸易领域新的"增长极"。

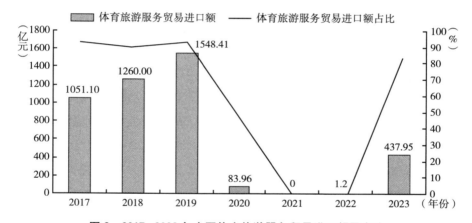

图 3　2017~2023 年中国体育旅游服务贸易进口额及占比

资料来源：清华大学体育产业发展研究中心《2023 年中国体育服务贸易发展报告》。

三　我国体育服务贸易重点领域发展情况

为充分聚焦相关内容，本报告将以职业体育竞赛表演、体育赛事赞助、体育赛事版权交易、互联网体育服务、体育旅游等作为主要体育服务贸易领域开展研究与分析。

---

① 数据来源于《中国出境旅游发展报告（2023—2024）》。

（一）职业体育竞赛表演

2023 年，国内外体育赛事举办基本恢复正常，作为中国体育服务贸易中较为活跃的组成部分，中国球员参与国际体育赛事和国际球员、教练员来华比赛、交流等逐渐恢复、增多，呈现积极的发展态势。

在足球赛事领域，一是国内球队参与国外比赛方面，第 21 届亚足联冠军联赛于 2023 年 8 月开始在亚洲地区举行，来自中国的山东泰山、武汉三镇和浙江队三支队伍参加比赛。根据第 21 届亚足联冠军联赛比赛规程和中国球队比赛结果，山东泰山等三支中国队伍参加比赛获得 651.61 万元的收入（人民币，下同）。[①] 国外球队参与国内比赛方面，2023 年阿根廷国家队与澳大利亚国家队的友谊赛在北京工人体育场上演，根据有关媒体对该场比赛出场费的披露[②]，国外球队参与国内比赛共获得收入 4037.14 万元。二是国内球员在国外俱乐部收入方面，2023 年有包括吴少聪、王霜等在内的多名效力于海外俱乐部的中国球员，根据有关媒体对球员薪酬的披露[③]，国内球员在国外俱乐部获得收入 576.57 万元。三是国内俱乐部外籍球员和教练员收入方面，2020 年中国足协发布了《2021—2023 赛季中超联赛俱乐部财务约定指标》，对外籍球员薪酬限额做出了具体规定。[④] 根据相关媒体的报道[⑤]，2023 年中超联赛整体处于降薪态势，其中部分外援薪资如表 2 所

---

① "AFC Champions League 2023/24 Competition Regulations", AFC, https：//assets. the - afc. com/downloads/tournament-regulations/AFC-Champions-League-2023-24-Competition- Regulations. pdf.

② 《梅西来华比赛，门票凭什么比国外还贵》，"新周刊"微信公众号，2023 年 6 月 11 日，https：//mp. weixin. qq. com/s/ulpIGf4UfK5NgeOq5peBOA；《天价票引轰动！阿根廷球迷的钱真这么好赚？》，"足球报"微信公众号，2023 年 5 月 31 日，https：//mp. weixin. qq. com/s/xLN4_ 24nHdw-vfToWkQoCQ；《国内媒体：阿根廷来华出场费 700 万美元，主办方邀请国足未果》，懂球帝，2023 年 6 月 15 日，https：//m. dongqiudi. com/article/3515339. html。

③ 《王老吉特约丨中国女足与欧美女足的差距？数字化给你看！》，"足球报"微信公众号，2023 年 8 月 7 日，https：//mp. weixin. qq. com/s/wtkDOqXFt_ dOh4zoPSkCDA。

④ 《关于发布 2021—2023 赛季中超联赛俱乐部财务约定指标的通知》，https：//www. thecfa. cn/thecfa/upload/20201214/20201214133755966. pdf。

⑤ 《从百万到十万？中超球员的薪资悲歌，打折或欠薪成常态》，"体坛经济观察"微信公众号，2023 年 5 月 15 日，https：//mp. weixin. qq. com/s/4e2OiAlnNSqThN_ QuQNHfw。

示。根据统计，外籍足球运动员来华共获得收入 1.03 亿元。此外，根据有关媒体对外籍教练员薪资水平的披露①，2023 年外籍足球教练员来华共获得收入 2163.79 万元。

表 2　2023 年中超部分外籍球员收入情况

序号	姓名	所在球队	收入（万元）
1	阿里扬·阿代米	北京国安	2357.76
2	若昂·特谢拉	上海申花	785.92
3	尼古拉·斯坦丘	武汉三镇	1964.80
4	戴维森·达·卢斯·佩雷拉	武汉三镇	785.92
5	马蒂亚斯·巴尔加斯	上海海港	2357.76
6	莫伊塞斯·利马·马加良斯	山东泰山	628.736
7	克雷桑·巴塞洛斯	山东泰山	1414.656

资料来源：根据互联网新闻资料整理。

在篮球赛事领域，2023 年，中国篮球运动员刘传兴效力于海外联赛，根据相关媒体的报道②，其在国外俱乐部获得收入约 120 万元。国内俱乐部外籍球员收入方面，据国内媒体报道，在俱乐部的开支中，外援薪水是最主要的支出（2021~2022 赛季），如果能实行全华班赛制，平均每家俱乐部或许可以节省多达 3000 万元的开支。2023 年，CBA 颁布升级版限薪令，各俱乐部的本土球员"工资帽"上限为 4200 万元，俱乐部外援球员的"工资帽"上限为 3010 万元，与之前相关媒体的推测数据基本一致。以此为基础，按照 CBA 联赛 20 家俱乐部的规模进行推算，2023 年 CBA 联赛外援年收入合计约为 6 亿元。

在其他赛事领域，一是格斗赛事方面，近年来，中国的职业格斗选手在国际赛场崭露头角。2023 年 8 月，在美国波士顿举行的 UFC292 比赛中，中

---

① 《中超土帅越来越少，是水平问题，更是诚信问题！》，"五星体育广播"微信公众号，2024 年 1 月 10 日，https：//mp.weixin.qq.com/s/EDSio3jdQts1_ GRS7WDYnw。

② 《刘传兴加盟 NBL 联赛年薪曝光，顶级外援待遇，是 CBA 年薪的两倍！》，腾讯网，2021 年 9 月 11 日，https：//view.inews.qq.com/a/20210911A08U5A00。

国名将张伟丽战胜巴西选手卫冕金腰带，官方数据显示，张伟丽本场比赛的奖金可以达到129万美元。[①] 2023年4月，中国雏量级选手宋亚东对战美国选手里奇·西蒙，在第五回合TKO（技术性击倒）击败对手取胜，凭借本场比赛的优异表现，宋亚东赢得5万美元的奖金。[②] 通过综合计算，2022年上述两位职业格斗选手所获得的收入合计950.50万元。二是台球赛事方面，根据世界斯诺克巡回赛网站相关信息和综合统计[③]，2023年24位中国职业斯诺克选手共获得1528.85万元的奖金。三是高尔夫球赛事方面，根据Golfscale网站提供的相关数据信息和综合统计[④]，2023年共34位中国职业选手获得奖金合计6847.05万元。四是网球赛事方面，根据对职业网球联合会（ATP）[⑤] 和国际女子网球协会（WTA）网站[⑥]有关赛事信息的统计，2023年中国男子职业网球选手在国外举办的ATP赛事中共获得奖金1504.21万元，同时国外运动员在成都、珠海、北京和上海等国内四站ATP赛事中共获得奖金4725.53万元；中国女子职业网球选手在WTA赛事中共获得奖金3062.42万元，同时国外运动员在中国赛事中获得奖金共计7687.56万元。五是乒乓球赛事方面，按照World Table Tennis（以下简称"WTT"）各项赛事奖金分配标准[⑦]对相关赛事结果进行统计，2023年中国职业乒乓球选手在国外赛事中共获得奖金898.48万元，同时外国选手在中国举办的赛事中共获得奖金572.96万元。六是羽毛球赛事方面，根据对2023年国际羽毛球联合会（BWF）相关赛事进行的统计[⑧]，中国职业羽毛球选手在国外赛事中共获得奖金1930.75万元，同时外国选手在中国举办的

---

① 《创新高！张伟丽单场奖金出炉：总计129万美元　昔日服务员翻身》，腾讯网，2023年8月20日，https：//new.qq.com/rain/a/20230820A05USC00。
② 《宋亚东完成TKO，UFC生涯战绩达12战9胜》，界面新闻，2023年4月30日，https：//www.jiemian.com/article/9334284.html。
③ 数据来源于世界斯诺克巡回赛网站，https：//www.wst.tv/rankings/。
④ 数据来源于Golfscale网站，https：//golfscale.com/countries/china。
⑤ 数据来源于ATP球员排名网站，https：//www.atptour.com/en/rankings/singles。
⑥ 参见2022年WTA巡回赛赛程，https：//www.wtatennis.com/tournaments/2022。
⑦ 参见WTT Events，https：//worldtabletennis.com/events_calendar。
⑧ 参见BWF Calendar 2022 Tournaments，https：//bwfbadminton.com/calendar/。

赛事中共获得奖金 1756.4 万元。七是马拉松赛事方面，根据对中国田径协会中国马拉松网站有关赛事信息①及网络比赛结果进行的统计，2023 年在中国举办的 156 项马拉松赛事中，外国选手共获得奖金 2335.50 万元。综上所述，2023 年职业体育竞赛表演类服务贸易情况如表 3 所示，其中进口总额 9.36 亿元，出口总额 1.81 亿元。

表3 2023 年职业体育竞赛表演类服务贸易情况

单位：万元

序号	类别	进口总额	出口总额
1	足球赛事	16496.48	1228.18
2	篮球赛事	60000	120
3	格斗赛事	—	950.50
4	台球赛事	—	1528.85
5	高尔夫球赛事	—	6847.05
6	网球赛事	12413.09	4566.63
7	乒乓球赛事	572.96	898.48
8	羽毛球赛事	1756.40	1930.75
9	马拉松赛事	2335.50	—
合计		93574.43	18070.44

资料来源：清华大学体育产业发展研究中心《2023 年中国体育服务贸易发展报告》。

（二）体育赛事赞助

体育赛事赞助是体育服务贸易的重要组成部分，为了迅速提升品牌知名度、尽快打开产品的国际与国内市场，国内与国际各大知名厂商在体育赛事赞助方面均投入了大量的资金。一是国内企业赞助国际体育协会方面。近年来，国内企业与国际体育协会进行了积极的赞助合作。2016 年 3 月，FIFA

---

① 参见中国马拉松官方网站，https://www.runchina.org.cn/#/home。

与万达集团签订战略合作协议,万达集团成为中国首个 FIFA 顶级赞助商,协议有效期长达 15 年。据彭博社估算,这一级别赞助商赞助费在 1.5 亿美元左右。① 2017 年 1 月,国际奥林匹克委员会与阿里巴巴集团在瑞士达沃斯联合宣布,阿里巴巴将加入奥林匹克全球合作伙伴"TOP"赞助计划,按以往入围"TOP"赞助商的惯例,阿里巴巴此次的赞助总金额将不低于 8 亿美元。② 综合媒体对国内企业赞助国际体育协会金额的报道,2023 年国内企业赞助国际体育协会共计 26.80 亿元。

二是国内企业赞助国际体育赛事及队伍方面。近年来,国际体育赛事也成为国内企业拓展全球营销战略的重要环节,比如 2019 年 9 月 25 日,万达集团与国际田径联合会和钻石联赛公司在瑞士签订战略合作协议,万达集团成为国际田联钻石联赛全球顶级商业伙伴,还将独家冠名 2020~2029 年的国际田联钻石联赛。③ 据温布尔登网球公开赛官网信息,OPPO 自 2021 年起成为官方供应商。④ 综合各类新闻报道,2023 年中国品牌赞助国际体育赛事及队伍共计 6.50 亿元。

三是国外企业赞助国内赛事及队伍方面。2023 年 7 月,中国女足与 Prada 共同宣布全新合作伙伴,Prada 将为中国女足提供正式场合和旅途着装。⑤ 综合各类新闻报道,2023 年卡特彼勒、耐克、Prada 等国外企业赞助国内体育赛事及队伍共计 4.66 亿元。

综上所述,2023 年体育赛事赞助类服务贸易情况如表 4 所示,其中进口总额为 33.3 亿元,出口总额为 4.66 亿元。

① 《世界杯大生意:中国企业争相赞助　比赛转播权争夺激烈》,经济网,2018 年 6 月 11 日,http://app. ceweekly. cn/？ app＝article&controller＝article&action＝show&contentid＝227037。
② 《阿里成奥运会顶级赞助商　此次赞助将不低于 8 亿美元》,新浪财经,2017 年 1 月 20 日,http://finance. sina. com. cn/roll/2017-01-20/doc-ifxzutkf2084478. shtml。
③ 《万达新增赛事资源,独家冠名 10 年国际田联钻石联赛》,"界面新闻"百家号,2019 年 9 月 25 日,https://baijiahao. baidu. com/s？ id＝1645654468275953496&wfr＝spider&for＝pc。
④ 参见温布尔登网球公开赛网站,https://www. wimbledon. com/en ＿ GB/atoz/official ＿ suppliers. html。
⑤ 《15 大赞助商、年招商近亿　中国女足亮剑世界杯》,体育大生意网站,2023 年 7 月 19 日,http://www. sportsmoney. cn/article/119077. html。

表4 2023年体育赛事赞助类服务贸易情况

单位：万元

序号	类别	进口总额	出口总额
1	国内企业赞助国际体育协会	267982.84	——
2	国内企业赞助国际体育赛事及队伍	65027.64	——
3	国外企业赞助国内体育赛事及队伍	——	46600
合计		333010.48	46600

资料来源：清华大学体育产业发展研究中心《2023年中国体育服务贸易发展报告》。

（三）体育赛事版权交易

随着体育市场的不断繁荣，体育赛事的版权交易成为当前体育服务贸易的重要内容。足球赛事版权进口方面，按照平均价格计算，2023年央视、当代明诚、爱奇艺等向国际足联、亚足联、英超等组织购买赛事版权的花费合计13.94亿元；足球赛事版权出口方面，2023年中超海外版权收入约2300万元。篮球赛事版权进口方面，按照平均价格计算，2023年腾讯购买NBA赛事版权费用为21.24亿元；快手成为NBA中国首个内容二创媒体合作伙伴以及NBA官方短视频平台、NBA视频内容创作社区，2023年版权费用不低于1亿元。电子竞技赛事版权进口方面，按照平均价格计算，B站购买2023年英雄联盟（LOL）全球总决赛中国地区独家直播版权的费用为2.67亿元。

综上所述，2023年体育赛事版权交易类服务贸易进口总额38.86亿元，出口总额0.23亿元。

（四）互联网体育服务

随着国内互联网产业的飞速发展，电子竞技的发展活力得到充分释放，互联网体育服务成为体育服务贸易的重要组成部分。根据知名电竞数据统计网站Esports Earnings.com发布的信息，我国是职业电子竞技选手获得奖金较高的国家。Esports Earnings.com发布的信息显示，在2023年职业电子竞

技赛事国家奖金排行榜中，来自中国的 2108 位选手共获得奖金 2.71 亿元①，这是我国体育服务贸易出口的重要组成部分。

（五）体育旅游

2024 年 2 月，《中国出境旅游发展年度报告（2023—2024）》发布，报告显示 2023 年初我国出境游市场开始重启。根据相关数据测算，2023 年我国国内游客境外观赛游市场规模达 435.68 亿元。此外，在国际游客来华观赛方面，2023 年，我国先后成功举办了成都世界大学生运动会和杭州亚运会，两次大型体育盛会期间有大批国际游客来华观赛游玩，极大地带动了成都市和杭州市的体育赛事消费。根据相关测算，2023 年我国国际游客来华观赛游市场规模达 2.27 亿元。

根据上述职业体育竞赛表演、体育赛事赞助、体育赛事版权交易、互联网体育服务、体育旅游等体育服务贸易进出口数据，可以得出 2023 年中国主要体育服务贸易进出口情况（见表 5）。2023 年中国主要体育服务贸易进出口总额为 528.9 亿元，占同期中国服务贸易进出口总额的 0.80%。

表 5　2023 年中国主要体育服务贸易进出口情况

单位：万元，%

序号	类别	项目	进口总额	出口总额
1	职业体育竞赛表演	足球赛事	16496.48	1228.18
2		篮球赛事	60000	120
3		格斗赛事	—	950.50
4		台球赛事	—	1528.85
5		高尔夫球赛事	—	6847.05
6		网球赛事	12413.09	4566.63
7		乒乓球赛事	572.96	898.48
8		羽毛球赛事	1756.40	1930.75
9		马拉松赛事	2335.50	

---

① 参见 Esports Earnings："Top Countries for 2022"，https://www.esportsearnings.com/history/2022/countries。

序号	类别	项目	进口总额	出口总额
10	体育赛事赞助	国内企业赞助国际体育协会	267982.84	—
11		国内企业赞助国际赛事及队伍	65027.64	—
12		国外企业赞助国内赛事及队伍	—	46600
13	体育赛事版权交易	足球赛事版权交易	139408.70	2300
14		篮球赛事版权交易	222481	
15		电子竞技赛事版权交易	26700	
16	互联网体育服务	职业电子竞技赛事	—	27077.09
17	体育旅游	国内游客境外观赛游	4356800	—
		国际游客来华观赛游	—	22679.30
总计			5171974.61	116726.83
占比			97.79	2.21
合计			5288701.44	

四 我国体育服务贸易发展面临的问题

（一）本土赛事竞争力弱，国外消费市场有待扩展

目前，我国主要体育服务贸易主要特征之一就是进出口结构不平衡。2023年的数据显示，进口额（517.2亿元）远高于出口额（11.7亿元），导致进出口逆差达到505.5亿元，这主要是由于本土体育赛事的竞争力不强，在职业体育赛事、体育赛事赞助和体育版权交易等多个体育服务贸易领域与国外存在差距。具体来说，首先，我国许多本土赛事缺乏国际知名度，未能吸引足够多的国际观众和媒体关注，也影响了国际企业和品牌对体育赛事进行赞助投放。其次，赛事的组织和管理水平与国际顶级赛事相比仍有差距，进而影响了赛事的观赏性和专业性，也会对赛事版权交易产生影响。此外，为了扩大国外体育服务消费市场，中国需要加大对本土赛事的投入，提升赛事品质，需要加强与国际体育组织的合作，吸引更多国际游客来华观赛。

2023 年，我国成功举办成都世界大学生运动会和杭州亚运会就是开发国际体育服务消费市场的生动写照，只有积极申办和举办更多国际顶级体育赛事，才能不断提升全球体育服务贸易消费者对我国赛事和体育服务产品的关注度，进而扩大影响力。

（二）传统体育产品服务待开发，国际影响力待增强

2024 年，国务院办公厅印发《关于以高水平开放推动服务贸易高质量发展的意见》，其中强调要"推动中国武术、围棋等体育服务出口"，体现出当前党和国家对于具有中国传统文化特色的体育服务贸易产品的重视。我国拥有丰富的传统体育文化资源，如武术、围棋等，这些项目在国际上有着较高的影响力和认可度。然而，这些特色体育服务贸易产品的开发和国际化程度还不够。一方面，这些项目在国际赛事的组织和推广上缺乏系统的规划和投入，在国际体育服务贸易中的份额有限。另一方面，我国本土相关的文化产品和服务开发不足，未能形成完整的产业链，在国际市场上的竞争力不足。具有中国传统文化特色的体育服务贸易产品是我国体育服务贸易实现增长的重要引擎，未来需要投入更多关注并给予积极扶持。

（三）智能体育产品和服务研发弱，政策引导待加强

随着科技的发展，智能体育产品和服务已成为体育产业的新增长点。国家发展改革委、商务部于 2022 年发布的《鼓励外商投资产业目录（2022 年版）》与《鼓励外商投资产业目录（2020 年版）》相比，增加了明确鼓励外商投资从事"智能体育产品和服务的研发、普及与推广"，再次体现出提升本土智能体育产品和服务水平的重要性。智能体育产品和服务涉及可穿戴设备、虚拟现实技术、数据分析等多个领域，有助于提升运动员的训练效果，增强观众的观赛体验，提升本土体育服务贸易产品的核心竞争力。目前，我国在智能体育产品和服务设计及研发上具有一定的优势，但是缺乏有效的政策支持和引导，导致产业链上下游衔接不畅，市场推广和消费者教育也不够，智能体育产品和服务的市场潜力未能充分释放。

五 我国体育服务贸易的发展建议

（一）提升本土体育赛事的国际竞争力

为了提升本土体育赛事的国际竞争力，同时扩大消费市场，相关举措应全方位推行。首先，加大对赛事品牌的投入是必不可少的，这包括赛事形象的塑造、赛事历史和文化的挖掘以及赛事品牌的持续推广。在这方面，政府和私营部门的合作显得尤为重要，可以通过设立专项基金和提供政策支持来鼓励品牌投入和建设。与此同时，加强与国际媒体的合作也是重要一环。通过扩大赛事的全球转播覆盖范围，不仅可以让更多国际观众了解和关注本土赛事，也有助于提升赛事的全球影响力。在这方面，可以积极学习和借鉴NBA在全球范围内的推广策略，借鉴其成功经验提高本土赛事的国际化水平。此外，数字化营销在现代体育赛事推广中扮演越来越重要的角色。通过社交媒体和网络平台，如 Facebook、Twitter、Instagram 等，本土赛事可以更广泛地触达全球年轻观众，从而提升国际知名度。例如，中网和上海大师赛等国内领先的职业体育赛事已经在这方面取得了一些成功，它们通过与国际社交媒体平台的合作，吸引了全球大量年轻观众的关注，并在一定程度上提升了国际竞争力。总之，提升本土体育赛事的国际竞争力是一项系统工程，需要政府、企业、媒体和消费者的共同努力。通过加强品牌建设、深化与国际媒体的合作以及利用先进的数字化营销手段，本土赛事不仅能够提高国际竞争力，还能够扩大消费市场，进而实现双赢。

（二）加强对传统特色体育服务贸易产品的支持

我国应全面挖掘和利用武术、围棋等传统体育项目的深厚文化底蕴，开发具有广泛国际吸引力的服务贸易产品。通过举办高规格的国际武术锦标赛和围棋世界大赛，可以有效地吸引全球武术和围棋爱好者的关注及参与。这些赛事不仅能够展示中华传统体育的魅力，还能促进国际文化交流。为了进

一步提升这些传统体育项目的国际影响力，中国应该鼓励开发具有创新性的文化体验产品。例如，建设武术文化主题公园和围棋文化体验中心，这些设施可以提供沉浸式的文化体验服务，让国际游客和爱好者深入了解和感受中国传统体育的独特魅力。这些主题公园或体验中心不仅可以作为文化交流的平台，还可以成为重要的旅游景点，吸引全球游客。此外，可以在全球范围内设立武术和围棋培训中心，推广中国的传统体育文化。这些培训中心不仅可以传授技术技能，还可以通过系统的课程和文化交流活动，让学员深入了解和欣赏中华文化的精髓。这不仅有助于提升中国传统体育的国际知名度，还能够促进国际友好交流和合作。为了确保这些举措的成功实施，政府和相关部门应加大对武术、围棋等特色体育服务贸易产品的支持力度，包括提供政策支持、资金投入和基础设施建设等。通过综合性的支持措施，中国可以有效推动传统体育项目的国际化，提升在国际服务贸易中的竞争力。通过充分发挥武术、围棋等传统体育项目的文化魅力，中国能够在国际舞台上树立独特的文化品牌，提升在全球服务贸易中的地位和影响力。

（三）加强对智能体育产品和服务研发的支持

智能体育产品和服务被广泛认为是体育产业的未来发展方向，中国在这方面的政策和资金投入尤为重要。通过加大对智能体育产品和服务研发的支持力度，中国不仅能推动体育产业的创新和升级，还可以在全球智能体育市场中占据一席之地，从而促进智能体育服务贸易。

政府可以通过设立智能体育产业研发基金，为企业的技术创新和产品研发提供资金支持。这类基金可以用于资助关键技术的研究、新型产品的开发以及已上市产品的持续改进。通过这种方式，政府可以有效降低企业在研发过程中的财务风险，鼓励更多企业参与智能体育领域的创新活动。同时，鼓励企业与高校、研究机构开展合作，共同推进智能体育技术的研究。在这种合作模式下，高校和研究机构可以提供前沿的研究成果和技术支持，而企业则可以将这些研究成果转化为实际产品。通过产学研结合，可以加速技术创新，提高研发效率。例如，可以借鉴德国在足球领域的技术创新，如使用智能球门技术来提高训练效率，这种技术可以推广应用于其他体育项目，实现技术的跨领域应用。此外，政府应考虑建立智能体育产业孵化器。这些孵化器可以为初创企业提供技术支持、市场指导和资金援助等全方位服务。通过这种方式，初创企业可以在一个支持政策和资源丰富的环境中快速成长，从而推动智能体育产品和服务的市场应用与产业化发展。孵化器还可以帮助企业更好地理解市场动态，进行产品定位和市场推广，从而加速产品的市场化进程。在促进智能体育的服务贸易发展方面，政府可以通过政策激励和市场引导，支持企业将创新成果转化为具有国际竞争力的服务贸易产品。例如，可以通过减税、补贴、出口信贷等措施，鼓励企业将智能体育产品和服务推向国际市场。政府还可以通过组织国际性的体育赛事和展览，展示中国的智能体育技术和产品，吸引国际买家和合作伙伴，提升中国的国际形象和市场份额。

总之，加大对智能体育产品和服务研发的支持力度，不仅能够推动技术的创新和产业的升级，还能够增强智能体育的服务贸易能力。通过政策支持和资金投入，中国可以在智能体育领域取得更大的进步，实现体育产业的可持续发展，并在全球市场中占据更加重要的位置。

参考文献

王雪莉、白宫鼎、王鹏：《中国体育服务贸易成果、趋势与高质量发展路径研究》，《北京体育大学学报》2021年第7期。

江小涓：《服务全球化的发展趋势和理论分析》，《经济研究》2008年第2期。

刘洪愧：《数字贸易发展的经济效应与推进方略》，《改革》2020年第3期。

B.6
2023~2024年中国线上体育赛事发展报告

徐开娟　刘蔚宇*

摘　要： 伴随体育赛事的发展步入数字化转型的新阶段，线上体育赛事逐渐成为体育赛事发展的新形态与新亮点。线上体育赛事借助互联网、人工智能等高新技术，有效丰富了健身场景，推动了体育参与的智能化、创新化、广泛化发展，对建设体育强国具有积极意义。加快发展线上体育赛事能够扩大居民体育参与、促进新质生产力在体育领域的应用并加快体育数字化进程。研究发现，当前阶段，线上体育赛事已取得一定发展，主要表现在赛事数量不断增加、功能和价值多元化、运营水平不断提升、管理体系不断完善等方面。线上体育赛事的发展存在相关定义和边界亟待明确、赛事的标准和规范有待建立、赛事的运营模式有待完善等问题。加快形成规范与发展并重的赛事发展理念、进一步明确线上体育赛事的定义和边界、构建线上体育赛事规范管理体系、提升赛事运营水平与参赛者体验，是未来提升线上体育赛事发展水平的关键路径。

关键词： 线上体育赛事　数字体育　体育赛事管理

　　伴随体育赛事的发展步入数字化转型的新时代，居民的健身需求越来越多元化，数字技术为线上参与体育赛事活动提供可能，催生了线上体育赛事，成为当下体育赛事的新形态与新亮点。线上体育赛事是体育赛事的一种，是深度应用互联网、人工智能等数字技术，在线上平台举办、突破时空

---

* 徐开娟，上海体育大学副教授，博士生导师，研究方向为体育赛事、体育产业管理等；刘蔚宇，博士，北京体育大学在站博士后，研究方向为体育产业、体育赛事等。

限制、功能种类多样的体育赛事，在政府部门体育赛事管理范畴之内。确定线上比赛规则和赛事周期后，参赛选手不需要统一比赛地点，只需通过智能数字技术以线上对决、直播、视频录制、线上打卡等形式在平台上参赛。同时，线上体育赛事在发展过程中也在赛事定义、赛事标准规范、赛事运营模式等方面出现了问题，体育部门对线上体育赛事的管理工作也处于初步启动阶段，存在管理缺位等现象，对长期发展带来了一定挑战。基于此，对线上体育赛事的发展情况进行研究，并提出提升线上体育赛事发展水平的对策建议，已成为当前体育产业发展的重要议题。

一　加快发展线上体育赛事的重要意义

（一）扩大居民体育参与

伴随数字技术与体育赛事的深度融合，线上体育赛事已不仅是疫情等特殊时期线下体育赛事的替代品，而是成为全民健身公共服务体系、群众体育赛事体系中不可缺少的一部分。线上体育赛事参与方式多样，根据赛事的具体玩法可以分为达标赛、PK 擂台赛、排位赛、竞速赛等多种类型，丰富的种类和趣味性的玩法降低了赛事的参与门槛，叠加线上体育赛事本身具有低成本、高便捷等独特属性，因此能够有效激发居民体育参与兴趣、扩大全民健身参与规模，已受到体育部门、市场主体、居民等各方的广泛认可。伴随互联网社交媒体等的快速发展，体育参与的形式已发生深刻变化，体育也被更多地赋予了社交属性。可以预见，未来将有越来越多的居民通过各类渠道参与线上体育赛事，从中体会运动的乐趣和运动数字化的魅力，为加快构建更高水平的全民健身公共服务体系提供有力支撑。

（二）促进新质生产力在体育领域的应用

新质生产力是创新起主导作用、科技创新作为核心要素的先进生产力质态，

实现了"科技是第一生产力"和"创新是第一动力"的逻辑整合。① 线上体育赛事的运作与新质生产力的发展高度相关，线上体育赛事的发展促进了新质生产力在体育领域的应用，如线上体育赛事中的动作打分、作弊识别等都高度依赖人工智能、大数据等高新技术。未来，线上体育赛事将继续突破物理限制，向虚拟空间延伸，体育元宇宙将成为新的发展方向，数据驱动的运动技战术革新将成为常态，人工智能技术将在线上体育赛事中发挥重要作用。线上体育赛事开展形式、赛事玩法、服务质量的不断创新，不仅提高了生产效率，还创造了新的市场空间，将持续促进新质生产力的发展。

（三）加快体育数字化进程

伴随数字经济发展上升为国家战略，数字基础设施不断完善，智能化的健身需求日渐高涨，加快推进我国数字体育建设已成为引领体育高质量发展的重要战略。② 2019 年发布的《关于促进全民健身和体育消费推动体育产业高质量发展的意见》提出，要支持以运动项目为主体内容的智能体育赛事发展。2021 年，国家体育总局印发《"十四五"体育发展规划》，提出要建立数字运动项目等标准规范和管理制度，要坚持线上线下结合、传统新型并举，开展喜闻乐见、丰富多彩的全民健身赛事活动，推动赛事活动线上线下一体化发展。线上体育赛事是体育赛事的新兴形态，也是数字体育的关键组成部分，此类赛事借助互联网、人工智能等技术，有效丰富了体育参与场景，积极推动了体育赛事的智能化、虚拟化、创新化、广泛化发展，对建设体育强国具有积极意义。

二 我国线上体育赛事的发展现状

（一）赛事数量不断增加

2020~2022 年，线上体育赛事充分发挥了替代作用，有效带动了体育参

---

① 尹西明等：《强化科技创新引领 加快发展新质生产力》，《科学学与科学技术管理》，网络首发日期：2024 年 2 月 21 日。
② 鲍明晓：《数字体育：体育高质量发展的关键引擎》，《体育科研》2021 年第 5 期。

与。2022 年，国家体育总局发起举办全民健身线上运动会，参赛人数超 1396 万人次，全网总曝光量超 56.2 亿次①；2021 年和 2022 年上海城市业余联赛线上体育赛事分别吸引了 399 万人次和 468 万人次参与②；2022 年杭州马拉松以线上赛的形式举办，不设关门时间，不规定比赛地点，报名选手可自行选择参赛方式，并在规定比赛时段内上传运动记录③；西安在 2020 年首次推出西安马拉松线上赛，并连续举办至 2023 年④。

2022 年后，线上体育赛事因低门槛、便捷的特征吸引人们广泛参与，进入快速发展阶段。2023 年全民健身线上运动会至 12 月累计参赛人数达到 2189 万人次，全网媒体传播量约 52.2 亿次。⑤ 2023 年 7 月，浙江省举办首届全民健身线上线下运动汇，采用"线上+线下"模式，围绕"云竞赛、云参与、云展示"三大主题，吸引了近 10 万人报名，超 400 万人次参赛。⑥ 2024 年 6 月，江苏省第五届网络全民健身运动会开幕，据统计，至今已成功举办四届运动会，累计参与人数近 1777 万人次，关注人数近 9697 万人次。⑦ 国际奥委会也对线上、虚拟运动竞赛的方式高度关注，从 2021 年开始推出奥林匹克虚拟系列赛，于 2023 年举办首届奥林匹克电竞周，将一些传统体育项目比赛通过高科技手段在线上呈现，吸引了超过 50 万名独立参

① 《全民健身线上运动会参赛人数超 1396 万》，人民网，2023 年 1 月 16 日，http：//health. people. com. cn/n1/2023/0116/c14739-32607195. html。
② 《处处可健身天天想健身人人会健身——2023 年上海城市业余联赛推介会举办》，上海市体育局网站，2023 年 1 月 6 日，https：//www. sport. gov. cn/n20001280/n20001265/n20067533/c25082304/content. html。
③ 《阔别两年　杭马回归》，杭州市人民政府网站，2022 年 9 月 29 日，https：//www. hangzhou. gov. cn/art/2022/9/29/art_ 812270_ 59066226. html。
④ 《2020 西安马拉松首次推出"线上赛"今起报名》，"新华社"百家号，2020 年 10 月 18 日，https：//baijiahao. baidu. com/s？id=16808739246529091121&wfr=spider&for=pc。
⑤ 《线上线下齐发力　拓展健身新平台——2023 年全民健身线上运动会参赛人数突破 2000 万》，国家体育总局网站，2023 年 12 月 18 日，https：//www. sport. gov. cn/n20001280/n20001265/n20067706/c27200280/content. html。
⑥ 《"2023 年全民健身线上运动会·浙江省首届全民健身线上线下运动汇"正式开启》，新华网，2023 年 7 月 6 日，https：//www. sport. gov. cn/n14471/n14482/n14519/c25765536/content. html。
⑦ 《江苏省第五届网络全民健身运动会规程发布》，江苏省体育局网站，2024 年 5 月 8 日，https：//www. sport. gov. cn/n20001280/n20001265/n20067533/c27704329/content. html。

与者，有超过 600 万次的直播观看记录。① 基于以上成功经验，2024 年 7 月 12 日国际奥委会宣布将于 2025 年在沙特举办首届奥林匹克电子竞技运动会，该比赛也将结合体育项目和电子游戏，以虚拟体育比赛的形式开展。线上体育赛事扩大了全民健身的参与规模，对构建完善全民健身公共服务体系具有重要意义。

（二）赛事功能和价值多元化

线上体育赛事作为数字技术与体育赛事结合的新形态，能够多元发挥区别于传统体育赛事的独特功能和价值，因此线上体育赛事的表现形式有很大的创新空间，相关主体积极开发线上体育赛事，线上体育赛事演化出多种形态。

第一，线上体育赛事可以促进城市发展。线上体育赛事以城市名义组织，可以发挥激发城市活力、推动经济发展、塑造城市品牌的功能，线上体育赛事的举办能够提升市民身心健康水平，促进城市体育消费，展现城市的精神面貌和促进社会互动。例如，2021 年西安全运会举办了预热线上赛，用西安线上虚拟地图串联各景点，通过运动打卡解锁站点获得权益，发放购物券促进消费，形成商业闭环。②

第二，线上体育赛事可以促进企业员工发展。线上体育赛事以企业名义组织，可以促进企业体育文化的形成、改善员工的健康状况、提升企业内部凝聚力。各类企业（工会）在举办线上体育赛事后，倾向于将原有的企业运动会转移至线上，以此提升企业职工体育活动开展的便捷性，实时了解员工对赛事的参与程度。据力盛体育统计，目前已有超过 8000 家企业在"悦动圈"数字化平台上发起过线上企业赛事，有超过 350 万名企业用户参与。③

---

① 《首届电竞奥运会最迟 2026 年举办，会引入最受欢迎的项目》，搜狐网，2024 年 1 月 30 日，http://news.sohu.com/a/755170744_ 114988。

② 《2021 西安城市定向赛发出全民运动新信号》，"观天下零距离"百家号，2021 年 6 月 7 日，https://baijiahao.baidu.com/s? id＝1701895088076105477&wfr＝spider&for＝pc。

③ 数据来源于力盛体育网站，https://www.lsaisports.com/。

第三，线上体育赛事可以提升线下体育赛事的影响力。线上体育赛事可以助推线下体育赛事提升知名度和影响力。线上与线下结合的体育赛事是由线上体育赛事发展而来的新类型，大量知名线下体育赛事已将同步举办线上体育赛事作为赛事筹备的重要工作之一，一些原有的线下马拉松、赛车赛事IP可延伸至线上，或是将线上体育赛事作为线下体育赛事的海选赛，形成线上与线下赛事的联动，以此进一步提升赛事知名度与影响力。例如，2023年上海马拉松设置了"上马线上跑"赛事，并规定参与"上马线上跑"奖牌跑的选手中将有100人获得直通2024年上海马拉松赛事的资格。[①]

（三）赛事运营水平不断提升

一些办赛主体为确保参赛者权益，形成了标准化的办赛流程，例如每步体育基于MCloud云平台（见图1），构建组织管理、安全管理、体验服务、配送服务等模块，通过人工智能、互联网、大数据分析等技术，统筹推进线上体育赛事新经济发展，探索形成数字一体化建设、技术创新应用和消费场景创新的高地。每步体育将线上体育赛事的运营分为4个阶段，第一阶段为策划准备阶段，主要确定赛事规模、类型和受众，明确赛事的规则和激励方式，根据上述决策进行线上技术开发。随着线上体育赛事的发展，相关玩法、规则越来越丰富，流程也越来越复杂，故此阶段也要对系统进行详细测试，确保线上体育赛事的稳定运行。第二阶段为报名推广阶段，此阶段主要需要向相关部门提交各类材料或申请，同步依托各类平台开展网络宣传。第三阶段为正赛阶段，此阶段将使用各类技术手段对参赛者进行监测，确保赛事公平性，同时做好赛事的日常运营维护工作。第四阶段为赛事收尾阶段，此阶段将根据比赛结果进行赛事排名，完成对参赛者物质激励或精神激励的兑现。

[①] 《中外跑者汇聚申城　精英选手再次集结　赛道更具体验性　上马本周日鸣枪起跑》，上海市人民政府网站，2023年11月25日，https：//www.shanghai.gov.cn/nw4411/20231125/c25f8d90c4a6498890b1b1c26c76b1de.html。

图 1　每步体育 Mcloud 云平台基本模式

（四）赛事管理体系不断完善

体育赛事的管理工作经过长期探索实践，已经形成成熟的体系。体育部门也意识到需要尽快开展线上体育赛事的管理工作，并开始探索具有线上特色的管理路径；办赛主体也逐渐将赛事运营的流程标准化，推进线上体育赛事规范有序发展。

体育部门积极推动线上体育赛事纳入现有管理体系，并尝试使用针对性的工具对线上体育赛事进行管理。2023 年 9 月，国家体育总局发布的《群众体育赛事活动办赛指南　编制内容与评估指引》中列出了群众线上体育赛事活动办赛要素及评估内容，并将线上体育赛事的评估指标分为线上实时赛事活动要求及线上非实时赛事活动要求。上海市体育部门也已尝试针对性制定线上体育赛事绩效评估标准，从赛事安全、赛事规范、赛事效益和赛事创新四个维度进行评估打分，引导线上体育赛事规范发展。同时，上海市也积极推动线上体育赛事纳入上海体育赛事整体管理框架。例如，线上体育赛事也需通过"一网通办"平台进行信息报送；又如，上海市在《2023年上海城市业余联赛工作指南》中专门增加了"全民云动线上运动会办赛指南"，对赛事审核、赛事信息录入、赛事报名规范、参赛数据管理等方面工作进行了具体规范，为办赛主体举办线上体育赛事活动提供更充分的参考。

三　线上体育赛事发展存在的主要问题

（一）赛事的定义和边界亟待明确

清晰的体育赛事定义和边界是开展体育赛事管理的先决条件，线上体育赛事独特的功能和价值使其演化出多种新形态，目前在全国层面缺乏对线上体育赛事的定义，且管理工作内容不明、边界模糊，难以清晰有序地开展。从政府的角度来看，在线上体育赛事管理中，有以下问题亟待解决。

第一，是否所有线上体育赛事都应使用同一标准管理。线上体育赛事有很多是以习惯养成为目的的参与类赛事，多是以跑步打卡、上传运动记录、累计达到目标的形式举办，此类赛事不具有竞技性和对抗性，达成目标即为完赛，这类赛事是否纳入线上体育赛事的管理范畴并进行严格管理还有待明确。目前，线上体育赛事处于快速创新发展阶段，各种新奇的玩法层出不穷，若进行严格管理，太多的条框可能会限制其发展，使其丧失扩大体育参与的本质功能；若将线上体育赛事纳入赛事管理范畴，因竞技类与参与类线上体育赛事的办赛流程存在较大区别，是否使用同一管理标准也有待讨论。

第二，是否所有体育项目都可以开展线上体育赛事。目前，能转化为线上体育赛事的体育项目范围亟待明确。线上体育赛事天然具有无对抗的特性，而足球、篮球、拳击等对抗类项目则不具备开展线上体育赛事的条件。明确可以转化为线上体育赛事的体育项目范围，能够有效提升赛事管理规范

性，但目前各级体育部门尚未对线上体育赛事所涵盖的体育项目进行规范。同时也应看到，界定体育项目范围存在一定难度，例如，一些办赛主体将颠球（比较颠球数量多少）作为线上体育赛事的项目。若将对抗类项目刚性地排除在线上体育赛事之外，也可能会抑制线上体育赛事的发展创新，有违"平衡发展与安全"的赛事管理原则。

（二）赛事的标准和规范有待建立

目前，相关体育部门对线上体育赛事的平台搭建、项目定位、相关安全规范和管理口径标准做了一些初步的思考。但总体上看，现有标准和规范系统化程度不高，部分关键内容缺失，制约了线上体育赛事的高质量发展。

一是线上体育赛事运营平台的建设标准匮乏。线上平台是线上体育赛事运营的载体，包括运动健身 App、小程序，例如悦动圈、Keep、支付宝运动等，但目前我国并未对线上体育赛事运营平台的建设标准和定位提出具体要求，这可能导致如下问题。第一，在赛事管理中，平台建设标准的匮乏将对线上体育赛事的统计和评价造成困扰，在相关平台接口不兼容的情况下，只能依靠地方体育部门自行报送，导致体育部门对线上体育赛事的信息掌握延迟、数据统计失真，造成决策偏差。第二，《关于构建更高水平的全民健身公共服务体系的意见》等重要文件中明确多层次、多样化是群众体育赛事的发展趋势，鼓励打造线上线下相结合、全社会参与、多项目覆盖、多层级联动的全国社区运动会，但由于相关平台接口的不统一，全国、省、市、区等各级线上体育赛事难以实现有效联动。

二是现有标准和规范"线上化"特征不足。线上体育赛事存在与线下体育赛事不同的运营管理风险点，因此线上体育赛事的管理工作不能完全参考线下体育赛事的管理体系，但目前现有的线上体育赛事管理评价标准与规范还是以传统体育赛事的管理标准规范为主，对线上体育赛事与传统体育赛事不同的运营特征与风险缺乏针对性的思考。随着数字技术的不断渗透，线上体育赛事运营涉及面广、影响因素较为复杂，当前缺乏针对线上体育赛事特征的线上参赛安全、线上运营规范、网络信息安全、数据保护工作等方面的标准和规范。这可能导致赛事组织过程中随意性较大、赛事风险性较高，不仅不利于线上体育赛事品质的持续提升，也提高了开展线上体育赛事监管的难度。

（三）赛事的运营模式有待完善

由于线上体育赛事的整个运营过程都基于数字技术，而数字技术在体育赛事领域的应用仍处于不断探索发展阶段，还没有形成成熟的数字体育赛事技术体系，因此目前线上体育赛事运营管理过程中仍存在一些问题和风险，制约线上体育赛事的发展。

第一，线上体育赛事的竞赛公平性还不能完全得到保障。伴随线上体育赛事的种类、玩法、影响力等持续提升，参赛者对线上体育赛事品质的要求也逐渐提升。一些参赛者已逐步对赛事的精确性、公平性等展现出较高要求，而从赛事本身发展的角度看，从注重参与转为参与和竞技并重，是线上体育赛事高质量发展的必然选择。但目前参赛作弊行为无法完全识别和杜绝，对赛事发展造成一定影响。一方面，线上体育赛事参赛规模较大，人工智能技术无法完全辨别所有作弊行为，而人工判别也只能对相关数据进行抽查，还无法有效约束全部作弊行为。另一方面，由于参赛者的运动水平存在差异，一些高水平的参赛者可能被反作弊系统错判，例如在路跑类线上体育赛事中，系统因参赛者速度过快而判定其作弊，但参赛者本身运动水平较高，相关运动数据情况属实，导致该线上体育赛事遭到投诉。

第二，线上体育赛事的信息技术还存在漏洞。线上体育赛事与网络信息安全问题高度相关，因此在其他平台类活动中出现的"黑产账号"问题也出现在了线上体育赛事中。具体而言，一些线上体育赛事中存在刚刚注册的虚假账号，部分平台权益和赛事奖励被这些虚假账号获取，而现有技术难以有效识别这些虚假账户。"黑产账号"的出现无形中提升了线上体育赛事办赛主体的运营成本，侵犯了办赛方、参赛方的权益，不利于赛事的长期健康发展。

四 提升线上体育赛事发展水平的对策建议

（一）形成规范与发展并重的赛事发展理念

线上体育赛事因具有低门槛、趣味性、参与性、智能化等特征是线下体育赛事活动难以替代的，发展线上体育赛事对构建更高水平全民健身公共服务体系具有重要战略意义。各级体育部门应当系统认识线上体育赛事的不可替代性，从政策文件、标准规范、资金扶持等方面为线上体育赛事提供更多便利和支持，让线上体育赛事为我国体育赛事发展注入更多活力。

一是发挥线上体育赛事扩大体育参与的作用。线上体育赛事具有竞技属性弱、参赛门槛低等特点，可在某种程度上扩大参赛规模。[①] 线上体育赛事最初是作为线下体育赛事的补充出现的，它弥补了线下体育赛事的弊端，在辅助市民随时随地参加竞赛活动的同时，使远程网络竞赛的成绩捕捉与记录变为现实。线上体育赛事秉持鼓励运动、全民参与的理念，它的便捷性和对竞技能力的低要求能够降低体育参与门槛，多样化和趣味性的参赛形式能吸引更多人尝试参与体育运动、体验参与体育竞赛的乐趣，推进全民健身发展，有效扩大体育参与规模。因此，利用"5G+云 VR"技术，大力开展云端赛事，坚持线上线下相结合的方式，加大云端赛事推广力度，能够增加赛事供给，增加赛事参与人数。[②]

二是发挥线上体育赛事对青少年的引导作用。线上体育赛事的出现为基于网络的体育运动提供了新的选择，能够吸引一部分沉迷电子游戏的青少年用户转而参与有相似玩法的线上运动，例如 2023 赛季 SVS 虚拟自行车联赛高校赛的冠军表示，初中时的他沉迷网络游戏，是不断兴起的线上骑行比赛

---

① 王学彬、李刚：《上海市全民健身数字化转型实践经验与启示》，《体育文化导刊》2023 年第 11 期。

② 朱凯迪、陈涛：《5G 纾解体育赛事供需矛盾的价值及策略》，《体育文化导刊》2023 年第 8 期。

把他从游戏厅中拉出来。线上体育赛事可以打破地域限制,让全国各地的高手同场竞技,这更增加了他对于线上骑行运动的热情。体育部门应积极推动线上体育赛事在青少年中的普及,探索在学校体育和青少年体育培训中加入线上体育赛事的可能性,使其在帮助青少年身心健康发展、提升青少年体质健康水平中起到正向引导作用。

三是加强线上体育赛事与国际体育发展格局的融合。近年来,全球体育赛事数字化转型趋势明显,国际奥委会在2021年2月发布的《奥林匹克2020+5议程》中明确提出,虚拟体育将是国际奥委会拥抱电子竞技的重点,并致力于传统电子竞技的体育化,在现有奥林匹克运动项目的基础上结合虚拟体育形式和手段开展比赛,使之更加符合青少年的需求。[①] 国际奥委会从2021年开始推出线上奥林匹克虚拟系列赛,2023年举办首届奥林匹克电竞周获得全球广泛关注,主要内容为体育运动项目的线上虚拟形式,例如虚拟自行车、虚拟跆拳道等[②];2024年7月国际奥委会宣布将在沙特举办首届奥林匹克电子竞技运动会,推动传统体育项目发展线上虚拟体育。鉴于此,我国也应提倡线上体育赛事促进运动、提升健康的发展理念,积极推动传统体育项目发展线上形式,与单项体育组织合作推出更专业的线上体育赛事。在规范线上体育赛事发展的同时,鼓励更多线上体育赛事与国际接轨、与虚拟体育融合、创造更多新玩法,吸引更多的年轻人关注并参与体育运动,更好地融入全球体育发展格局。

(二)进一步明确线上体育赛事的定义和边界

针对线上体育赛事定义和边界不清晰的问题,建议体育部门从宏观层面对线上体育赛事的定义进行明确,对线上体育赛事的管理范围和边界进行规定,明确线上体育赛事的特征,对容易与其混淆的概念进行区分,以便进一

---

① 申亮、朱沁沁:《电子竞技如何改变体育的发展模式?——国际奥委会创办电子竞技比赛计划的思考》,《体育科研》2024年第1期。

② 《首届电竞奥运会最迟2026年举办,会引入最受欢迎的项目》,搜狐网,2024年1月30日,http://news.sohu.com/a/755170744_114988。

步开展线上体育赛事规范化管理工作。

一是从风险程度方面加强界定。对于具有一定风险的线上体育赛事，例如线上马拉松、路跑赛事、线上骑行赛等，可参考体育赛事管理体系，对办赛过程进行严格的规定，以确保赛事的安全性；对于风险程度较低的参与类赛事，例如线上步数打卡、线上广播操比赛等，这些赛事多是以促进体育参与、养成运动习惯为目的，有各种形式的玩法，体育部门应将其与竞技类赛事的管理进行界定区分，以鼓励创新、支持发展为主，给予办赛主体更多的空间。办赛主体也能根据明确的定义和规定，确定自身所办线上体育赛事的发展内容与方向，进而完善线上网络技术、创新线上体育赛事新玩法并规范运营流程，从而推进线上体育赛事的规范发展。

二是从体育项目范围方面加强界定。明确规定可以开展线上体育赛事的体育项目范围具有一定难度，可能会抑制线上体育赛事的发展创新，例如一些目前难以通过线上形式开展的对抗类项目。未来，依托 VR 等智能设备的发展，有可能实现隔空踢足球、打篮球等更有趣味的团队运动，一些高门槛高风险的运动如滑雪、跳伞、潜水等，或许也可以通过线上体育赛事、游戏的形式进入千家万户，还可以降低运动带来的风险。体育部门可以将线上体育赛事分为对抗类项目和锻炼类项目，对不同类型的项目提出有针对性的规则设置要求，为地方体育部门、办赛主体开展线上体育赛事提供指引。地方体育部门也可以根据自身情况，制定更具针对性的线上体育赛事定义及分类，并以此引申安全标准、舆情风险控制等管理规范，进而形成更加完整的线上体育赛事监管服务体系。

三是从赛事等级角度加强界定。在明确电竞、虚拟体育、线上体育赛事等定义和边界的基础上，建议体育部门强化《体育赛事活动管理办法》等政策法规文件在线上体育赛事中的应用，将线上体育赛事与现有的赛事分类体系融合。可以将线上体育赛事分为国际级、国家级、省级、市级等，或按风险等级对线上体育赛事进行分级，以及对线上体育赛事的一些新类型进行分级梳理，形成线上体育赛事的分类体系，为开展线上体育赛事规范化管理提供更加充分的依据，提升线上体育赛事发展能级。

（三）构建线上体育赛事规范管理体系

赛事的标准和规范体系是开展赛事管理的根本依据，体育赛事组织管理技术规范编制有助于竞赛组织管理实践经验传承、组织管理水平提升和政府加强体育竞赛管理。[①] 体育部门应加快开展线上体育赛事的管理工作，多方面构建线上体育赛事的规范管理体系。

第一，制定线上体育赛事相关标准和规范。首先，线上体育赛事属于体育赛事的一部分，可以依据现有的体育赛事管理标准，对线上体育赛事与传统体育赛事相同的部分进行规范。例如《体育赛事活动管理办法》中对体育赛事活动的申办审批、组织、服务和监管等方面做了详细的规范，其中部分内容经过适当调整后可以作为线上体育赛事的标准规范。其次，建议体育部门加快推动相关政府部门、单项体育协会、办赛主体等共同制定针对线上体育赛事的标准，主要包括赛事平台标准、赛事数据接口标准、赛事技术应用标准、网络信息安全标准等，为规范开展线上体育赛事提供制度保障。建议体育部门充分考量线上体育赛事的发展态势，结合体育赛事规范管理体系与线上体育赛事专属管理标准，出台针对性的规范文件。例如，文旅部针对疫情期间快速发展的线上演出，出台了《关于规范网络演出剧（节）目经营活动　推动行业健康有序发展的通知》，对相关许可、备案、内容审核、监督检查等工作提出了具体规范，为线上演出市场的发展提供了指引。《线上演播服务要求》对演出资质条件、演出场地条件和直播间条件等有明确规定，对线上演播的内容、服务、运营和规模等提出了明确要求，为线上体育赛事提供了参考。最后，在明确相关规定后，为防止"一评了之"，建议体育部门建立线上体育赛事跟踪评估机制，对线上体育赛事进行抽查式跟踪评估，根据跟踪评估情况对评估等级进行调整或确认，及时发现和解决问题。

---

① 朱洪军：《我国大型体育赛事竞赛组织管理技术规范框架体系研究》，《体育科学》2013年第6期。

第二，加强对办赛主体的引导。作为赛事的新兴形态，加强对办赛主体的引导对提升线上体育赛事规范化水平意义重大。一是建议加强线上体育赛事与体育场地场馆、体育消费券、线下各类体育赛事等现有体育资源的深度关联，形成线上体育赛事与体育领域其他工作的联系互动，最大限度提升线上体育赛事的发展效能。二是建议加强线上体育赛事与社会体育指导员的关联，可以支持社会体育指导员开展线上体育赛事裁判工作，或进行线上体育赛事的专业化指导，以此盘活社会体育指导员资源，提升科学健身指导的针对性。三是建议各级体育部门积极培育具有影响力的线上体育赛事 IP，通过政府认证的方式，引导具有专业资质的办赛主体举办更多高品质线上体育赛事，在明确线上体育赛事管理运营的基本框架后，推动其他发展空间向市场开放，鼓励办赛主体进行更多商业开发，进一步扩展线上体育赛事的商业价值。四是抓住国际奥委会成立电子竞技联合会等契机，加强国内优秀线上体育赛事平台与国际体育组织的联系，向国外优秀的线上体育赛事平台学习经验。

第三，构建线上体育赛事规范化发展指标体系。目前体育部门缺少针对线上体育赛事的评价标准及管理工具，线上体育赛事存在发展无序、管理缺位的问题，不利于可持续规范发展。通过构建一套合理有效的线上体育赛事规范化评价指标体系，提供针对线上体育赛事的评价标准及管理工具，可以对各种线上体育赛事的办赛运营规范化情况进行评价打分，以进一步开展对线上体育赛事的扶持、奖励及监管工作，帮助办赛主体明确线上体育赛事办赛的要求以及自身赛事的水平，便于改善、提升线上体育赛事的办赛水平及规范程度。

（四）提升赛事运营水平与参赛者体验

体育赛事的运营是承办方贯穿赛事举办全过程的重要工作，是连接管理部门、承办方和参赛方的核心流程，体育赛事核心产品的功能和运营质量都对赛事及消费行为产生积极影响。[1] 因此提升赛事运营水平与参赛者的体验

---

① 张建辉、李海：《体育赛事市场需求及运营的国外研究进展》，《上海体育学院学报》2015年第 4 期。

评价对线上体育赛事的口碑、赛事忠诚度和平台好感度等具有重要作用。

第一，优化线上体育赛事平台的商业模式。一方面，加强线上体育赛事与其他领域的融合。发挥线上体育赛事平台的功能、导入相关领域的资源、优化线上体育赛事的玩法设计，将线上体育赛事的流量转化为发展增量，使其成为商旅文体展融合发展的重要载体，提升线上体育赛事消费带动能力。例如 Keep 与传统文化以及多领域 IP 联名设计各种奖牌以吸引用户参与运动，在服务和产品各方面让用户有更多、更高的价值感和获得感，增强用户黏性。另一方面，加强与国际体育组织的合作。例如，2022 年美国知名在线健身（骑行）平台 Zwift 与国际自行车联盟（UCI）达成合作，将 2023 年自行车世界锦标赛纳入 Zwift 赞助组合，Zwift 成为该赛事首个官方虚拟健身平台。该合作强化了线上体育赛事平台与国际体育联合会的关联，有助于推动大众参与和提升虚拟平台的用户活跃度，扩大锦标赛的覆盖面和加强与 Zwift 全球受众的接触。

第二，强化线上体育赛事网络信息技术。线上体育赛事基于互联网平台举行，在数字化时代，网络信息安全与运营尤为重要。目前线上体育赛事主要涉及用户数据调用、用户授权、参赛费用支付等环节，这些环节需要网络安全监管技术保障消费者利益。在推进体育赛事相关法律法规完善的同时，办赛主体应当强化线上体育赛事网络平台的信息安全技术，保障用户信息安全，推动线上体育赛事网络安全监管，提升运营的精细化水平与公平性。例如，国外线上骑行软件 Zwift 采用组别机制，根据用户的运动水平进行分组，高水平赛事规定所有骑手必须佩戴心率监测器，以此帮助用户更直观地感受自己的骑行水准，真正获得竞技体育赛事带来的成就感。

第三，改善线上体育赛事用户体验。线上体育赛事承办方需要多关注用户的反馈和评价，在数字赋能传统公共体育服务的基础上，进一步为公众提供智慧融合、科学精准、线上线下相结合的数字体育服务项目[1]，提升线上

---

[1] 卢文云等：《以高品质生活引领新时代群众体育高质量发展研究》，《体育学研究》2023 年第 1 期。

体育赛事运营水平。建议提高用户运动数据记录的准确性与平台使用的便捷性，提高平台客服人员的专业水平与效率，及时回复并处理参赛用户的疑问及需求；提前准备线上赛的奖励或奖品的发放工作，保证用户完成比赛后能够按时收到相应奖励。积极提升用户的参赛体验才能提升用户的赛事忠诚度和赛事平台好感度，推进线上体育赛事持续发展。另外，建议创新线上体育赛事与线下体育赛事结合的模式，为用户提供多样化的体验。例如，2024年巴黎奥运会从2020年开始开启有趣多样的线上路跑赛事，通过运动累计积分、App参与运动挑战活动等形式抽取4万个名额参加在奥运会马拉松同赛道举办的全程马拉松和10公里跑比赛。巴黎奥组委将线上体育赛事与顶级赛事有机结合，通过多项举措扩大体育参与范围，推动奥运与城市的融合，促进团结与包容，让奥运会马拉松赛事获得了更长时间的关注，提高了全球知名度和影响力，提升了线上体育赛事的参与性与持续性，实现线上体育赛事与线下体育赛事的双向赋能。

参考文献

鲍明晓：《数字体育：体育高质量发展的关键引擎》，《体育科研》2021年第5期。

王学彬、李刚：《上海市全民健身数字化转型实践经验与启示》，《体育文化导刊》2023年第11期。

朱凯迪、陈涛：《5G纾解体育赛事供需矛盾的价值及策略》，《体育文化导刊》2023年第8期。

黄璐、刘波：《后疫情时代体育世界的变革趋势探析——〈奥林匹克2020+5议程〉解析与中国借鉴》，《武汉体育学院学报》2021年第6期。

申亮、朱沁沁：《电子竞技如何改变体育的发展模式？——国际奥委会创办电子竞技比赛计划的思考》，《体育科研》2024年第1期。

B.7
2023~2024年中国马拉松赛事发展报告

赵树桐 邵绘锦*

摘 要： 随着"马拉松热"的持续，马拉松赛事带来的综合效应愈发受到关注，尤其是在各地区"体育强市"战略推进过程中，地方政府纷纷将举办体育赛事作为地区发展的重要抓手，马拉松赛事在其中扮演了重要角色。当前，我国马拉松赛事发展呈现赛事经济效益显著、提振城市发展活力、赛事服务专业化个性化、赛事运营市场化商业化、风险政策体系基本形成、行业分层现象逐渐明显等特征。马拉松赛事的未来发展趋势主要表现为参与人数不断增加、与城市品牌紧密融合、绿色低碳办赛理念深化、关联业态融合加速、数字技术赋能智慧办赛。马拉松赛事数量和规模不断增长的同时，赛事组织、服务质量、品牌建设、环境保护等方面存在发展问题。面对当前困境，我国马拉松赛事亟须提升赛事服务质量、重塑赛事发展环境，细化风险管理事项、提高赛事风险防范能力，持续加强品牌建设、找准定位和可持续运营，与生态保护紧密融合、引导全社会参与绿色马拉松。

关键词： 马拉松 体育赛事 城市品牌 可持续发展

马拉松赛事作为一种回报率较高的运动项目，近年来受到政府和资本市场的多方青睐，是目前国内最具活力的体育赛事之一。2014年国务院下发了《关于加快发展体育产业促进体育消费的若干意见》，鼓励向全社会开放马拉松等群众性体育赛事，客观上为我国群众性体育赛事的申办降低了门

---

* 赵树桐，皖西学院体育学院讲师，上海体育大学博士研究生，研究方向为体育产业、体育赛事等；邵绘锦，上海体育大学博士研究生，研究方向为体育产业。

槛。据此，2015 年，中国田径协会对管理模式进行了变革，取消了马拉松赛事的审批，以促进社会力量参与马拉松赛事的举办。在一系列变革的推动下，我国马拉松赛事发展步入快车道，呈现井喷式发展态势。据最新发布的《2023 中国路跑赛事高质量发展研究报告》，在健康中国和全民健身国家战略的背景下，2023 年以马拉松为代表的中国路跑赛事快速回暖，顶级马拉松赛事报名人数和参赛人数普遍超额，再创历史新高。现如今，马拉松运动已是我国单项体育赛事中举办规模最大、数量最多的赛事，依托城市文化和地区特色，马拉松赛事的主题类型也呈现多样化趋势，已经成为我国城市发展的新"风向标"。[①] 随着市场规模扩大、赛事形式多元，规范市场秩序和提升赛事品质的需求在目前阶段较为突出。[②] 因此，本报告立足 2023~2024 年我国马拉松赛事的基本情况，对我国马拉松赛事发展的总体特征、发展趋势和主要问题进行梳理，并提出未来发展的对策建议，以期对我国马拉松赛事现状进行阶段性总结，为我国马拉松赛事的高质量发展提供参考。

一 我国马拉松赛事的基本情况

（一）政策体系日益成熟，扎实推进马拉松蓬勃发展

近年来，为构建更高水平的全民健身公共服务体系、顺应我国马拉松赛事持续蓬勃发展的现实需要，各地区迎来了马拉松热。相关政府部门相继出台了大量更具引领性的政策文件，如《支持社会力量举办马拉松、自行车等大型群众性体育赛事行动方案（2017 年）》《关于进一步规范、加强全国马拉松赛事竞赛组织管理的通知》《"健康中国"马拉松系列赛规划》《马拉松运动产业发展规划》等政策，政策"松绑"促进了马拉松赛事的普及与开展，马拉松产业链条也逐渐延伸。此外，相关政府部门持续加强马拉

---

① 蒋中伟、李国强、姜明金：《我国马拉松赛事发展态势与前景展望》，《体育文化导刊》2020 年第 2 期。

② 潘磊、方春妮：《我国马拉松赛事供给侧结构性改革的时代背景、重点任务与现实进路》，《北京体育大学学报》2020 年第 6 期。

松的规范化管理，相继推出《体育赛事活动管理办法》《关于建立健全体育赛事活动"熔断"机制的通知》《体育赛事活动赛风赛纪管理办法》《关于进一步加强马拉松赛事监督管理的意见》等一系列不同类型的政策文件，为提升马拉松赛事组织管理能力提供了政策指向。从行业协会来看，政策更具针对性。中国田径协会围绕安全、指导、竞赛组织等方面陆续推出更精细化、标准化的管理办法（见表1），从多个维度出发提供了全方位的支持与保障，有序推动了马拉松及路跑赛事的规范化发展。

总体来看，国家相关部门及行业协会从马拉松的赛事供给、需求和办赛环境三方面进行了政策的推动实施，在全民健身和健康中国战略的推动下，这一系列政策法规不仅加速了马拉松赛事市场潜力的释放和良好赛事氛围的形成，而且在引导赛事有序发展和扩大赛事参与人群等方面发挥了重要作用。

表 1　中国田径协会马拉松及路跑赛事相关政策文件

分类	文件名称
安全类文件	中国田径协会路跑及相关运动赛事分级监管办法
	中国田径协会路跑赛事纪律管理规定
	中国田径协会路跑赛事反兴奋剂工作管理办法
指导类文件	中国田径协会路跑赛事办赛指南
	中国田径协会路跑赛事参赛指引
竞赛组织类文件	中国田径协会路跑赛事管理办法
	中国田径协会路跑赛事认证管理办法
	中国田径协会路跑赛事风险评估指导意见
	中国田径协会路跑赛事起终点管理规范
	中国田径协会路跑赛事竞赛组织标准
	中国田径协会路跑赛事管理办法
	中国田径协会路跑赛事认证管理办法
其他类文件	中国田径协会路跑赛事运营公司管理办法
	中国田径协会路跑经纪人管理办法
	中国田径协会路跑赛事大众选手等级评定实施办法
	马拉松赛事现场医疗保障人员配置要求
	马拉松赛事现场医疗保障设施设备配置要求

资料来源：《中国田径协会路跑管理文件汇编（2024）》，中国马拉松网，2024 年 3 月 22 日，https：//www.runchina.org.cn/#/policy-regulations/management-measures/detail/ZCFG202448004。

（二）马拉松举办回温，赛事时空布局特征显著

在鼓励开放群众性体育赛事、取消马拉松赛事审批等一系列变革的作用下，我国马拉松赛事发展步入快车道，呈现井喷式发展态势。中国田径协会统计数据显示，以马拉松为代表的中国田径路跑赛事数量从 2016 年的 328 场次增加到 2019 年的 1828 场次（800 人以上规模赛事）。2023 年全国共举办路跑赛事 699 场次，其中马拉松赛事 245 场次，占比 35.05%；半程马拉松赛事 377 场次，占比 53.93%。2024 年全国共举办路跑赛事 671 场次，参赛人数约 656 万人次，赛事分布范围涵盖了全国 31 个省级行政区、261 个市、537 个区县。仅 2024 年 11 月，国内就有 114 场次赛事鸣枪举办，其中 11 月 3 日同时进行的马拉松达 31 场次。① 在赛事认证方面（中国田径协会认证的 A 类和 B 类马拉松赛事），2023 年中国田径协会认证赛事共举办 308 场次，其中马拉松赛事 175 场次、半程马拉松赛事 127 场次，马拉松赛事的认证数量创历史新高。由此可见，马拉松规模赛事和认证赛事实现双增长，且在中国办赛的需求愈发强烈。

我国马拉松赛事时空分布特征显著。在空间分布方面，2023 年我国马拉松及路跑赛事的地理分布覆盖 31 个省份的 300 余个城市。相关数据显示（见表 2），2023 年全国举办认证类赛事数量排名前三的省份依次为江苏省（36 场次）、浙江省（27 场次）、广东省（25 场次）。可以看出，认证类赛事具有"东密西疏，南多北少"的空间分布特征，局部城市群出现高度集聚现象，赛事在长三角城市群和珠三角城市群的分布最为密集，京津冀城市群、成渝城市群、山东半岛城市群、长江中游城市群、关中城市群、兰西城市群等也出现赛事高度集聚的现象。整体上，赛事空间布局逐步优化，呈现东部与中西部赛事协同发展的趋势。② 在时间分布上，2023 年 4 月举办马拉松及路跑赛事最多（130 场次），占全年的 18.6%，其次是 11 月（101 场次），占全年的

---

① 数据来源于中国田径协会《2023 中国路跑赛事蓝皮书》；《中国马拉松产业观察：跑出来的消费转型，赛出来的城市活力》，新华网，2025 年 1 月 7 日，https：//www.xinhuanet.com/sports/20250107/70c24b9deace431b98d1396ec357236f/c.html。

② 王进：《我国马拉松赛事发展特征及路径》，《体育文化导刊》2020 年第 12 期。

14.4%，总体呈现"春秋多、冬夏少"的季节性特征（见图1）。总体来看，我国马拉松赛事资源已经形成集聚高效的时空分布格局。

表2　2023年举办认证类赛事数量排名前十的省份

单位：场次

排名	省份	赛事数量
1	江苏	36
2	浙江	27
3	广东	25
4	山东	22
5	四川	20
6	重庆	16
7	安徽	13
8	福建	13
9	湖北	12
10	广西	11
10	云南	11

资料来源：中国田径协会《2023中国路跑赛事蓝皮书》。

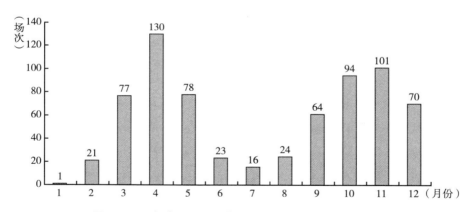

图1　2023年我国马拉松等路跑赛事举办时间分布情况

资料来源：中国田径协会《2023中国路跑赛事蓝皮书》。

（三）赛事参与人群广泛，跑者画像呈现多元化特征

与赛事数量一同井喷的，还有参与者的数量。2023年全国范围内路跑

赛事总参赛规模为605.19万人次，马拉松项目的参赛规模为106.78万人次，半程马拉松项目的参赛规模为237.72万人次，全马与半马参赛人数共占参赛总规模的56.93%。其中，认证类赛事中马拉松项目的参赛规模为91.53万人次，半程马拉松项目的参赛规模为159.47万人次，全马与半马合计占比59.99%（见图2）。① 可见，经过几年的休整，"马拉松热"正在"强势回归"，参赛人数大幅增加，马拉松赛事数量及参赛人数必将再次实现突破。

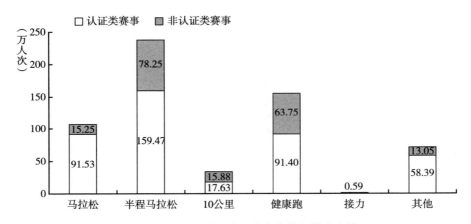

图2　2023年马拉松及路跑赛事参赛规模分布情况

资料来源：中国田径协会《2023中国路跑赛事蓝皮书》。

作为一项无技术门槛、无性别和年龄限制的普适性运动项目，我国马拉松赛事跑者画像也呈现多元化发展趋势。性别结构方面，2023年完成马拉松项目的男性跑者占80.44%，女性跑者占19.56%；完成半程马拉松项目的男性跑者占74.31%，女性跑者占25.69%；完成10公里项目的男性跑者占66.59%，女性跑者占33.41%。男性参与马拉松的人数和比例明显高于女性，呈现明显的性别差异。可见，马拉松女性市场仍有持续拓展的空间，但随着女性力量的崛起，越来越多的女性将参与马拉松比赛，比例差距也会

---

① 参见《2023中国路跑赛事蓝皮书》，https：//img. shuzixindong. com/changzheng/84554/ccb272582f8b4669801be47bd59b7f76. pdf。

逐渐缩小。年龄结构方面，数万名参赛者中，40~55岁的中年人是主力军，参赛比例居"第一梯队"，60岁以上参赛人数也逐年增加。数据显示，部分顶级赛事中，40岁以上跑者的完赛率占比高达60%，已成为庞大跑者队伍里的绝对主力。职业结构方面，根据2023年中国跑者调查问卷（样本量3.8万份）结果，企业职员和企业管理者合计占47%（见图3）。究其原因，一是社会生活节奏不断加快，参加马拉松成为个体缓解焦虑、释放压力的有效途径；二是与企业文化倡导有着密切关联。如君乐宝乳业集团鼓励公司管理层和全体员工参与马拉松运动，截至2024年4月，先后参与全程、半程马拉松的员工达1万人次以上，部分员工达到大众精英跑者水平。[①] 此外，学生群体因时间精力充足，加之近年来校园马拉松赛事火热发展的推动，以及马拉松赛事的便捷、健康、自由和快乐等属性，也成为2023年马拉松赛事的主力军之一。例如，首都高等学校马拉松接力赛已连续举办四届，致力

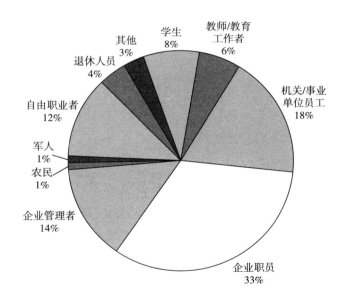

图3　2023年马拉松及路跑赛事参与选手职业分布情况

资料来源：中国田径协会《2023中国路跑赛事蓝皮书》。

---

① 《这个春天来一场"首马"吧》，《山东商报》2024年4月6日。

于在师生群体中打造积极向上的马拉松文化氛围。2024年共有37所首都高校、100支参赛队伍、1000余名运动员参赛,真正实现了青春在赛道上飞扬。① 此外,在学历分布方面,高学历人群更为青睐参与马拉松,具有本科及以上学历的参赛者占比超过80%。未来,随着运动理念的转变和赛事组织的完善,马拉松运动将吸引更多不同年龄、不同背景、不同兴趣的参与者,形成更加多元化和个性化的马拉松文化。

(四)赛事消费潜力释放,防护型、智能型消费成为趋势

马拉松运动参与面广、影响力大、产业链长,在服务全民健身、赋能地方产业发展方面发挥越来越重要的作用。《中国马拉松人群与消费洞察报告》显示,我国跑者在跑步装备和赛事开销上平均花费达1.1万元,据不完全统计,中国已有业余马拉松跑者1000多万人,直接拉动相关消费达到千亿级②,马拉松热将持续带动体育消费。例如,作为"中国跑步第一股"、长期聚焦跑步细分赛道的特步,在2024年上半年收入增长10.4%至72.03亿元,特步主品牌收入增长6.6%至57.89亿元。③

在消费类型上,根据2023年中国跑者调查问卷结果,30.21%的跑者在运动防护用品上的消费支出超过2000元,超过七成的跑者会使用GPS手表记录跑步数据,使用手机记录的跑者占比第二,而完全不记录数据的跑者仅有2.44%。"严肃跑者"对于可穿戴运动设备的要求也越来越高,有59.34%的跑者在可穿戴运动设备方面的花费超过1000元,其中,花费1001~2000元的跑者占比最高,达到19.56%,而花费5000元以上的跑者占比也超过了10%(见图4)。使用运动装备记录数据的人明显增多,侧面验证了跑者对跑步表现的关注度越来越高,相关装备和服务或将成为下一个重

① 《2024年第四届首都高校马拉松接力赛在北京化工大学开跑》,千龙网,2024年9月29日,https://china.qianlong.com/2024/0929/8347348.shtml。
② 《从竞技到经济 一场马拉松跑出"大马力"》,"沈阳发布"百家号,2024年9月20日,https://baijiahao.baidu.com/s?id=1810712087639426385&wfr=spider&for=pc。
③ 《中国马拉松产业观察:跑出来的消费转型,赛出来的城市活力》,新华网,2025年1月7日,https://www.xinhuanet.com/sports/20250107/70c24b9deace431b98d1396ec357236f/c.html。

要的增长点。此外，参赛者在比赛前后的交通、住宿、餐饮等方面的消费也非常可观。总体来看，中国跑者的马拉松防护型、智能型消费意愿持续增加，原因在于，一方面跑者能够通过马拉松赛事参与直接感受体育精神带来的激励，另一方面跑者更在意体育运动对身体带来的良好改变。这对于中国马拉松行业来说，意味着未来有更多的发展空间。

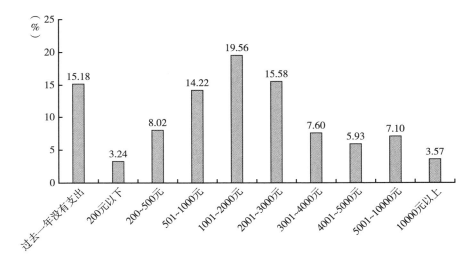

图4　2023年跑者可穿戴运动设备消费支出分布情况

资料来源：中国田径协会《2023中国路跑赛事蓝皮书》。

（五）赛事关注度日益高涨，构成多平台立体化传播格局

2023年中国马拉松及路跑赛事高热传播，已然形成年度马拉松热潮。从运营数据看，2023年中国路跑及部分赛事累计推文1291.87万篇，阅读总数40亿余次。从传播平台看，中央媒体以及地方媒体引导带动传播，形成了主流媒体与地方媒体强强联手的传播态势。相关调研显示，有67%的跑者表示会收看马拉松赛事直播，其中大部分人首选CCTV5；63%的跑者表示会观看自己所参加的马拉松比赛回放。① 同时，马拉松的热度不仅展现在

———————————

① 数据来源于头豹研究院《2023年中国马拉松赛事行业短报告》。

线下，网络平台也常常成为跑友与网民们关注的焦点。如图 5 所示，App、微信、网页等是最主要的传播渠道，也是发布信息量占比最高的平台。从传播走势来看，2023 年中国马拉松及路跑赛事相关舆情热度呈多峰式起伏态势，赛事媒体传播与举办时间趋势基本吻合，具有明显的季节性特征，春秋两季为传播高峰期。从传播内容看，"赛事报名、人物风采、赛事结果、马拉松发展"等内容主题关注度较高，图文、影像、音频结合的多维度报道文章更受读者喜爱。此外，中国马拉松赛事创新拓宽传播渠道、拉长传播链条，让跑者通过马拉松赛事传播，从历史、文化、旅游等多角度了解举办城市，这也成为很多城市举办马拉松赛事的初衷。例如，2024 重庆马拉松全网播放量超 2000 万次，覆盖上亿人次，赛前推出《渝小卫打探重马》《渝小卫探重马》等多个短视频及公众号推文以提升重马网络热度，比赛当天稳步推进新媒体直播、短视频内容制作、分发工作，赛后推出纪录片《以梦为马 渝跑渝爱》，回顾重马发展全过程，唤醒跑者对赛事多年的情感沉

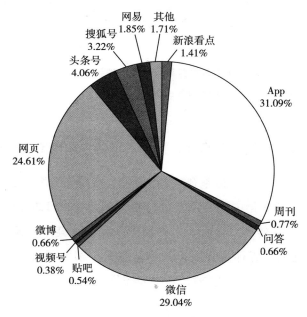

图 5　2023 年马拉松及路跑赛事媒体传播平台分布情况

资料来源：中国田径协会《2023 中国路跑赛事蓝皮书》。

淀，持续发酵重马赛事 IP，形成了一套持续时间长、覆盖内容广、角度多元的长链条融媒传播思路体系，为赛事兴荣、城市破圈提供了多方位的传播效果。[①] 可以看出，一方面，各社交媒体全年高度关注马拉松赛事，构成了多平台立体化传播格局，内容维度丰富；另一方面，2023 年以来马拉松行业整体呈现参与者更多、覆盖面更广、组织运营更专业的发展态势。

二 我国马拉松赛事发展的总体特征

（一）赛事经济效益显著

马拉松"跑圈"的快速回暖，活跃了体育消费市场，马拉松赛事的经济效益愈加显著，逐渐成为举办城市新的经济增长点。国家体育总局体育经济司发布的《中国户外运动产业发展报告（2023—2024）》显示，一场大型城市马拉松赛事带动的经济效益可达 6 亿~7 亿元，如 2023 年上海马拉松直接经济影响达 7.01 亿元、产出效应达 20.12 亿元、旅游产业拉动效应达 7.69 亿元；一场大中城市马拉松赛事可带动经济效益超 1 亿元，如 2023 年郑州马拉松带动文体旅消费和产业效益达 1.46 亿元，间接影响和产生次级效益达 7.32 亿元。据中国田径协会不完全统计，2024 年全国举办的 10 项国际金标及以上马拉松赛事（上海马拉松、北京马拉松、无锡马拉松、成都马拉松、广州马拉松、深圳马拉松、杭州马拉松、兰州马拉松、南京马拉松、武汉马拉松）直接经济效益总计 54.30 亿元，间接经济效益中，赛事产出效应（对 GDP 的贡献）达 125.39 亿元，赛事就业效应（因赛事而新增就业岗位数）达 5.58 万个。[②] 马拉松赛事经济效益显著的一个重要标志便是赛事旅游经济的发展。此时，马拉松不仅是一项赛事活动，更是一项具备较高经济效益、能带动其他行业发展的赛事旅游产业，拉动"吃住行游购

---

① 《长链条、宽辐射，2024 重马融合传播取得好成绩》，搜狐网，2024 年 3 月 25 日，https://sports.sohu.com/a/766782794_121864347。
② 《中国马拉松产业观察：跑出来的消费转型、赛出来的城市活力》，新华网，2025 年 1 月 7 日，https://www.xinhuanet.com/sports/20250107/70c24b9deace431b98d1396ec357236f/c.html。

娱"全链条增长，形成了一种新的经济增长模式。相关数据显示，2024年前述10项国际金标及以上马拉松赛事对"吃住行游购娱"六要素的拉动效应超50亿元，其中"吃住"24.45亿元、"行"10.57亿元、"游"9.13亿元、"购"4.59亿元、"娱"1.73亿元。[①] 以2024年无锡马拉松为例，赛事期间估算产生餐饮、住宿、交通、旅游等各类经济效益2.83亿元，较2023年提升45.5%。其中，产生经济效益最高的是餐饮和住宿，分别为1.27亿元和1.16亿元，另外，交通经济效益达2077.1万元，旅游经济效益达910.2万元，赛前博览会的线下现场销售额达188万元、线上销售额达786.2万元。[②] 铁岭马拉松赛事期间，凡河新区42家酒店和22家民宿共1425个房间一房难求，营业额超过235万元。[③] 可见，马拉松已成为一种城市现象级的体育活动，将活动的流量变成了消费的能量和经济的增量，所蕴藏的可观经济效益和社会效益使得马拉松还会继续热下去。

（二）提振城市发展活力

当前，城市马拉松赛事已成为展示地方人文历史风貌、传递城市文化精神的窗口。城市通过对道路和景观进行挑选和组合，在赛事整体布陈、视觉设计上突出本地特色，将体现城市景观的马拉松赛道转化为一系列承载意义的符号[④]，创造出体现城市面貌与特色的空间，为城市旅游空间增加新的旅游节点，并服务展示城市形象这一终极目的。例如，兰州国际马拉松赛道沿兰州市地标景观"黄河风情线"延伸，赛道沿途可饱览黄河、铁桥等，充分领略"交响丝路·如意甘肃"的独特魅力，为这座西北名城集聚大量人

---

① 《中国马拉松产业观察：跑出来的消费转型，赛出来的城市活力》，新华网，2025年1月7日，https://www.xinhuanet.com/sports/20250107/70c24b9deace431b98d1396ec357236f/c.html。

② 《是竞技也是经济，大数据里看马拉松如何带火一座城》，无锡市人民政府网站，2024年4月25日，http://www.wuxi.gov.cn/doc/2024/04/25/4299838.shtml。

③ 《马拉松热潮与地域产业发展的舆论思考》，新浪网，2024年10月8日，https://cj.sina.com.cn/articles/view/5330895013/13dbf00a501901fk4g。

④ 段艳玲：《体育赛事景观质量对游客目的地形象感知和行为意向的影响——基于上海马拉松的实证研究》，《中国体育科技》2024年第2期。

气与流量。相关数据显示，2024 年兰州马拉松期间有 4 万名跑者参赛，传播量超 8 亿次，带动直接消费 5 亿元。① 此外，2023 年西安城墙国际马拉松将赛道与西安古城墙相结合，让跑者在比赛中领略千年古城文化魅力；2023 年绍兴马拉松融入江南独特的文人气息，赛道串联鲁迅故里、陆游故里、越国古城墙等人文历史景点；2023 年苏州城市马拉松挖掘文化元素，赛道沿途献映了昆曲、评弹以及水乡特色舞蹈，让参赛者享受到一场独特的文化盛宴。

城市马拉松的赛事外延活动更是极力展示城市风貌、营造活力氛围，多数赛事推出美食节、博览会、旅游节等本地特色活动，丰富跑者赛事体验，满足跑友和观众"吃住行游购娱"等一站式服务需求。如重庆马拉松推出以"马拉松火锅"为亮点的重马国际消费节，展现了重庆独特的火锅文化；厦门马拉松推出"马拉松美好生活节"，举办了鼓浪屿早餐跑、绿跑在行动、帆船赛等配套活动，彰显厦门的风土人情和人文地貌；南宁马拉松期间举办了"艺术+时装+运动"的时尚体育盛典。此外，全国各地马拉松赛事的多款奖牌也积极融入当地特色文化元素，已逐渐发展成为文创产品。例如，基于中华文化开发设计的 2023 年郑州马拉松奖牌，奖牌正面中心位置是郑马的标志"中"，背面是"百家姓"姓氏贴片，每名完赛选手可以领取自己专属的奖牌。可见，马拉松赛事发展日趋综合性、多元化，与举办城市互动发展、互利共赢。而城市马拉松运动的泛化也正是借助赛事品牌效应，通过大众媒体的多方推介以及赛事主办方的精心运作，为点燃城市发展活力提供"硬核支撑"。

（三）赛事服务专业化个性化

赛事服务质量是成功举办一场马拉松赛事的重中之重。在国家政策引导下，我国马拉松赛事服务日臻完善，安全性、人本性、高能性、个性化的服务供给，不断满足参赛者多样化的参赛需求。例如，2024 年兰州马拉松为应对夏季高温，赛事组委会增加多项"清凉举措"，赛前以公众号

---

① 《马拉松热潮与地域产业发展的舆论思考》，新浪网，2024 年 10 月 8 日，https：//cj. sina. com. cn/articles/view/5330895013/13dbf00a501901fk4g。

和短信形式发布高温预警，赛事期间加强降温防暑保障力量，增加赛道沿途的喷淋点数量、防暑降温药品和盐丸供应量，赛后组委会在完赛物资中增加降温湿巾，并在终点处设置冰敷区，为选手安全完赛做足充分的赛事保障。① 在安全保障方面，2023年北京马拉松组委会引入新科技应用，设置了100台人脸识别智能设备，用于在赛前领物、比赛日选手入场及完赛物品发放阶段的核验，提高选手入场检录效率，提升赛事的安防水平，降低替跑、蹭跑现象所产生的风险隐患。在个性化服务方面，我国部分马拉松赛事创新提供照片定制、摄像摄影、号码定制、专属商旅等个性化服务。如无锡马拉松为跑者提供个人定妆照和"锡马影像"纪录片，西海岸半马推出"号码定制"的专属服务，昆明半程马拉松推出奖牌刻字服务等，充分体现了我国马拉松赛事服务工作的移情性与人文关怀，满足了马拉松跑者及消费者多样化、个性化、高质量的精神文化需求。在跑者福利方面，不少地方为参赛者提供多方面优惠活动及优质的旅游产品服务。如2023年6月9～15日，贵州马拉松所有参赛选手可免票游览贵阳市内10个旅游景区，包括青岩古镇、天河潭、桃源河等热门景点，全面提升贵阳市"幸福黔南、避暑之都"的知名度和美誉度。

（四）赛事运营市场化商业化

我国马拉松赛事市场运作特征逐渐显著，尤其是在2015年马拉松审批制度改革后，这一特征更加明显。《体育总局关于推进体育赛事审批制度改革的若干意见》等相关文件的出台，在推进审批制度改革的同时，强调发挥市场机制在体育产业中的作用，积极引入社会资本承办赛事。因此，作为马拉松赛事"放管服"松绑改革的一个结果，社会资本参与度和商业化运营程度显著提高。大量专业的路跑运营公司应运而生，与政府和地方体育行政部门通力协作，将马拉松赛事的市场开发越做越大，从而吸引了众多国内

---

① 《2023兰州马拉松：如何应对高温比赛》，腾讯网，2023年6月10日，https：//new.qq.com/rain/a/20230610A00R4700。

外企业和赛事合作，使得赛事品牌和企业品牌相互促进、合作双赢，形成了"政府主导、企业参与、市场运作"的健康发展态势。[①] 从2014~2019年我国马拉松赛事主办方的性质来看，2015年马拉松审批制度改革后，政府与企业共同举办的马拉松赛事数量大幅度提高（见图6）。如2024年，广东新中体运营的马拉松赛事高达46场次，南京善跑运营的马拉松赛事为28场次，广州博润运营的马拉松赛事为19场次。[②] 此外，经过多年发展，我国马拉松赛事的商业价值不断显现，搭载的内容更为丰富，已演变为"马拉松经济"这一体育与商业相结合的社会现象。马拉松赛事辐射带动旅游、交通、体育器材与装备、餐饮等相关产业融合发展，形成"马拉松经济"完整产业链，吸引了众多企业和商家的关注和参与。[③] 相关调查显示，在2023~2024年的马拉松赛事中，赞助企业分布广泛，包括金融、地产、汽车、互联网、饮料、酒业等领域企业。

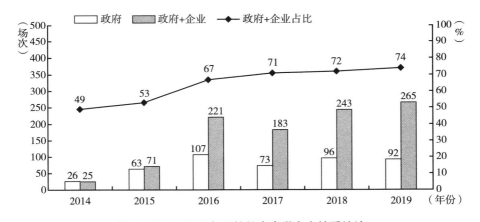

图6　2014~2019年马拉松赛事举办方性质统计

资料来源：詹新宇等《大型体育赛事与城市经济活力——马拉松"跑热"城市经济了吗?》，《经济学报》2023年第3期。

① 白莉莉、冯晓露：《我国马拉松赛事赞助市场的现状、特征和问题》，《中国体育科技》2018年第4期。

② 《2024年中国马拉松运营公司办赛信息，收藏版!》，"跑步零距离"微信公众号，2025年1月8日，https：//mp.weixin.qq.com/s/tD-loF1pR-TbMA5eqyPdkg。

③ 许余有：《论火热马拉松赛事下的冷思考》，《广州体育学院学报》2021年第4期。

（五）风险政策体系基本形成

风险管理是城市马拉松赛事组织的核心内容，对马拉松赛事健康发展的意义不言而喻。2021年以来，政府部门针对马拉松赛事风险管理相继颁布了多项政策措施，力促马拉松赛事组织者加强赛事风险防范，提升组织管理能力，以避免同类事件再次发生。目前，我国马拉松赛事关于风险管理的政策体系基本形成并逐渐完善，从中央到地方、从政策部门到行业协会搭建了一整套较为完备的安全风险管理政策体系（见表3）。政策内容更加细化，之前的政策文件中关于马拉松赛事风险管理的内容较为宏观，更加偏重于实践指导功能，而2021年以来的政策文件则是对风险管理的实践流程进行了细化，助力马拉松赛事风险管理工作的执行落实。政策覆盖范围更为广泛，赛事组织者是马拉松赛事风险管理的第一责任主体，应该承担赛事风险管理的主要职责，但马拉松赛事风险管理水平的提升还受到政府相关部门、参赛者等其他主体的影响。为此，相关政策文件除了对赛事运行流程进行规范，还对参赛者、政府体育部门以及其他相关部门应尽的义务和责任进行详细说明，进一步扩展了马拉松赛事风险管理的主体。值得注意的是，2023年个别赛事仍暴露出风险管理不当、缺乏专业知识、存在安全隐患等问题，引发舆论关注，未来对于马拉松赛事风险管理仍需进一步加强前瞻布局与实践探索。

表3　我国主要马拉松赛事风险管理政策

发文机构	发文时间	文件名称
国家体育总局、国家发展改革委等八部门	2022年11月7日	户外运动产业发展规划（2022—2025年）
中共中央办公厅、国务院办公厅	2022年3月23日	关于构建更高水平的全民健身公共服务体系的意见
国务院	2021年7月18日	关于印发全民健身计划（2021—2025年）的通知
国家体育总局、工业和信息化部等十一部门	2021年6月25日	关于进一步加强体育赛事活动安全监管服务的意见

发文机构	发文时间	文件名称
国家体育总局、公安部	2021年5月17日	关于加强体育赛场行为规范管理的若干意见
国家体育总局	2022年3月31日	关于建立健全体育赛事活动"熔断"机制的通知
	2022年3月24日	关于进一步加强户外运动项目赛事活动监督管理的通知
	2021年10月27日	关于做好近期体育领域疫情防控和安全生产工作的通知
	2021年10月6日	关于进一步做好近期体育领域安全稳定工作的通知
	2021年7月26日	关于进一步加强田径赛事活动安全监管服务工作的意见
	2021年5月28日	关于加强路跑赛事安全管理工作的通知
	2020年1月17日	体育赛事活动管理办法
	2019年12月27日	关于进一步加强和规范体育领域事中事后监管的若干意见
	2018年8月7日	关于进一步规范体育赛场行为的若干意见
	2017年10月25日	关于进一步加强马拉松赛事监督管理的意见
中国田径协会	2023年6月27日	关于加强近期路跑赛事活动安全工作的通知
	2022年3月7日	关于加强路跑赛事及活动安全稳定工作的通知
	2021年10月18日	中国田径协会路跑及相关运动赛事分级监管办法
	2021年1月10日	中国田径协会路跑赛事风险评估指导意见

资料来源：根据公开资料整理。

（六）行业分层现象逐渐明显

随着马拉松赛事发展越来越成熟，品牌化趋势将愈发显著，赛事组织行业也将优胜劣汰，分层现象渐趋明显。当前，尽管国内部分赛事在赛道设计、专业设备等"硬实力"方面已经不弱于纽约马拉松、波士顿马拉松等世界大满贯赛事，但在赛事运营、品牌打造等"软实力"方面仍有进一步提升空间。部分赛事的运营模式同质化，缺少真正独特的品牌价值和文化价值，缺乏科学的组织方式[①]，导致的直接结果是一些缺乏品牌特色的赛事吸

[①] 张晓琳：《我国马拉松赛事"同质化"问题及其消解》，《天津体育学院学报》2022年第1期。

引力越来越低，会逐渐被市场淘汰；相反，依托品牌效应的大型马拉松赛事，以及"小而美"的小区域、小规模精品马拉松，则会集聚更多优势资源和吸引更多群众参与及媒体关注，赛事之间的层级差距将逐渐拉大。此外，国内部分初创赛事由于过分追求赛事规模，从而陷入贪大求全的局面，忽略了城市承载能力和商业运营模式的可持续性，如近年来车辆挡道、冲线被拦、环境污染、替跑代跑等问题时有发生。盲目办赛本质上是短期的逐利行为，主办方无暇构建科学的竞赛机制和运营模式，主办城市也缺乏科学的赛事体系和长效规划，只能大量重复模仿与复制办赛。从近年来的发展历程来看，马拉松赛事在发展过程中不可避免地面对一些痛点、难点与堵点，但未来整体发展趋势向好，多元化、品牌化、专业化、规范化、国际化和可持续发展理应成为未来的发展方向。

三　我国马拉松赛事的发展趋势

（一）赛事参与人数不断增加，市场空间持续拓展

马拉松作为具有广泛群众基础的全民健身项目与重要体育产业，在国家政策推动下取得长足进步，迎来新的发展机遇，最显著的趋势便是赛事数量和规模指数级增长。据中国田径协会测算，到 2025 年，国内马拉松及相关路跑运动赛事数量有望增加至 2500 场次，大众马拉松参加人数将增加至 1000 万人次，马拉松赛事经济规模将达到 500 亿元，未来马拉松衍生经济规模将超 4000 亿元。[①] 以 2024 年正式成为中国唯一世界马拉松大满贯候选赛事的上海马拉松为例，比赛吸引了 25.8 万人报名，马拉松项目"中签率"仅为 11.2%。2024 年北京马拉松三天时间就吸引超 18 万名跑者报名。2025 年厦门马拉松扩容至 3.5 万人，也吸引了全球超 18 万人报名。2025 年

---

① 《路跑迭起，"跑"出动感生活》，新华网，2023 年 6 月 27 日，http：//www.bj.xinhuanet.com/20230627/75defcdf005d44348f18ab61448cdaff/c.html。

3月举办的武汉马拉松，开创报名人数新历史，一举将中国马拉松赛事报名人数拉高到45万人。① 可见，未来马拉松的赛事数量和参与人数将步入持久的快速增长期，马拉松经济将稳步提升，覆盖区域也更为广泛，全国各区域的赛事举办趋向均衡发展。同时，随着我国马拉松赛事规模的不断扩大，跑者的画像与需求将呈现多元化、个性化趋势。为满足不同年龄、性别、身体状况参赛者对于赛事类型的需求，马拉松赛事的主题类型也将呈现多样化特征，形成全程马拉松、半程马拉松、女子马拉松、迷你跑、团队接力跑、亲子跑、越野跑以及定向赛等多元化、多层次、多类型的马拉松赛事体系。

（二）与城市品牌紧密融合，深入阐释文化价值

城市马拉松赛事独特的产业复合基因、丰富的群众资源基础、较低的区位资源需求以及特殊的时代发展契机，赋予其在提高城市旅游资源配置能力、推动城市经济发展、促进城市建设及优化城市形象等方面更高的互动发展效率。② 虽然我国马拉松的发展历史较短，但近年来越来越多赛事举办方将马拉松与城市基因紧密结合，如西安、苏州、兰州、扬州、郑州、开封、拉萨等著名旅游城市以及国家历史文化名城，都是马拉松赛事的常设城市（见表4）。其中，世界田联金标赛事扬州鉴真半程马拉松深度融合传统文化元素，充分吸纳文化精髓，如鉴真东渡的历史故事、扬州园林的精致美学等，让参赛者在奔跑中感受扬州深厚的文化底蕴和独特的城市气质。可见，马拉松已经成为城市形象塑造和文化价值传播的重要策略。未来，我国马拉松赛事将持续塑造有内涵、有亮点、有个性、独特的马拉松赛事景观文化，以文化阐释的方式为切入点，突出马拉松赛事品牌辨识度和城市形象美誉度，构建差异化形象，凸显赛事IP价值，将"网红"城市变为"长红"城市，不断赋予城市马拉松更丰富的内涵及更深层次的品位与旨趣。

---

① 《中国马拉松产业观察：跑出来的消费转型，赛出来的城市活力》，新华网，2025年1月7日，https://www.xinhuanet.com/sports/20250107/70c24b9deace431b98d1396ec357236f/c.html。

② 许春蕾：《中国城市马拉松赛事旅游效应测度与创新发展》，《上海体育学院学报》2020年第9期。

表4　中国部分特色马拉松赛事

城市	赛事名称	创办年份	赛事文化与特色
西安	西安城墙国际马拉松赛	1993	古城墙
扬州	扬州鉴真半程马拉松赛	2006	鉴真东渡、扬州园林
兰州	兰州国际马拉松赛	2011	黄河文化
苏州	苏州环金鸡湖半程马拉松赛	2010	江南风情、园林文化
郑州、开封	郑开国际马拉松赛	2007	古都特色、中原文化
拉萨	拉萨半程马拉松赛	2004	雪域高原风情
六盘水	凉都·六盘水国际马拉松赛	2013	非遗民族文化、红色文化元素

资料来源：根据公开资料整理。

（三）倡导绿色低碳办赛理念，可持续发展成为主流

2021年，世界田联公布了《可持续发展赛事管理：最佳实践指南》，聚焦"交付最佳标准的可持续发展赛事"愿景，提出废弃物管理、能源管理、住宿、碳中和、空气质量等14个方面的可持续行为指南。作为世界田径赛事的引领者和管理者，世界田联为全球田径赛事运营和地方组委会提供了生态保护的最佳实践指导。国内马拉松赛事中，厦门马拉松是赛事可持续发展的优秀标杆和先锋力量，是中国首个通过田径让世界更美好标准评估的白金标牌赛事。在生态环保方面，2023年厦门马拉松再次发起"绿跑在行动"等绿色活动，汇聚绿色发展正能量。例如，在腾格里沙漠种下22万棵固沙植物，用实际行动支持赛事碳中和；与蚂蚁森林开展线上合作，倡导绿色出行，号召公众践行低碳生活，持续推广"绿色、低碳、环保"理念。① 在赛事公益方面，多年来厦门马拉松坚持"公益至上"的办赛宗旨，不断探索"体育+公益"的模式。厦门马拉松与联合国环境规划署、中国绿化基金会、中国人口福利基金会等公益机构陆续开展合作，不断深化"红绿蓝"三色

---

① 《厦门马拉松荣获世界田联全球首个"可持续发展代表性赛事"》，搜狐网，2024年11月12日，https://sports.sohu.com/a/751328036_100071965。

公益体系，设立"厦门马拉松红十字爱心基金"，成立国内首个由马拉松赛事独立设立的公益基金会，设置厦门马拉松爱心林、爱心图书角、爱心驿站，为"爱心厦门"建设注入力量，推动城市文明进步。

如今，在可持续发展的时代命题下，赛事的可持续性彰显着对社会、公众以及环境的责任，秉承"公平、绿色、开放、美好"的可持续发展定位也成为新时代实现马拉松赛事高质量发展的必由之路。未来，在世界田联的积极倡导下，在中国田径协会的大力推进下，在中国优秀马拉松赛事的带领下，将会有更多赛事践行可持续发展办赛理念，为全球田径运动的可持续发展贡献中国智慧。

（四）关联业态融合加速，助力城市发展与乡村振兴

2024 年 3 月，国家体育总局、商务部、文化和旅游部发布《关于开展"体育赛事进景区、进街区、进商圈"活动的通知》，支持以体育赛事为切入点，加快促进"商旅文体展"融合发展。顺应国家政策导向，马拉松作为城市新的经济增长点和城市精神文化的新窗口，为"体育+"文化、旅游、健康、会展、科技等多业态的深度融合与多元互补提供重要机遇。围绕跑者"吃、住、行、跑、播、稳"等一系列需求，"马拉松+"展览、美食、音乐、民俗、文化、夜间经济等多业态融合，并进一步带动运动培训、赛事服务、体育用品制造、智能穿戴制造、旅游餐饮等行业的发展和升级，业态融合或将成为马拉松行业转型提质的流行趋势。例如，张家界市武陵源区在做好竞赛组织的同时，深化赛事服务，全面推动体育与旅游、文化等产业的深度融合，以全新的文旅体消费模式，创造多层次、全链条的新消费选择，使马拉松赛事成为武陵源区"旅游金字招牌"。部分赛事与互联网平台等资源深度融合，推出更加丰富的活动场景，试图为跑者带来多维度的赛事体验。如厦门马拉松联合悦跑 App、高德地图等发起线上跑活动，与饿了么平台联动为参赛跑者提供消费优惠福利。同时，在乡村振兴与体育发展日益融合的时代背景下，马拉松赛事因较低的区位资源需求，能够因地制宜融入乡村、融入基层、嵌入乡村产业链，成为体育赋能乡村振兴的重要手段与可靠

路径。如浙江兰溪第七届乡村马拉松赛，曾获"全国最美乡村马拉松赛道"美誉，通过马拉松的举办，浙江兰溪逐渐培育了赛事旅游、体育民俗、体育原生态体验的集聚区，更好地诠释了城乡文化有机融合和美美与共。

（五）数字技术赋能智慧办赛，创造高品质参赛体验

在数字技术的加持下，各产业的数字化转型升级成为高质量发展的重要标志。《户外运动产业发展规划（2022—2025 年）》指出，推动科技赋能户外运动场景，打造户外运动线上线下协同发展的体育消费新模式。一系列政策文件的颁布从战略高度强调了新时代数字技术驱动下我国户外运动高质量发展的目标要求与重点任务。近年来，随着 5G、人工智能、云计算、大数据、区块链、数字孪生、物联网等数字技术迅速发展，马拉松赛事与数字技术将深度融合，技术赋能比重不断提升。一是数字技术加速赛事供给的数字化和可视化表达。通过人工智能、AR、全景图像等技术，参与者可以体验全方位、可视化、沉浸式的赛事体验服务。在比赛过程中，数字技术可对赛事全程中呈现的问题及时预警，从而快速反应与调度资源，保障赛事安全。例如，2023 年青岛马拉松采用数字孪生、物联网、大数据及人工智能算法等新技术，打造全场景数字孪生赛事管理平台，平台实现了从赛道到环境再到管理的全时空、全流程数字化，囊括了实时天气、孪生赛道、全景监控、赛况跟踪、实时告警、人员定位、医疗物资分配、指挥调度等八大场景，为赛事提供管理保障、云上青马、实时赛况等全方位支撑。二是数字技术辅助优化马拉松跑者的参与模式。第一，出行方式的便捷化和智慧化。人流密度监测、智能行程规划、车联网等智能应用的出现满足了跑者出行需求，也有效缓解了赛事前后城市高负荷的交通压力。第二，赛道体验的数字化与智能化。不少地方运用 5G、人工智能、大数据、物联网等前沿科技，建成了马拉松数字跑道或者智慧步道。如苏州的环太湖马拉松数字跑道、南京江心洲生态科技岛环岛智慧步道等。这些赛道通过配置人工智能数据采集器、人工智能形象捕捉设备、芯片传感器等数智化系统设施设备，为选手提供智能打卡、精准计时、心率血氧数据采集、运动分析、运动 Vlog 合成等

功能，帮助选手实时记录个人成绩、心率、配速等详细数据。同时，跑道还配备智能终端大屏、自助式智能储物柜、芯片领取终端、人工智能体测仪、智能热身训练体验区等，为选手提供全方位数字化赛事体验。第三，马拉松衍生服务的创意化与个性化。2023年多场赛事将5G、人工智能等技术与赛事摄影录像服务相结合，赛道沿途特定地点设置了拍摄站点，多个机位对跑者进行无干扰、全流程抓拍，再通过"5G+人工智能"技术赋能，自动生成跑者专属照片和视频。

四　我国马拉松赛事发展的主要问题

（一）赛事组织不细不实，运营管理流程仍不规范

马拉松赛事由于具有参与人数多、人员分布广、涉及部门杂以及工作量大等特征，运营与管理的难度是其他赛事项目不能比拟的，更需要专业的赛事运营主体以及政府相关单位的紧密配合。但近年来我国马拉松赛事常常曝出不和谐的声音与画面，暴露出赛事工作程序、竞赛执行、路线规划、医疗救助、后勤保障、信息发布、志愿者服务的不足之处，赛事组织运营工作中出现的痛点与堵点极大挫伤赛事各利益相关者的信心与积极性，更是引起民众的负面舆论与媒体的高度关注。关于马拉松组织运营存在的问题，主要包括以下几个方面。

一是赛事规划、组织与执行不精细。例如，某马拉松赛事临时变更赛道；某马拉松赛事终点前赛事车辆进入赛道阻挡了选手冲刺；某半程马拉松由于男女选手分流不及时，女子组冠军冲刺受影响。二是赛事物资发放不周密、补给分布不均衡。部分马拉松赛事由于前期缺少规划，将补给平均分配在沿途各个补给站点，赛道前几个补给站点剩余较多，而后面的站点补给供不应求，引发参赛选手的不满；与之相反的是，为扩大赛事宣传效应以及提供极致的服务体验，部分马拉松赛事推出地方特色补给，引发参赛选手哄抢和垃圾泛滥的负面影响。三是交通保障不到位。马拉松热现象造成城市多条

道路拥堵、交通瘫痪等问题屡次出现，甚至被媒体评价为"一场马拉松瘫痪一座城"。

我国部分马拉松赛事在赛事组织管理运营时仍缺乏体系化思考和精细化设置。根本原因在于，赛事运营主体的专业性不强以及组织管理体系不成熟。为此，赛事组织方应对赛事起终点的选择、赛事路线设计、赛事补给救护以及赛后服务等方面进行科学的论证研究，为参赛者提供舒适便捷的赛事体验，从而实现马拉松赛事组织管理和服务的规范化与科学化。

（二）赛事指导监管不力，赛事风险管理仍存在隐患

马拉松赛事风险管理是一个复杂的系统工程，需要多方面协同配合、共同发力，才能达到较为理想的状态。虽然我国马拉松赛事风险管理政策体系基本形成，各级体育主管部门已经开始对行政区域内的马拉松赛事实施监管，但受限于地方体育主管部门既是"办赛者"又是"监管者"的双重角色，难以真正客观公正地开展马拉松赛事监管，导致风险管理工作仍存在多重困境，具体表现在以下几个方面。

一是以被动问题改善为主，主动预防意识不强。目前，我国马拉松赛事的经费来源以政府财政支出为主，公共资源的获取较为便捷，风险监管模式也以行政手段为主，因此赛事运营主体对于赛事成本、赛事风险等问题关注度不足。此外，一些地方政府以政绩考核为目标导向，盲目追求赛事举办而忽视办赛质量，这种急功近利的思维模式也间接造成了赛事主办方和政府相关部门对马拉松潜在风险的主动防范意识不足。

二是以政府监督管理为主，社会参与监督不足。随着"放管服"改革不断深入推进，政府的职能转变进程逐渐加快，马拉松赛事的市场化程度不断提高。但在此前以政府为主导的"管办合一"模式下，马拉松赛事主办方、赞助商等赛事运营主体缺乏监督管理的自觉性和必要的行业自律，其他社会力量也很难直接参与马拉松赛事的风险管理，致使马拉松赛事市场逐渐失控，风险事件不断出现。短期来看，我国城市马拉松赛事风险管理的主导权仍在政府手中，其他赛事主体的话语权和影响力还较弱，构建多元主体协

同治理的局面仍存在重重困境。

三是重视安全风险防范，其他风险管理重视度不足。现阶段，相较于安全风险管理，马拉松赛事的资金风险、失信风险等其他类型风险的防范管理所受到的重视明显不足。以资金风险为例，成本问题、地方财政实力不足、财务预算不完善都可能导致赛事运营主体变相降低赛事公共服务质量，由此引发马拉松参赛者的强烈不满，甚至可能产生治理风险。在赛事赞助方面，那些影响力较大的知名马拉松赛事，由于办赛规模较大、质量较高、曝光率高，因此赞助资源丰富。而处于起步初创阶段、影响力较小的马拉松赛事的招商引资工作异常艰难，通常由政府出面寻找赞助商，而这种政府"兜底"行为与近年来马拉松市场化运营的趋势背道而驰。

四是以赛中风险应对为主，赛前赛后重视度不足。现阶段，相较于比赛当日的一系列风险管控措施，马拉松赛事组织者在赛事筹备阶段和收尾阶段采取的风险防范措施不足，从而造成了风险事件的发生。

（三）赛事品牌的同质化，无法满足赛事提质的需要

品牌形象关系到马拉松赛事的可持续发展，也是赛事高质量发展的核心环节。与世界马拉松七大满贯赛事相比，赛事品牌打造一直是我国马拉松赛事发展的薄弱环节，同质化、重复化、复制化现象严重，赛事扎堆的背后是鲜有能在广大人民群众心中留下深刻印象的赛事品牌。根本原因是我国马拉松赛事的办赛主体更像是马拉松的开发商，而非赛事运营主体，急功近利的办赛模式一旦失去资本支持，便会出现诸多办赛的难点。

纵观近几年我国举办的马拉松赛事，在项目设置上主要根据距离划分为全程马拉松、半程马拉松和迷你马拉松。但马拉松赛事发展较为领先的北美地区开设了"海军陆战队""迪士尼""慢动作""摇滚"等主题系列马拉松，在赛事与衍生活动中融入大量文化娱乐设施与元素，在为马拉松爱好者提供多样化赛事选择的同时，提升赛事与活动的商业价值、用户体验，并营造城市体育氛围。相比之下，在席卷我国的马拉松赛事热潮下，全国各大城市各种类型的马拉松赛事一窝蜂上马，但就我国目前马拉松赛事发展的实际

情况来看，这种快餐式办赛和重复办赛的发展模式导致我国马拉松赛事重复供给多、供给内容单一，出现大量抄袭与复制模仿办赛现象，赛事组织、内容、定位、宣传等方面创新性不足、特点不明显，比赛方法、赛事流程大致相同的模式化现象，导致我国马拉松赛事存在"同质化"问题。例如，虽然部分地区结合地缘优势和资源禀赋推出不同类型的特色马拉松，如山地马拉松、冰雪马拉松、沙漠马拉松，以及"体育+文化"主题的马拉松赛事，但品牌营销主要依赖政府行政途径简单宣传，主题特色也停留在场地环境的非常规性，赛事品牌形象的识别度较低，并未给参赛者提供丰富的竞赛体验，难免被市场快速遗忘，难以真正实现可持续发展。品牌建设的忽视、品牌效应的缺乏、赛事的独特标识和全媒体传播格局并未形成，影响了我国马拉松赛事商业价值的充分挖掘，导致大量赛事之间盲目模仿，在赛事组织、赛事内容、赛事营销、品牌建设等方面存在较为严重的"同质化"问题，所谓"特色和内涵"千篇一律。

（四）赛事不可持续问题频发，环境保护的重视度不足

我国马拉松赛事数量井喷式增长的同时造成了环境污染和生态破坏等棘手问题。由于马拉松具有赛事空间集聚性和对生态环境的高度依赖性等特征，往往给举办地带来生态空间占用、资源过度消耗、污染集中爆发和生态平衡破坏等生态环境异化问题。[1] 成功举办一场马拉松赛事需要历经赛前筹备、赛事开展、赛后收尾三个阶段，且赛事不同阶段对于生态环境的依赖和影响往往呈现隐蔽性、不可逆性和连锁性的特点。

在赛前筹备阶段，一方面，为实现展现城市形象的办赛目标和创新跑道设计等现实需要，举办地往往会选择新建、改建或扩建酒店、公共交通、停车场等保障性设施，也会对部分道路进行封闭、修缮，同时在赛道和起终点进行补给站点、医疗站点的搭建。而这类赛事基础性设施的增加

---

[1] 邹月辉、金朝霞：《承办大型体育赛事的生态环境异化问题研究》，《山东体育学院学报》2015年第5期。

或修建需占用大量土地资源，不仅改变了举办地的土地类型、地质地貌、自然植被，而且在施工过程中产生的大量渣土、灰尘、废水、废气、噪声，极易引发土地污染、地下水污染、大气污染、噪声污染和绿地破碎化等生态问题。例如，相关数据显示，目前国内超过80%的马拉松赛事在龙门、拱门、舞台、广告板等临时搭建设施上的花费占整体项目费用的30%。这些临时搭建设施不仅在施工时产生噪声污染，油漆、胶合剂等化学用品所产生的有害气体也直接造成了空气污染。另一方面，马拉松主办方推出的赛事纪念品、补给品等，如奖牌、T恤、毛巾、钥匙扣等，在生产的过程中也会消耗大量资源并产生废弃物。在赛事开展阶段，大量人流和车流在短时期、小空间内大量集聚，人口数量的激增与高消耗、高排放、高污染相伴相生，赛事期间的交通、办公、食宿、运营都将产生巨大的环境污染和高碳排放。[1] 例如，"流水席"式赛事补给和"豪华"的参赛包造成垃圾堆积和食物浪费现象，直接引发举办城市之间的内耗性竞争；赛事起终点周边的强聚散性引发交通拥堵，致使噪声骤增。在赛后收尾阶段，城市人口的二次爆发式涌出和交通工具的频繁利用使举办地碳排放量再次大幅增长。

五　我国马拉松赛事高质量发展的对策建议

（一）提升赛事服务质量，重塑马拉松赛事发展环境

针对我国马拉松赛事组织运营中面临的难点和堵点，赛事运营主体及政府相关部门应积极调动一切有利因素，制定科学适宜的马拉松赛事发展政策和举措，全面提升赛事服务质量，以满足大众对精细化和高水平赛事的服务需求。具体来说，建议从以下几个方面入手。

---

[1] 张小林、李培雄、龙佩林：《"绿色奥运"理念下构建我国大型体育赛事的绿色调控体系》，《体育学刊》2006年第6期。

一是在发展中不断完善办赛理念，营造赛事交流空间，打造综合性马拉松服务链。在赛事举办期间，赛事主办方应建立赛前、赛中、赛后全过程服务链，赛前注重运动防护指导、赛事时间、气候气温、出行方式、住宿餐饮等提醒与咨询服务，赛中注重检录与存取物品、补给点与流动厕所设置等服务以及现场气氛营造，赛后注重运动恢复、物资补给、完赛奖励、休闲娱乐等服务；在非赛期间，推动形成"1+364"全时段赛事服务链，各马拉松运营方通过举办选拔赛、主题系列赛、马拉松论坛，并与城市公益活动、绿色行动等可持续活动紧密结合，形成"周周有活动，月月有赛事"格局，营造马拉松赛事发展新环境。[①]

二是创新赛事服务手段，强化智慧赋能与科技支撑，推进科技多场景深度融合。全面提高马拉松赛事的"科技含量"，聚焦马拉松智能化、数字化、网络化等场景服务的创新需求，激活科学技术在体育赛事中的新应用和新模式，提升马拉松行业的核心价值和竞争力。开发应用基于跑者的大数据平台，针对跑者特点向其提供运动指导和注意事项等定制化、专业化、信息化服务，充分利用科技手段向跑者提供赛事交通、补给站、赛后恢复等综合信息服务。

三是增强服务实效，完善马拉松意见征集制度。基于"共建、共创、共享、共商、共赢"的建设理念，充分发挥马拉松协会和民间路跑社团等社会组织的桥梁作用，面向有经验的马拉松参与者征集对赛事运营工作的意见和诉求，以及通过各类媒体广泛征集大众对马拉松赛事服务工作的意见和建议，不断提升大众的赛事满意度，为马拉松规范化发展提供理论建议和实践指导。

四是重点加强对运营水平较低、创办时间较短的马拉松赛事的指导，赛事主办方应积极与中国田协、地方田协、政府相关职能部门合作成立运营管理顾问团队，在赛事程序、竞赛执行、路线设计、医疗救助、后勤保障等方

---

① 潘磊、方春妮：《我国马拉松赛事供给侧结构性改革的时代背景、重点任务与现实进路》，《北京体育大学学报》2020年第6期。

面提供支持与协助。

五是注重人才培养，汇聚人才力量。围绕竞赛服务、市场开发、品牌建设、宣传推广、突发事件等重点领域，进一步发挥中国马拉松学院、马拉松行业协会、马拉松跑团的作用，通过观摩实操、以赛代训等方式加强实践型、应用型马拉松专业人才队伍的建设，并逐步扩大人才规模、拓宽人才专业领域。

（二）细化风险管理事项，提高赛事风险防范能力

面对我国马拉松赛事风险管理过程中出现的难点与不足，可以从以下四个方面着手提升赛事风险应对能力。

一是提升赛事运营主体的风险管理意识。风险管理意识的形成与认同对于规范赛事风险管理实践有着重要的指导意义。政府部门作为马拉松赛事的主办方，应积极转变赛事风险管理的思维模式，加强行业内部的调研考察，充分掌握马拉松风险管理的各类手段，形成完备的赛事防控方案体系，主动推进马拉松风险管理实践。政府部门应明确自身在马拉松赛事风险管理中的角色定位，主动承担监督管理的各项职责，协同赛事承办方，积极参与赛前、赛中、赛后的全过程监管。对于赛事运营公司而言，作为赛事承办方，需牢固树立"风险防范"第一位的办赛理念。加强赛事工作人员的风险意识培训，通过开展风险应对能力培训及考核工作，不断提高工作人员的风险防范意识，严格完善并执行马拉松风险管理的各项工作。同时，加强对参赛选手的风险意识引导。借助跑团区域性的特点，赛事运营公司联合马拉松协会、民间跑团等组织定期开展马拉松风险防范交流会，对各地普通跑者进行培训教育，使其养成健康的跑步习惯和良好的参赛秩序。或者通过微信公众号、微博等向马拉松爱好者推送赛事风险防控相关知识和案例，进一步加深跑者对于马拉松风险管理的了解和重视。

二是积极引导社会力量参与赛事风险管理。社会力量的参与能在一定程度上缓解办赛主体风险管理专业性不足、力量短缺的困境。政府职能部门应进一步推动马拉松赛事的"简政放权"，可出台相关政策进一步简化专业社

会力量参与办赛的手续与流程,创新探索市场化发展路径,实现风险管理细分工作的市场化发展。可在经济发达或运营经验成熟地区的马拉松赛事中开展"试点",总结经验后向全国推广。为激励多元主体积极参与马拉松赛事的风险管理,地方政府可在必要的情况下予以一定的财政补贴,以调动社会力量参与马拉松赛事的积极性与主动性。此外,主办方可组织第三方机构对马拉松赛事安全风险进行评估,加强赛前风险研判和隐患排查,根据评估结果采取有针对性的控制对策。

三是强化赛事风险管理保障。现阶段,我国马拉松赛事风险管理的政策体系已初具雏形,但与世界马拉松七大满贯赛事相比仍存在一定的差距。一方面,中央政府、国家体育总局和地方政府应予以高度重视,深入分析我国马拉松赛事已经出现的风险事件和尚未显现的潜在风险,全方位构建完善我国马拉松赛事风险管理的法律法规,从法律角度提醒办赛主体警惕马拉松赛事的各类风险及风险源。中国田协和地方协会应发挥导向作用,围绕马拉松安全保卫、医疗保障、财务资金等各类风险,制定不同类型风险管理指导方案。例如,2013年波士顿马拉松爆炸案后,美国田径协会推出《马拉松安全和安保最佳实施手册》,为全美马拉松地方组委会提供了安保工作的最佳实践指导。另一方面,引入马拉松赛事专项保险。目前,我国马拉松赛事管理部门按规定为选手购买基本的人身意外险,但总体来看,保险可选择种类和范围仍比较有限。因此,应围绕马拉松赛事中可能出现的各种类型风险,借鉴澳大利亚和美国完善的赛事保险制度,积极研发多种赛事保险产品,如公众责任险、职业保障险、官员责任险、环境险等,为办赛主体和参赛选手的合法权益提供保障。

四是健全赛事风险管理机制。根据赛前、赛中、赛后不同环节出现的运营风险,建立完善的赛事风险管理机制。首先,赛事举办地政府及相关部门应建立赛事风险预警机制,通过赛事风险预测和信息发布,要求赛事运营主体主动配合责任部门汇报赛事风险管理工作开展情况,并组织相关专家进行评估,构建赛事风险防控方案,并指派相关专员进行赛事风险管理工作的全程监督。其次,建立风险决策机制。将风险管理纳入马拉松管理决策过程,在应对某一类风险事件时，配备多套应急方案，有利于降低风险发生后的危害，更好地适应外部可变因素的影响。最后，建立风险责任机制。通过构建科学合理的监督追责制度，实现马拉松风险管理工作严格目标、严明制度、严肃追责，明确马拉松赛事风险事件的具体责任，实现责任落实到人，有效防止工作推诿，严肃马拉松赛事的风险防范工作。

（三）持续加强品牌建设，找准定位和可持续运营

品牌内涵承载战略、定位、愿景、文化、个性等。马拉松"同质化"在赛事高质量发展过程中如同一道屏障，品牌竞争白热化和"同质化"问题一直考验着马拉松赛事的生命力和可持续发展能力，想要突破就必须在品牌专属化定位和品牌差异化塑造等方面精准发力。未来，马拉松赛事亟须在快速发展的背景下提升品牌核心价值和竞争力，以呈现内容丰富、精神饱满的马拉松品牌和城市形象。

一是拓展马拉松赛事内涵的广度和深度。在现有马拉松赛事及相关活动的基础上，中国田协应引导地方政府、民间社会力量等进一步增加以各类主题（自然风光、人文特色等）为基础的特色马拉松赛事的举办，例如围绕"健康中国""一带一路""韵动中国"等系列主题，重点打造一系列锦标赛、分站赛等，丰富赛事供给层次，重点打造多样化的基础性赛事，让马拉松运动更加深入人心。中国田协与地方政府应鼓励社会力量尤其是支持跑团开展 5 公里、10 公里等基础性赛事进社区、进校园、进商圈活动，充分吸引各类群体参加马拉松运动或参加跑团赛事，充分发挥民间跑团区域性辐射和带动作用，以"线上建群、线下约跑"形式定期组织跑友开展路跑活动。

二是提升高水平马拉松赛事的品牌质量和文化底蕴。目前，我国顶级马拉松赛事虽然已代表国内最高水平，但还未步入世界大满贯赛事行列。应积极整合国内马拉松优秀赛事资源，树立中国顶级赛事品牌质量和标准，打造中国马拉松名片，推动我国马拉松赛事国际化、规范化、市场化运作与发展。逐步加快中国马拉松大奖赛、大满贯等高水平赛事平台整合、品牌塑造和全球宣传，稳步实现中国马拉松高水平赛事与国际马拉松赛事的接轨与

合作。

三是提高中小型马拉松赛事的专业水平和知名度。举办中小型马拉松赛事是丰富赛事产品供给的主要途径，应该采用更加灵活的发展模式和运营模式，不拘泥于城市路跑形式，结合当地人文、历史、风貌等特色，在将地区马拉松赛事打造成城市名片的同时，通过城市魅力反哺马拉松赛事。突出"产城融合"，抓好"城际联动"，建设有特色、有竞争力的地区马拉松赛事，因地制宜发展多样化赛事，促进马拉松赛事在产业、文化、旅游等维度的聚合发展，提升赛事的市场化、商业化、娱乐化水平。同时，中小型马拉松赛事的宣传也不能只局限于政府推广，应构建全媒体传播格局，全面扩大宣传范围，覆盖更多参赛人群，消除营销"同质化"问题带来的影响。

（四）与生态保护紧密融合，引导全社会参与绿色马拉松

马拉松赛事可持续发展的关键在于赛事主办方、承办方、政府相关部门、跑者、观众等赛事利益相关者可持续发展理念的培育及绿色发展行为的实践。

一是大力开展生态文明宣传教育活动。针对当前我国马拉松从业者对赛事发展与生态环境之间关系的专业性认识不够问题，可通过支持各地田径协会开发地区适用的绿色马拉松小程序，采取线上网络媒体、线下海报横幅等立体化宣传手段，以碳普惠方式努力提升马拉松参赛选手、观众和城市居民的环境保护意识等，引导他们积极参与和主动配合绿色马拉松的开展。[1]

二是创新绿色办赛运营管理方式。借鉴国外马拉松赛事及厦门马拉松绿色发展的经验和举措，以"绿色马拉松"为主题，对赛事报名服务、起终点临时搭建、赛事路线设计、赛事补给站点设置以及交通保障等各类事项进行绿色创新与资源整合，在生态环境容量和资源承载能力范围内协调赛事运营、经济发展、社会效益和环境保护的可持续发展。例如线上报名时，让跑者选择是否愿意放弃参赛包，不再要求选手提供纸质报名材料；参赛指南也

---

① 朱洪军：《我国体育赛事绿色发展路径研究》，《西安体育学院学报》2021年第5期。

不再提供纸质版，而是使用更为环保高效的电子版；跑道周边和起终点处配置投放分类标识清晰的垃圾桶。

三是制定赛事供应链的绿色标准。明确赛事主办方、供应商、赞助商等利益相关者的环境责任和行为规范。例如，补给站采用可降解、可循环材质的水杯替代一次性纸杯、塑料瓶。在参赛物资供应方面，赛事主办方可在筹备阶段针对部分马拉松选手进行线上问卷调查，充分了解跑者的物资需求意愿，科学合理地设置赛事补给包，在满足参赛者基本需求的情况下，尽可能地精简补给包，仅提供比赛中必需的物资，如号码布和计时芯片。全盘考虑马拉松赛事的生态环境问题，提高赛事举办期间各主体参与环境保护的契合度，持续创新绿色马拉松的管理举措。

参考文献

潘磊、方春妮：《我国马拉松赛事供给侧结构性改革的时代背景、重点任务与现实进路》，《北京体育大学学报》2020年第6期。

白莉莉、冯晓露：《我国马拉松赛事赞助市场的现状、特征和问题》，《中国体育科技》2018年第4期。

张晓琳：《我国马拉松赛事"同质化"问题及其消解》，《天津体育学院学报》2022年第1期。

张小林、李培雄、龙佩林：《"绿色奥运"理念下构建我国大型体育赛事的绿色调控体系》，《体育学刊》2006年第6期。

B.8
2023~2024年中国体育产业区域协调发展报告

魏国学*

摘　要： 区域体育产业协调发展是推动体育融入国家重大区域发展战略、促进形成新的经济增长极的重要途径。近年来，京津冀、长三角、粤港澳大湾区、成渝地区等重点区域体育产业逐步形成集聚格局。2023年我国体育产业总规模达到3.67万亿元，增加值达到1.49万亿元，呈现良好的发展态势。然而，区域体育产业发展仍面临产业结构同质化、产业市场割裂化、空间资源孤岛化等现实困境。为此，本报告提出聚焦体育产业区域协调发展内涵，统筹政府、市场与社会三方作用，锚定创新、协调、绿色三大目标的发展思路，以促进区域间体育产业差异化融合与协调发展。通过分析京津冀、长三角、粤港澳大湾区、成渝地区等重点区域的体育产业发展脉络与现实动态，以期促进我国不同区域间体育产业的高效协调发展。

关键词： 区域协调发展　体育产业　长三角　京津冀　成渝地区

随着国家战略的不断深化，体育产业区域协调发展已成为推动体育强国建设和促进区域经济增长的关键路径。2018年11月5日，习近平主席在首届中国国际进口博览会上宣布，支持长江三角洲区域一体化发展并上升为国

---

* 魏国学，中国宏观经济研究院社会所社会政策室副主任，研究方向为区域经济发展、体育产业政策等。

家战略。[1] 此后，一系列重要政策文件进一步明确了体育产业区域协调发展的方向。2019 年，国务院办公厅印发《体育强国建设纲要》，首次提出推动区域体育产业协同发展；国家体育总局印发《"十四五"体育发展规划》，提出推动体育融入国家重大区域发展战略。目前，我国体育产业已形成长三角、京津冀、粤港澳大湾区、成渝地区四个重点区域的体育产业一体化发展实践，并取得了一定成效。区域体育产业协调发展已然成为引领新时代体育产业高质量发展、助力区域经济增长的应有之义。本报告立足于我国长三角、京津冀、粤港澳大湾区、成渝地区体育产业区域一体化发展实践，深入分析体育产业区域一体化发展进程中的挑战，并提出促进区域体育产业高质量发展的路径。

一 体育产业区域协调发展的基本情况

（一）区域协调发展的必要性

首先，推动体育产业区域协调发展，能够充分发挥各地比较优势，有助于更好释放产业集聚辐射、引领示范效应。体育产业基本遵循"集聚—辐射—联动—扩张"的发展规律及路径。[2] 近年来，在市场力量和体育产业政策的双重推动下，我国体育产业根据资源禀赋、产业基础和市场规模等条件，推动体育服务业、体育用品及相关产品制造等产业协调发展，在京津冀、长三角、粤港澳大湾区、成渝地区等重点区域逐步形成了体育产业集聚格局，通过释放规模效应和实现更高水平分工，带动体育产业规模稳步扩大。数据显示，2023 年我国体育产业总规模达到 3.67 万亿元、增加值达到 1.49 亿元。这一增长趋势表明，体育产业正朝着国民经济支柱产业稳步迈

---

① 《习近平总书记谋划推动长三角一体化发展纪事》，求是网，2023 年 12 月 2 日，http：//www.qstheory.cn/qshyjx/2023-12/02/c_1130004872.htm。
② 种国双等：《中国三大产业结构演进规律与发展趋势研究》，《科学管理研究》2020 年第 2 期。

进，其与区域协调发展战略的深度融合将进一步释放增长潜力。

其次，推动体育产业区域协调发展，有助于各地培育消费新增长点，有助于各地更好地构建新发展格局。近年来，消费对经济增长的贡献日益突出，体育消费及相关产业已成为培育新增长点的重要方向。[1] 2023 年，我国国内生产总值（GDP）达 126 万亿元，同比增长 5.2%，最终消费支出对经济增长的贡献率达到 82.5%，比 2022 年提高 43.1 个百分点。[2] 体育消费在部分省份已成为重要消费项目。例如，2023 年湖北居民体育消费总规模预计超过 1280 亿元，约占该省社会消费品零售总额的 5%。[3] 重大赛事对地区消费及经济增长起到了显著拉动作用。2022 年北京冬奥会和冬残奥会、2023 年成都大运会、2023 年杭州亚运会等赛事有力促进了文旅体育消费增长。

最后，推动体育产业区域协调发展，有助于充实区域重点战略，优化产业空间布局。[4]《"十四五"体育发展规划》专门设立了促进体育产业区域协调发展专章，提出了以下重点任务：在区域重大战略地区布局各类产业业态，建立互动机制，培育体育城市，在重点省份建设特色示范区，支持特殊类型地区（革命老区、民族地区、边疆地区和欠发达地区）体育发展。随着体育产业规模突破 3 万亿元，体育产业在国家区域协调发展战略中的地位将进一步提升。无论是在西部大开发、东北全面振兴、中部地区崛起、东部率先发展等区域协调发展战略，还是在京津冀协同发展、长江经济带发展、粤港澳大湾区建设、长三角一体化发展、黄河流域生态保护和高质量发展、海南全面深化改革开放等重大区域战略中，体育产业都将发挥越来越重要的作用。

---

① 柳舒扬、王家宏：《新时代我国体育消费研究综述：进程、挑战与展望》，《体育学研究》2023 年第 6 期。

② 《2023 年全年国内生产总值同比增长 5.2%》，中国政府网，2024 年 1 月 18 日，https：//www. gov. cn/yaowen/liebiao/202401/content_ 6926714. htm。

③ 《2023 年湖北居民体育消费总规模将超 1280 亿元》，湖北省体育局网站，2024 年 1 月 18 日，https：//www. sport. gov. cn/n20001280/n20067608/n20067635/c27388785/content. html。

④ 王科茜、张涛、左丹：《基于共享经济视角的区域体育产业发展措施分析》，《产业创新研究》2023 年第 16 期。

（二）区域协调发展的基本历程

近年来，我国重点区域在体育产业协调发展方面取得了显著进展。京津冀、长三角、粤港澳大湾区和成渝地区等通过制定规划、签署协议、搭建平台等方式，不断深化体育产业协同发展。以下是对上述四个重点区域体育产业协调发展历程的梳理。

1. 京津冀：强化协调机制，推动错位发展

京津冀三地为落实协同发展战略，逐步建立并完善了体育产业协同发展机制。为进一步落实京津冀协同发展战略、完善京津冀体育产业协同发展机制、壮大京津冀体育产业集群发展，京津冀三地制定《京津冀体育产业协同发展规划》，签订《深入推进京津冀体育协同发展议定书》，搭建京津冀体育资源交易平台，举办一系列产业交流活动，建立常态化会商机制。2023年7月，京津冀三地体育局举办"2023京津冀体育产业大会"，签署《深化京津冀体育协同发展战略合作协议》《京津冀体育产业资源交易平台委托协议》《京津冀体育产业联盟成立协议》，通过系统谋划、整合资源，三地体育产业协同发展步伐日益加快。在协同发展中，京津冀三地体育产业强调错位发展。北京积极谋划冰雪运动发展，引进国际高水平冰雪赛事，推动冰雪产业升级。依托场馆和体育旅游资源，精心打造体育旅游路线，深度构建京张体育文化旅游带。北京出台《2023年北京促进体育消费工作方案》，将体育消费融入国际消费中心城市建设，推动体育消费提档升级，推动奥运遗产成为促进京津冀体育产业融合发展的新动力。天津以新产业和新科技为突破口，印发《天津市"运动之都"建设行动方案（2022—2030年）》，持续推进京津冀群众性体育赛事活动协同举办，补充优化体育产业空间布局，支持体育产业新业态融入京津冀体育产业发展整体布局。河北重点加快京张体育文化旅游带建设，制定《推进京张体育文化旅游带建设实施方案》《北京2022年冬奥会张家口赛区竞赛场馆后续利用总体方案》《加快推动后奥运经济发展实施方案》，推动后奥运经济发展。

2. 长三角: 一体化发展常态化, 合作机制不断完善

长三角地区在体育产业协作方面走在全国前列。自 2012 年签订《长三角地区体育产业协作协议》以来, 三省一市不断完善合作机制。上海市体育局牵头, 联合江苏省体育局、浙江省体育局建立长三角体育产业合作框架, 成立协调领导小组, 实行定期会晤制度, 推动体育产业一体化发展。一系列政策文件为区域体育产业一体化发展提供了制度保障。2018 年, 体育产业协作会签订五方协作协议, 确保具体项目协调有序落实。2019 年, 三省一市体育局联合出台《长三角地区体育产业一体化发展三年行动计划 (2018—2020 年)》, 作为长三角地区体育产业一体化发展路线图。2020 年, 三省一市体育局联合印发《长三角地区体育一体化高质量发展的若干意见》《长三角地区汽车运动产业发展规划 (2020—2025 年)》等, 意味着长三角地区体育产业一体化发展机制进一步完善。2021 年, 三省一市体育局审议通过了《长三角地区体育产业一体化发展规划 (2021—2025)》, 签订《长三角地区体育产业协作协议 (2021—2025)》, 长三角地区体育产业协作迈入高质量一体化新阶段。2020 年以来, 长三角地区围绕 O-TOUR 中国长三角定向越野巡回赛、不止骑·24H 单车环太湖认证赛、环太湖国际公路自行车赛、杭州马拉松等15 个重点项目开展合作, 在创新体育比赛举办方式、扩大区域体育品牌活动影响力、加强一体化平台建设等方面取得了重要进展。这些努力推动了区域内体育运动资源共享、体育产业信息互通、体育合作平台共建、体育市场业务共拓, 使长三角体育产业协作进入高质量一体化新阶段。

3. 粤港澳大湾区: 以品牌赛事为核心, 促进区域协调

自 2003 年广东省体育局、香港特区政府民政事务局和澳门特区政府体育局共同签署《粤、港、澳体育交流与合作协议》以来, 粤港澳大湾区聚焦体育赛事活动, 加快促进体育产业协作。2019 年《粤港澳大湾区发展规划纲要》明确提出共同推进大湾区体育事业和体育产业发展, 联合打造一批国际性、区域性品牌赛事。目前, 粤港澳每年举办的大型体育赛事和交流活动达 40 多项, 参赛人员超过 5 万人次, 省港杯足球赛、粤港杯篮球赛等品牌赛事蓬勃发展。粤港澳共同承办 2025 年第十五届全运会为粤港澳大湾

区体育产业协调发展提供新契机。2021年9月，国务院正式复函同意粤港澳共同承办2025年第十五届全运会，这是中央支持港澳经济社会发展、推进粤港澳大湾区建设的重大举措，也是粤港澳大湾区首次作为一个整体承办大型综合性体育赛事，对于发挥"一国两制"政策优势、推动区域产业协同发展、促进民族文化认同具有重要意义。区域内协作助推大湾区体育产业协调发展。2023年11月，广东省体育局与肇庆市人民政府签订共建粤港澳大湾区运动之城合作框架协议，实施体育产业品牌工程，打造市民身边"十分钟健身生活圈"，发展户外运动、露营、体育会展业态，为大湾区体育产业协同发展提供机制保障。

4. 成渝地区：规划引领，双城融合发展构建增长极

2020年1月，中央财经委员会第六次会议提出，要推动成渝地区双城经济圈建设，在西部形成高质量发展的重要增长极。2020年4月，川渝体育部门以"云签约"方式，达成战略合作框架协议，拉开成渝体育融合发展的序幕。此后，成渝地区举办体育高峰论坛，召开川渝体育深化融合发展推进会，签署《川渝体育深化融合发展施工图》。2021年2月，重庆市体育局与四川省体育局、成都体育学院共同签署了《成渝地区双城经济圈体育产业协作协议》，形成"一省一市一院"的合作机制，两地常态化召开川渝体育产业协作会。2021年，两省市体育行政部门共同发起成立"成渝体育产业联盟"，签署《关于促进成渝地区双城经济圈建设合作协议》，召开川渝体育产业协同座谈会等。成渝体育产业协调发展以规划为引领，统筹推动。2023年，四川省和重庆市共同发布《成渝地区双城经济圈体育产业一体化发展规划（2023—2025年）》，明确了未来发展目标和路径。规划提出，统筹发挥重庆、成都两个国家中心城市的引领作用，建设全国体育产业发展创新改革高地、区域体育产业协作高水平样板和世界级户外运动目的地。到2025年，将形成多中心、多层级、多节点的区域体育产业增长极网络，体育产业总规模力争达到4200亿元，体育产业增加值占两省市GDP之和的比重达2%，人均体育消费支出超过2300元，为成渝地区体育产业协调发展提供了清晰的发展蓝图。

二 重点区域体育产业协调发展动态观瞻

（一）京津冀地区冰雪产业崛起引领新格局

京津冀地区体育产业虽然总体规模相对较小，但呈现稳步增长态势，特别是在冰雪产业带动下展现出巨大发展潜力。2021年，京津冀体育产业增加值为1188.7亿元，同比增长12%，占全国的9.7%，尽管低于长三角、粤港澳大湾区，但略高于成渝地区，表现出一定的发展潜力。一是北京市体育产业增加值占比下降。据《北京统计年鉴（2023）》最新数据，2021年北京市体育产业增加值为340.1亿元，占GDP比重为0.83%，低于全国1.1%的平均水平，反映出北京产业结构的多元化特征。与2020年相比，2021年北京市体育产业增加值增加了30.8亿元，增幅达10%，但体育产业增加值占GDP的比重下降了0.03个百分点。二是天津市体育产业增速最快，但规模仍需提升。2021年，天津市体育产业总规模为704.7亿元，增加值为196.1亿元，占当年全市GDP的比重为1.3%。[①] 与2020年相比，天津市体育产业总规模和增加值分别增加28.3%和15.8%。三是河北省凭借冰雪产业优势，成为区域体育产业增长引擎。2021年，河北省体育产业总规模为1857.6亿元，增加值为652.5亿元，同比增长12.3%[②]，占全省GDP的比重为1.6%。值得注意的是，2022年河北省冰雪产业总规模为587.1亿元、增加值为220.3亿元，分别占河北省体育产业总规模和增加值的31.6%和33.8%[③]，充分体现了冬奥会后冰雪经济的持续效应。

---

① 《天津市体育局 天津市统计局联合发布2021年天津市体育产业总规模及增加值数据的公告》，天津市体育局网站，2023年4月27日，https：//ty. tj. gov. cn/zwgk_ 51582/zwxxgk/fdzdgknr/tjxx/202304/t20230427_ 6217893. html。
② 《河北省体育局 河北省统计局关于联合发布2021年河北省体育产业总规模与增加值数据的公告》，河北省体育局网站，2022年12月2日，https：//sport. hebei. gov. cn/tongzhigonggao/2022/1202/19618. html。
③ 《河北省体育局 河北省统计局关于联合发布2022年河北省冰雪产业总规模与增加值数据的公告》，河北省体育局网站，2023年11月4日，https：//sport. hebei. gov. cn/m/view. php? aid =22377。

京津冀三地体育产业结构呈现明显的差异化特征，反映了各自的产业定位和发展战略。北京以体育服务业为主导，天津体育服务业与制造业并举，河北省体育建筑业占比明显高于京津地区。一是北京市重点发展体育服务业。2021~2023年，北京体育服务业优势显著，体育服务类企业在体育市场中的占比保持在95%，与北京作为全国政治中心和国际交往中心的定位高度契合，有利于发展高端体育服务和体育文化产业。① 二是天津市体育服务业和体育制造业并驾齐驱，体现出均衡发展的特点。2021年天津市体育服务业总规模和增加值分别为347.2亿元和144.1亿元，分别占天津市体育产业总规模和增加值的49.3%和73.5%；体育制造业总规模和增加值分别为340.2亿元和48.09亿元，占比分别为48.3%和24.5%。② 这种结构反映了天津作为北方重要港口城市的产业特色，既发展制造业，又注重服务业升级。三是河北省体育服务业、体育制造业和体育建筑业分布较为均衡。据河北省体育局和统计局数据，2021年河北省体育服务业、体育制造业和体育建筑业规模分别为797亿元、584.3亿元和476.3亿元，分别占体育产业总规模的42.9%、31.5%和25.6%。2020~2021年，河北省体育服务业、体育制造业和体育建筑业增加值分别从384.6亿元、110.4亿元和86.9亿元增至428.6亿元、128亿元和95.9亿元，增速分别达11.4%、15.9%和10.4%。③ 值得注意的是，河北省体育建筑业增加值占比明显高于京津，这与河北省承接2022年冬奥会场馆建设密切相关，也为未来体育基础设施的持续完善奠定了基础。

（二）长三角地区三省一市体育产业发展全国领先

长三角地区作为中国经济最活跃的区域之一，体育产业发展水平全国

---

① 《年均消费规模超700亿元，"双奥城市"体育产业活力更旺》，北京日报客户端，2024年7月24日，https://xinwen.bjd.com.cn/content/s66a083a4e4b0e75a1b8f49e8.html。

② 《天津市体育局 天津市统计局联合发布2021年天津市体育产业总规模及增加值数据的公告》，天津市体育局网站，2023年4月27日，https://ty.tj.gov.cn/zwgk_51582/zwxxgk/fdzdgknr/tjxx/202304/t20230427_6217893.htm。

③ 《关于联合发布2021年河北省体育产业总规模与增加值数据的公告》，河北省体育局网站，2022年12月2日，https://sport.hebei.gov.cn/tongzhigonggao/2022/1202/19618.html。

领先，体育产业已成为推动区域经济转型升级的重要力量。2022年长三角地区三省一市体育产业总规模达到13767.76亿元（其中安徽为2021年数据），占全国的41.7%，充分体现了该区域在全国体育产业中的核心地位。2022年上海市体育产业总规模达1862.58亿元，增幅为7.18%[①]；增加值为640.45亿元，占长三角体育产业增加值比重为13.89%。作为国际大都市，上海在高端体育服务业和体育赛事运营方面具有独特优势。长三角地区中，江苏省体育产业规模最大，2022年江苏省体育产业总规模达5963.68亿元，比上年增长5.5%[②]；增加值为2026.98亿元，占长三角比重为43.97%。江苏的领先地位体现了其在体育制造业和服务业中的全面优势。浙江省体育产业总规模为4648亿元，同比增长8.8%[③]；增加值为1444亿元，占长三角比重为31.33%。浙江在体育用品制造和体育电商方面表现突出。2021年安徽省体育产业总规模为1293.50亿元，同比增长9.4%；增加值为498.30亿元，占同年长三角比重为10.81%（见表1）。安徽省体育产业虽然总量相对较小，但增速最快，显示出巨大发展潜力。

表1 2022年长三角地区体育产业总规模和增加值情况

单位：亿元，%

地区	体育产业总规模		体育产业增加值		
	总规模	在长三角占比	增加值	在长三角占比	增加值占GDP比重
上海	1862.58	13.53	640.45	13.89	1.40
江苏	5963.68	43.32	2026.98	43.97	1.65
浙江	4648.00	33.76	1444.00	31.33	1.86
安徽	1293.50	9.40	498.30	10.81	1.16
合计	13767.76	100.00	4609.73	100.00	—

资料来源：上海市体育局、江苏省体育局、浙江省体育局、安徽省体育局（安徽为2021年数据）。

---

① 《2022年度上海市体育产业统计公告》，上海市体育局网站，2023年12月18日，https：//tyj. sh. gov. cn/mlghcyfg/20231226/6c0ae6ecfbbb4eb4b2203f5a1950c5a7. html。

② 《2022年全省体育产业规模及增加值数据的公告》，江苏省体育局网站，2023年11月22日，https：//jsstyj. jiangsu. gov. cn/art/2023/11/22/art_79626_11077952. html。

③ 《连续三年增长！2022年浙江体育产业总产出4648亿元》，浙江省体育局网站，2023年11月30日，https：//www. sport. gov. cn/n14471/n14482/n14519/c27072959/content. html。

　　长三角各省市体育产业结构呈现差异化和互补性特征，反映了区域协同发展的战略布局。聚焦区域内各省市发展重点，上海以体育服务业为主导，江苏体育服务业和制造业几乎各占一半，浙江体育制造业更为发达，安徽正由体育制造业向体育服务业转型。上海市体育服务业占比略有提高，体育制造业、体育建筑业占比略有下降。2021年，上海市体育服务业、体育制造业和体育建筑业规模分别为1393.54亿元、319.61亿元和24.65亿元。[①] 2020~2021年，上海市体育服务业规模占体育产业总规模比重从79.68%升至80.19%，体育制造业占比从18.80%下降至18.39%，体育建筑业占比从1.52%降至1.42%。这一结构变化反映了上海向高端体育服务业转型的战略方向。江苏省体育制造业与体育服务业均衡发展，产业结构基本保持稳定。2021年，江苏省体育服务业、体育制造业和体育建筑业规模分别为2899.4亿元、2628.9亿元和124.5亿元。[②] 2020~2021年，江苏省体育服务业规模占体育产业总规模比重从51.20%略增至51.29%，体育制造业占比从46.60%略降至46.51%，体育建筑业占比2.2%，保持不变。这种均衡结构既保持了制造业优势，又体现了服务业升级的趋势。浙江省体育制造业优势突出，体育服务业潜力巨大。2021年，浙江省体育服务业、体育制造业和体育建筑业规模分别为1380.51亿元、2806.33亿元和85.2亿元。[③] 2020~2021年，浙江省体育服务业规模占体育产业总规模比重从40.00%下降至32.32%，虽有下降，但在电子商务等新兴领域仍有巨大发展空间；体育制造业占比从57.30%上升至65.69%，体现了该省在体育用品制造领域的强劲实力（见图1）。安徽省体育产业向服务业转型发展。2017~2019年，体育服务业规模占体育产业总规模比重从30.1%增加至48.6%，2019年占比超过体育制造业。《安徽省体育产业"十四五"发展规

①　《2021年度上海市体育产业统计公告》，上海市体育局网站，2022年12月9日，https：//tyj. sh. gov. cn/ggtz/20221209/0a74b78c6a5441258b5f73548e2182f0. html。
②　《2021年江苏省体育产业统计数据》，江苏省体育局网站，2023年2月14日，https：//jsstyj. jiangsu. gov. cn/art/2023/2/14/art_ 88193_ 10749164. html。
③　《2021年浙江省体育产业公报》，浙江省体育局网站，2023年1月16日，https：//tyj. zj. gov. cn/art/2023/1/16/art_ 1229251252_ 5055902. html。

划》显示，2020 年安徽省体育服务业增加值占体育产业增加值的比重超过 60%，显示出服务业主导的发展趋势。

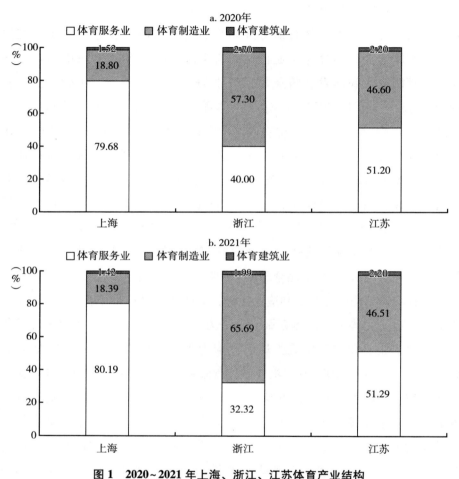

图 1　2020~2021 年上海、浙江、江苏体育产业结构

资料来源：上海、浙江、江苏三省市体育局。

（三）粤港澳大湾区体育制造业与服务业齐头并进

粤港澳大湾区作为中国参与全球竞争的战略性区域，体育产业呈现强劲的增长态势和均衡的结构优化趋势。考虑到数据的可获得性以及区域覆盖范围，本报告依照 2022 年研究口径，主要选取广东省体育产业数据，近似描述粤港澳大湾区体育产业发展状况。2021 年广东省体育产业总规模达 6258 亿元，同比增长 18.2%，体现了该区域在全国体育产业版图中的领先地位，体育产业增加值达 2081 亿元，占广东省 GDP 的 1.67%[①]，高于全国 1.07% 的平均水平。

根据 2023 年 11 月广东体育产业发展峰会发布的《广东省体育产业发展形势分析报告》，综合 2023 年前三季度数据预测，2023 年广东省体育产业总规模约为 7345 亿元，增加值约为 2343 亿元，同比分别增长 13% 和 10%。在第十五届全国运动会驱动下，预计未来两年将保持不低于 13% 的增速，并实现到 2025 年体育产业规模达 9000 亿元的目标。

产业结构方面，体育服务业与体育制造业齐头并进。2021 年广东省体育服务业规模为 3319 亿元，占体育产业总规模的 53.04%，比 2020 年提高 1.44 个百分点；体育制造业规模为 2698 亿元，占体育产业总规模的 43.11%，比 2020 年下降 0.55 个百分点；体育建筑业规模为 241 亿元，占体育产业总规模的 3.85%，比 2020 年下降了 0.89 个百分点。从增加值看，2021 年广东省体育服务业增加值为 1415 亿元，占体育产业增加值的比重为 68%，比 2020 年下降 0.1 个百分点；体育制造业增加值为 611 亿元，占比 29.4%，比 2020 年增加 0.4 个百分点；体育场地设施建设增加值为 55 亿元，占比 2.6%，比 2020 年下降 0.3 个百分点。这些数据体现了广东省体育产业链条的完整性和协同性。这种结构优化趋势不仅反映了产业升级方向，也展现了大湾区在体育消费与生产方面的综合优势。

空间布局上，以广州、深圳为核心的"一小时体育圈"正在形成，带动了竞赛表演、健身休闲、体育旅游等多元化产业集群的崛起。这种集群化发展模式有效整合了区域资源，提升了产业链的协同效应，为经济增长注入新动能。

---

① 《2021 年广东省体育产业总规模与增加值数据公告》，广东省体育局网站，2023 年 1 月 12 日，https：//tyj. gd. cn/bigdata_ tycy/content/post_ 4080524. html。

（四）成渝地区双城经济圈体育产业发展水平稳步提升

成渝地区作为中国西部体育产业发展的重要引擎，虽然在总量上与东部沿海地区尚有差距，但近年来呈现稳健增长态势。2022 年，成渝地区体育产业总规模为 2865.14 亿元，同比增长 8.02%，增加值为 1072.32 亿元，同比增长 7.21%。增长速度虽低于全国平均水平，但考虑到区域经济基础和发展阶段，仍展现出可观的发展潜力。四川省和重庆市作为成渝地区双城经济圈的核心，在体育产业发展上呈现不同的特征和优势。2020~2022 年，四川省体育产业总规模从 1734.02 亿元增至 2170.80 亿元，增幅达 25.19%；增加值从 648.02 亿元增至 792.70 亿元，增幅为 22.33%；体育产业增加值占当年 GDP 的比重从 1.33% 增至 1.4%（见图 2）。[①] 根据重庆市体育局、重庆市统计局数据，2020~2022 年，重庆市体育产业总规模从 541.33 亿元增至 694.34 亿元，增幅为 28.27%；增加值从 226.37 亿元增至 279.62 亿元，增幅为 23.52%[②]；体育产业增加值占当年 GDP 的比重虽然逐渐增加，但始终未超过 1%，低于全国平均水平（见图 3）。

产业结构方面，四川省呈现体育制造业占比上升、体育服务业占比下降的趋势，体现了四川在体育用品制造领域的优势正在强化。2020~2022 年四川省体育制造业占比持续攀升。相较于 2017~2020 年四川省体育服务业占比从 56.7% 到 67.5% 的快速增长，2020~2022 年四川省体育服务业占比不升反降，从 67.5% 下降至 64.3%。2020~2022 年四川省体育制造业占比从 20.6% 升至 23.2%。这一结构变化反映了区域产业政策的导向作用，尤其是随着成都金牛国家体育产业示范基地、四川领跑体育用品有限公司、西村大院体育综合体等多个国家级体育产业基地的落地，四川在体育制造业方面的竞争力有望进一步增强。特别是 2022 年，四川省争取中央和省级资金投入

---

① 《数据发布｜2022 年四川省体育产业统计公报》，搜狐网，2023 年 12 月 15 日，https：//www.sohu.com/a/744363061_ 121124699。

② 《2022 年重庆市体育产业总规模及增加值数据公告》，重庆市体育局网站，2023 年 11 月 8 日，https：//tyj.cq.gov.cn/zwgk_ 253/fdzdgknr/tjxx/202311/t20231108_ 12534523.html。

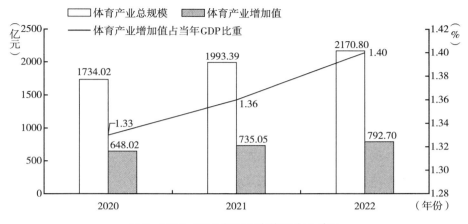

图 2　2020~2022 年四川省体育产业情况

资料来源：四川省体育局、四川省统计局《2020 年四川省体育产业总规模与增加值数据公告》、《2021 年四川省体育产业总规模与增加值数据公告》及《2022 年四川省体育产业统计公报》。

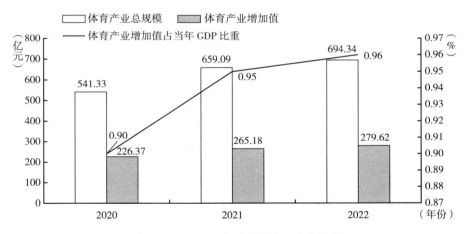

图 3　2020~2022 年重庆市体育产业情况

资料来源：重庆市体育局、重庆市统计局《2020 年重庆市体育产业总规模及增加值数据公告》、《2021 年重庆市体育产业总规模及增加值数据公告》及《2022 年重庆市体育产业总规模及增加值数据公告》。

6.5 亿元，主要用于全民健身场地建设、大中型体育场馆提升改造等，预计 2023 年体育建筑业产出有增加趋势。

169

相比之下，重庆市的产业结构优化呈现体育服务业占比总体上升、体育制造业占比下降的态势。2020~2022年，重庆市体育服务业规模占体育产业总规模的比重从55.3%提高至59.5%，体育制造业占比从37.3%下降至33.1%，体育建筑业占比基本保持不变，维持在7%左右。这种结构调整反映了重庆在推动体育消费、发展体育服务业态方面的政策倾斜和市场响应。

成渝地区体育产业尽管在总量和增速上与东部沿海地区存在差距，但区域特色和持续的政策支持，为未来实现跨越式发展奠定了基础。随着成渝地区双城经济圈战略的深入实施，两地体育产业的协同效应有望进一步显现，推动区域体育产业朝着更高质量、更加均衡的方向发展。

表2　2020~2022年四川省和重庆市体育产业各分项规模占总规模比重

单位：%

年份	地区	体育服务业	体育制造业	体育建筑业
2020	四川	67.5	20.6	11.9
	重庆	55.3	37.3	7.4
2021	四川	64.5	22.7	12.8
	重庆	59.7	33.3	7.0
2022	四川	64.3	23.2	12.5
	重庆	59.5	33.1	7.4

资料来源：四川省体育局、四川省统计局，重庆市体育局、重庆市统计局。

三　体育产业区域协调发展面临的现实困境

（一）产业结构同质化

体育产业在区域间呈现严重的同质化现象，尤以西部地区和特定业态为甚。同质化在体育健身行业和体育特色小镇等领域表现突出，表现为经营项目、市场定位和营销策略的高度雷同。以足球特色小镇为例，全国已超过30个，且众多运动休闲特色小镇亦包含足球项目，导致产品服务定位、运营模式同质化极为严重。这种同质化趋势忽视了区域分工的要求与区域经济协同发展的客观规律，引发重复建设、分散投资、资源配置低效等问题，严重制约体育产业区域协调发展。主要原因在于，一是战略规划定位不清，缺乏基于地区体育产业比较优势的顶层设计，规划及相关政策操作性不强；二是产业标准化程度低，部分业态缺乏全国统一标准规范，市场主体在无标准或达不到相关标准的情况下盲目进入某些领域，加剧业态结构同质化。

（二）产业市场割裂化

我国不同区域的体育产业合作联系较少，存在市场割裂现象。一是体育产业市场主体小而散。我国体育类企业以中、小、微型为主，仍然缺乏实力强、资产多、规模大的体育企业，体育企业集聚程度低。二是产品服务跨区域集群难形成。以体育竞赛表演为例，体育竞赛表演通常需要跨区域进行，主办方需要在不同省市得到批准，但在具体对接过程中往往难以突破行政区划壁垒，地方保护加剧市场分割。此外，企业自发性合作机制尚未建立，政府掌握多数优质体育产业资源，社会组织、企业之间缺乏合作载体。主要原因在于，首先，市场主体缺乏有效的融资途径。总体来看，多数地区体育行业发展资金依赖体育彩票业和体育用品业收入，而很多地区体育彩票业和体育用品业只能依靠传统的产品研发、市场销售等手段运营，经营产品市场占有率较低，难以为地区体育产业长远发展提供资金保障。其次，行政主导边界模糊，市场机制建设滞后，地方政府与体育产业社会组织"一套班子，两块牌子"现象仍然存在。

（三）空间资源孤岛化

中心区域对体育产业整体发展的辐射带动能力不足，甚至产生"虹吸效应"。以长三角地区为例，上海体育产业"一枝独秀"，对湖州、宣城等外围区域辐射带动不足。一方面，受地理距离影响，苏州、嘉兴与上海距离较近，与上海体育产业一体化发展状况较好。但反观湖州和宣城，与上海距离较远，上海大部分体育产品加工制造业被苏州吸收，使得处于辐射网络边缘的城市受到的溢出效应较弱。另一方面，在产业发展动能上，上海体育产业结构由多样化向高端体育服务业等单一化转变，在"沪苏同城化"作用下上海与苏州在高端体育服务业方面的一体化程度加深，而宣城、湖州等体育产业尚处于起步阶段城市的发展差距被不断拉大。主要原因在于，各地区博弈地位不对等，区域和产业政策中的利益协调机制缺位。在体育产业区域合作中，各地区所拥有的资源禀赋、经济实力和话语权存在差异，在市场自发合作模式下，利益分配必然倾向于话语权较大的地区。因此，需要区域和产业政策对战略性、前瞻性的区域利益协调机制做出安排。但现实情况是，区域间的战略合作往往浮于表面，要素资源流动性不足，长期缺乏针对各地区的利益协调机制，导致体育产业区域合作形式大过实质。

四　促进体育产业区域协调发展的建议

（一）聚焦体育产业区域协调发展内涵

体育产业区域协调发展既包括区域内体育产业与资源要素禀赋协调，也包括区域间体育产业分工合理、优势互补、共同发展。[①] 其具体内涵为"五大协调"。一是体育产业总量协调。理论上讲，区域体育产业增加值与当地经济发展水平、人口规模、消费水平等相适应，区域体育产业发展水平差距能够控制在合理范围内。二是体育产业结构协调。体育产业内部结构合理、发展特色突出，能够提供与区域资源禀赋相适应的体育产品和服务。三是体育产业空间布局协调。充分考虑市场需求和区际实际，实现中心区域与周边区域发展协调、区域体育产业功能分布协调，形成具有网络联系的产业集群。四是体育产业区域关系协调。区域间体育产业生产联系常态化，虽然存在区域竞争，但区域合作仍然是区域关系的主流。五是体育产业发展时序协

---

① 李海杰、张颖、王晨曦：《协调与均衡：区域体育产业一体化发展的新趋向——兼论长三角体育产业一体化的实施效应》，《沈阳体育学院学报》2023 年第 1 期。

调。体育产业发展存在先发地区与后发地区，通过促进先发地区产业要素向后发地区扩散，产业辐射带动功能将得到强化。

（二）统筹政府引导、市场调节与文化激励

一是政府引导机制。政府利用强有力的政策制度、完善的规划管理以及有效的行业支持等措施破除行政区域间体制机制障碍，整合各类资源，推动体育产业区域协调发展。二是市场调节机制。充分发挥市场在资源配置中的决定性作用，企业在竞争中不断被筛选、优化，市场良性竞争与未来产业需求增长趋势，将吸引更多优质企业加入产业链竞争，促进产业链网络结构不断完善与集群程度不断提升。三是文化激励机制。从本质上看，体育是一种既存文化形式，地区特色体育产业往往具有特定的文化背景。通过"文化兴体"，推广区域文化，推动传统体育类非物质文化遗产进入公众视野，提升特色体育知名度，激励区域体育产业特色化发展。

（三）锚定体育产业区域协调发展三大目标

体育产业区域协调发展，要持续锚定三大目标。一是优势驱动，特色发展。具有比较优势的区域能够依托本地体育资源发展区域特色体育产业，使要素资源禀赋丰富的区域实现特色化发展。二是区域互动，全面发展。体育产业更深地融入国家区域协调发展战略，主要区域重点体育项目辐射带动作用增强，各类体育要素合理流动、高效集聚，形成多中心、多层级、多节点的体育产业增长极网络，体育产业不合理区域差距持续缩小，区域体育产业全面发展。三是产业链联动，高质量发展。全球体育产业链、国家体育产业链、区域体育产业链实现联动发展。体育产业链从"强链—补链—延链"向"固链—稳链—优链"转型升级，形成高质量、集群化区域体育产业链格局。

（四）促进区域体育产业差异化融合协调

构建基于比较优势的体育区域协调发展战略。一是长三角地区体育产业

规模大、基础好，可进一步发展体育综合服务、体育制造等产业，将体育产业做大、做强、做精。二是京津冀地区基于区域联动模式，进一步打造国际高端体育赛事，扩大体育无形资产规模，依托北京冬奥会文化遗产、现有冰雪体育设施资源，进一步发展冰雪经济，壮大冰雪运动、冰雪文旅、冰雪项目培训等产业。三是粤港澳大湾区可依托对外开放优势，面向东亚、东南亚地区打造多元化赛事，打造体育制造、体育贸易的跨国合作样板。四是成渝地区可积极承接东部地区体育制造业转移，以体育制造业发展带动本地体育经济规模增长。五是东北、西北地区具有良好的冰雪资源，可进一步加强冰雪体育基础设施和配套建设，打造"冰雪+"特色体育产业。六是民族边疆地区可结合本地特色，发展民族体育赛事，打造"体育+民俗""体育+文旅"的融合发展模式。

参考文献

种国双等：《中国三大产业结构演进规律与发展趋势研究》，《科学管理研究》2020年第2期。

柳舒扬、王家宏：《新时代我国体育消费研究综述：进程、挑战与展望》，《体育学研究》2023年第6期。

王科茜、张涛、左丹：《基于共享经济视角的区域体育产业发展措施分析》，《产业创新研究》2023年第16期。

李海杰、张颖、王晨曦：《协调与均衡：区域体育产业一体化发展的新趋向——兼论长三角体育产业一体化的实施效应》，《沈阳体育学院学报》2023年第1期。

案 例 篇 ⟅

B.9
公共体育场馆运营难题的破解举措*
——以浙江省黄龙体育中心为例

摘　要： 黄龙体育中心是浙江省首座大型综合性体育场馆，杭州亚运会的主要承办场馆之一，也是杭州城市发展的见证者，浙江峥嵘体育的参与者，在运营管理及赛后利用方面形成了独到的"黄龙经验"。本案例深入剖析了黄龙体育中心的成功经验，聚焦黄龙体育中心如何通过规划前置、功能转换、多元经营、智慧赋能等多措并举，成功破解场馆赛后运营难题，实现经济效益与社会效益的双赢，为同类型场馆的运营和发展提供思路和借鉴。

关键词： 浙江省　公共体育场馆　场馆运营

2022 年，国家体育总局与浙江省人民政府签署了《关于支持浙江省体育领域高质量发展建设共同富裕示范区的合作协议》，推动浙江省体育产业

＊ 本案例由浙江省黄龙体育中心、华中师范大学提供。

高质量发展。其中，明确强调要构建更高水平全民健身公共服务体系，支持浙江省开展公共体育场馆开放使用综合试点，支持浙江省黄龙体育中心探索破解大中型公共体育场馆运营难题，推动公共体育场馆服务水平大提升。黄龙体育中心是浙江省首座大型综合性体育场馆，也是杭州亚运会的主要承办场馆之一，在运营管理及赛后利用方面形成了独到的"黄龙经验"。

一 基本情况

黄龙体育中心位于浙江省杭州市中心，地理位置优越，拥有多个现代化体育场馆和训练场地，设施一流，自2000年建成开放以来，就成为杭州市的地标性建筑。经过多年的发展，黄龙体育中心承办了大量国内外高水平体育赛事和文化活动，是浙江省重要的体育场馆群之一，具有较高的知名度和品牌影响力。黄龙体育中心立足杭州亚运会筹办及后亚运发展，积极实施亚运改造，高标准完成办赛任务，并在亚运会延期和亚运会完赛后率先实现了场馆的全面惠民开放。黄龙体育中心年均接待健身群众121.29万人次，举办赛事活动120场以上，其中公益性活动60场以上。中心还积极探索场馆的多元化经营和赛后利用，以体为主、多元发展，2023年实现经营性收入1.88亿元，2020~2023年实现营收连续增长，实现了经济效益和社会效益双丰收。

二 主要做法

（一）设计规划前置，降低改造难度

黄龙体育中心为提升后亚运时期场馆利用水平，在推动场馆功能改造的过程中，充分考虑了赛后长达20年的运营需要，提前制定场馆改造规划，降低场馆赛后改造难度。主要举措包括三个方面：一是抢抓规划契机，预留发展空间。场馆改造期间，经过多方努力，中心各地块指标均纳入所在区域控制性详细规划，争取到未来发展建设地上建筑增量空间13万平方米。气

膜馆地块建设项目顺利完成概念性方案设计及项目建议书，为未来谋篇布局奠定了坚实基础。二是强化便捷设计，助力灵活改造。中心比赛场地的设计充分考虑赛后功能转化和场馆变身的需要，通过强化便捷设计，降低了赛后改造的难度。如中心在游跳馆的改造方面，通过采用国际先进的拼装式泳池设计，助力场馆赛时保障与赛后运营需要的完美兼容。三是开发边角空间，缓解场地供需矛盾。为更好满足场馆赛后全民健身需要，中心在改造过程中高度重视对场馆金边银角的利用，努力拓展全民健身空间。如中心利用体育场配套用房的屋顶改造的 1000 米空中环道，成为最受周边居民欢迎的健身场所。

（二）赛后转换功能，及时对外开放

为持续放大亚运效应，用足用好亚运遗产，中心多措并举，推进场馆综合利用，全力答好"赛后利用"这一必答题。一是筹办亚运与惠民开放双线并行。在亚运保障期间，中心克服多线作战、人力紧张等困难，通过调整场馆开放时间、科学设置封闭线等方式，将非竞赛场馆能开尽开，最大限度保障亚运期间市民日常健身需求，共开放 6 处健身项目，实现了场内"大赛"与场外"小赛"的协同发展，日均接待健身群众 5000 人次，成为唯一一个"边办赛边开放"的场馆。二是赛时与赛后功能转换无缝衔接。为兼顾赛时功能与赛后运营需要，中心共投入 10.6 亿元实施亚运场馆改造，打造了 3 个可承接国际大赛的专业场馆，拓展了 2 万平方米全民健身空间，形成了 5 万平方米商业可开发面积，建成了一座展示浙籍奥运冠军文化的精神堡垒，场馆硬件基础得到了全面改善，实现了从赛时服务到赛后充分利用的华丽转身。如中心在亚运会后及时对水球比赛场地进行了"换装"，将原先的拼装式泳池转化为 8 片羽毛球场和 1 块篮球场，有效提高了空间使用效率。

（三）以场馆为依托，开展多元化经营

自开展实体化运营以来，中心深入挖掘场馆资源，不断寻找跨界融合发

展的结合点,增强场馆的延展性和可塑性,积极开展多元化经营,取得了良好的经济效益。一是依托现有场馆资源,实现多业态联动发展。场馆是体育产业的发展依托。发展公司充分发挥场馆优势,不断延伸拓展经营业务范围。目前,发展公司旗下陆续成立多家子公司,涵盖场馆经营、体育培训等体育本体业务,也包括建投公司、科技公司等延伸产业,各业务板块之间紧密配合,形成较为完整的体育产业生态链,推动公司稳步向好发展。同时,发展公司紧抓市场消费拐点,利用积累的办赛经验,主动争取资源,积极推动商业演出、会展活动落地,不仅提高了场馆的利用率,还大幅提升了经营收入。二是立足优势业务,不断开拓新市场。以委托运营、管理输出、合作运营等方式对玉环分中心、"天空之城"体育馆等全省多个场馆输出黄龙经验和标准,黄龙智慧场馆系统服务已覆盖省内近 70% 的大中型体育场馆。发展公司积极推动更多委托项目落地,不断扩大省内外智慧场馆系统业务覆盖面,以自身发展带动全省乃至全国体育场馆行业共同发展。三是积极服务社会,展现国企担当。亚运会期间,发展公司及下属场馆运营、建设咨询、智能科技等子公司通过集中优势资源,为亚运保障服务贡献"黄龙力量",充分彰显国企社会责任担当。中心与发展公司紧密配合,利用专业优势,在一系列省级标准制定、人才队伍培育与输送等方面贡献重要力量,助力全省体育产业发展能级提升。目前,发展公司已成为浙江省门类最齐全的体育产业公司,实现反哺体育事业发展,展现公司化运作所释放的活力与生机。

(四)数智赋能驱动,有效辅助决策

中心以"省内样板,全国领先"为目标,打造集信息化、智能化、数据化于一体的高端智慧场馆新标杆。具体而言,一是"以数治体"引领智慧化标准与实践。中心在国内率先垂范,积极践行"智能亚运"理念,对场馆进行全方位智能化升级,尤其是"智慧场馆大脑"系统的持续迭代,已成功实现中心内所有地域的专业设备、系统及人员状态的"数字孪生",显著提升了场馆运维管理的协同效率与精准度。此外,中心制定并推广《大中型体育场馆智慧化建设和管理规范》,并深度参与国家《智慧体育场

馆建设指南》的编制工作，为体育场馆行业的智慧化转型树立了权威标准。二是"以数创新"激发场馆效能提升。中心不断升级智能硬件，成功实现节能减排、降本增效，如游泳场在引入了无人值守闸机、人脸识别设备等智能硬件后，管理人员较之前平均减少7个工作环节、节约7分钟，客户平均每次消费可节约8分钟，而且通过大数据分析，游泳场将儿童游泳培训的时间从以前的全天调整至下午4：30～6：00，大幅提升了教练的培训效率。同时，中心同步升级移动端系统，"动感黄龙"小程序已集成场地预定、培训、赛事活动、体质监测等快捷服务，满足群众运动健身新需求。同时，中心引入"子弹时间""5G+AR""AI拍机"等智能设备，进一步提升消费者沉浸式互动体验。三是"以数为民"赋能服务精准化与个性化。中心支持旗下浙江省黄龙呼啦网络科技有限公司（以下简称"呼啦公司"）自主研发智慧场馆管理系统，构建了覆盖赛事服务、票务管理、场馆导航、互动体验等多元需求的数字化服务平台。通过深度挖掘与分析大数据，精准把握市场需求与观众偏好，为赛事策划、场馆运营及营销策略制定提供了强有力的数据支撑，实现了服务的深度个性化与精准化。此外，中心还在培训项目中植入训练状态实时分析技术，家长能及时了解学员状态，教练员也能及时调整训练方案。目前，呼啦公司已服务浙江、福建、安徽、江西、重庆、广东、山东、贵州等10个省市的近100家大型体育中心、500个体育场馆。

三　未来展望

"黄龙经验"成功的关键在于，在确保场馆公益属性的同时，积极探索与市场需求相适应的管理模式，通过功能改造、管理创新、品牌建设、多元化经营、数智化转型等方式，最终达到场馆资源的高效配置与可持续发展目标。这为同类型场馆提供了宝贵的经验启示与未来发展方向。随着体育消费市场的逐步恢复、行业竞争加剧，场馆运营管理和开发利用面临更大的挑战。因此，必须不断探索与市场需求相契合的发展路径，强化品牌建设，提升市场竞争力，共同应对行业挑战，开辟场馆发展的新局面。

B.10
体育消费点燃乡村活力*

——以贵州"村超"为例

摘　要：　随着居民体育需求的日益旺盛，以及体旅融合的进一步发展，贵州"村超"近年来"爆火"出圈，在社会上引发了极大的关注，吸引大量游客前来观赛，多名世界级球星现身"村超"现场和球迷们互动，"村超"的火爆推动了体育消费和投资，极大地拉动了当地的经济发展。在未来，"村超"将持续发挥作用，拉动当地餐饮、旅游等发展，不断扩大农产品的线上线下消费市场，同时创造就业岗位，最大化发挥"村超"对乡村体育消费的引领作用。

关键词：　贵州"村超"　体育赛事　体育消费　乡村振兴

为贯彻落实 2024 年"中央一号文件"及省政府工作报告"支持市（州）重点打造 1~2 项群众性文体赛事活动，加强'村超''村 BA'等活动服务配套"的要求，贵州"村超"通过将赛事经济与当地特色文旅结合，积极带动了当地旅游业、文娱产业、零售业以及房地产业大力发展，赛事赋能经济，推动了贵州区域经济的发展。"村超"在贵州的兴起，不仅带动了体育消费的增长，还显著促进了当地经济的发展。比赛期间，大量观众的到来为餐饮、住宿、交通等行业带来了商机，推动了乡村经济的繁荣。此外，随着赛事的普及，相关的休闲产业如体育旅游和观光农业也逐渐兴起，吸引了外地游客，进一步拓展了乡村的经济来源。"村超"不仅是一个体育赛事，更成为贵州乡村振兴和消费升级的重要推动力。

＊　本案例由贵州省体育局提供。

一　基本情况

"村超"的举办拉动当地旅游、餐饮、住宿、文创、农特产品等行业实现快速发展。自 2023 年 5 月贵州"村超"足球赛开赛以来，榕江县吸引了中国各地乃至海外游客前往观赛游玩。当地也发挥零工市场、夜市摊位和劳务品牌的主体优势，促进劳动力就业增收，促进当地"村经济"蓬勃发展。2023 年 5 月举办"村超"以来，榕江县新增市场主体 2582 户；县城餐饮业营业额达 4.82 亿元，带动夜间消费 4.48 亿元；新增 56 家住宿业市场主体，床位数增加超 10000 个，比赛日入住率 100%；农产品线上线下销售额 6.26 亿元；主营蓝染、蜡染、刺绣和民族服装等的 6 家精品店销售额 1700 万元；农产品网络零售额 4747.99 万元；总计带动当地 8000 多人就业增收。"村超"为当地的乡村振兴注入了新的发展活力。2024 年 3 月 16 日起，"村超"正式开启总决赛。榕江县以"村超"为引领，打造"超好玩""超好住"等"体育+经济"的"超品牌"，搭建"村超美食小吃一条街"，规划近千个免费摊位，为"村超"观赛民众提供餐饮美食、农特产品销售等服务，不断延伸"村超+"的产业链条，持续带动县域经济发展，促进乡村振兴。

二　主要做法

（一）厚植群众基础，注重全民参与

"村超"全称为榕江（三宝侗寨）和美乡村足球超级联赛，源自拥有 80 多年传承史的榕江足球，从队伍组织、赛程安排到节目表演、奖品奖励等环节，均由村民主导。参赛球员没有年龄和职业的限制，观众也不需要购买球票，这仅是人们在农闲之余富有精神追求的行为，是日常生活模式的组成部分，充分融入了当地群众的生活体验以及对娱乐的追求。不足 40 万人

口的山区小县却有 5 万人会踢足球，体现了深厚的群众基础。此外，"村超"自身拥有的民族体育、休闲体育、世界性与全民性的属性特点，结合黔东南西江千户苗寨、肇兴侗寨、镇远古城、青龙洞、加榜梯田等各种人文景观与自然景观，突出黔东南多民族文化属性，将民族体育、舞蹈、音乐、服饰等与现代各种艺术要素结合，满足了人们对不同民族文化审美的需求，与游客的避暑休闲娱乐需求完美契合，让每个人都可以在"村超"活动中感受到快乐，实现了和谐发展。

（二）政府积极引导，推动市场化发展

榕江充分汲取以往政府主导的经验教训，在"村超"赛事组织上，从赛事发起、赛程安排、晋级规则到节目表演的整个流程，完全由群众自发组织、决定、实施。同时，榕江以和美城乡"四大行动"为抓手，将"城镇精致管理、农村环境整治、文明新风倡导、法治教育普及"与民族文化、体育文化、经济发展等融合起来，专门规划建立夜间经济集聚街，设置烧烤区、小吃区等数千个临时免费摊位等，并且设计了"超级星期六足球之夜"满足不同时间需求的游客。政府的支持和引导保证了"村超"的安全、有序开展，推动了"村超"持续带动经济增长。

（三）发挥群众力量，扩大媒体宣传

榕江以国家"互联网+"农产品出村进城工程试点县建设为契机，大力发展新媒体，面向非遗传承人、返乡创业青年、易地扶贫搬迁群众、留守妇女等，开展短视频直播培训，让更多关注赛事的人为赛事的宣传推广做出贡献，由此孵化了短视频账号 1.2 万余个和本地网络直播营销团队 2200 余个，庞大的新媒体人才军团、成千上万条视频成就了社交平台上的现象级传播，为"村超"出圈提供了强大支撑。同时，通过央媒、网红，以及隔空喊话足球圈名人参与话题、到活动现场来，成功借力名人效应推高了活动热度和影响力，进一步推动了"村超"经济增长。

（四）促进流量共享，带动周边经济

"村超"火爆的"流量"，带来了堪比全球顶级赛事的入座率和 5 万名现场观众。榕江县政府通过积极与从江、荔波、黎平等周边县市政府沟通协调，达成"村超流量大家在共享，同时榕江的短板大家一起在帮我们补"的共识，有效解决了广大球迷朋友的食宿和接待等问题。此外，为方便更大范围球迷来现场看球，贵阳在高铁之外，还开通了直达榕江的客运班车，使周末短途游玩更为便捷。流量共享的发展理念，持续释放的"村超"能量，促进了区域内交通、旅游、餐饮等行业的兴旺，让更多地区和百姓从"村超"中受益。

三　下一步举措

（一）坚守初心整合资源，丰富产品供给

"村超"保持赛事的民间性、乡土气，减少赛事组织、参赛队伍、参赛人员及赛事规则、活动奖品等方面的政府参与，政府部门做好配角，以支持、引导、服务和确保赛事期间安全为主。在发展形势和内容上，深度挖掘贵州特色民族文化，丰富赛事活动内容，为"村超"等注入源源不断的新鲜感，进而形成越来越多的"体育+民族文化"特色品牌，持续为贵州中国式现代化建设注入"超"能量。通过整合优势资源，丰富产品供给，吸引更多的观众和参赛选手，推动"村超"持续发展，促进区域经济增长，为贵州乡村振兴增添发展新动能。

（二）发展特色资源，打造"村超"产业链

黔东南属于多民族聚居地，仅榕江就有苗、侗、水、瑶等十多个少数民族，以及侗族大歌、侗族琵琶歌等世界级和国家级非物质文化遗产十多项，民族特色文化、生态环境及产业资源丰富。一方面，通过"村超"赛事，

立足特色资源，着力打造"体育赛事+乡村旅游+传统文化+全民健身"多元融合发展的品牌体育赛事活动，推动体育与农业、商业、文化旅游等产业深度融合，为县域经济赋能。另一方面，积极推动有实力的"足球"配套产品生产企业、销售商家等落户榕江，推动体育赛事和民族特色融合发展，积极引进城市文创人才入乡创业，加大"超"主题文创潮品研发力度，形成一条围绕足球的特色产业链条，持续推动经济发展。

（三）聚焦"体育+"新需求，保障长久发展

聚焦"体育+"系列活动衍生的新需求，着力补齐榕江体育设施建设的短板弱项，以优质的赛场、便捷的交通吸引更多足球爱好者参与"村超"。聚焦游客"吃、住、行、游、购、娱"需求中的短板弱项，着力提升住宿餐饮、城乡道路、停车场、商贸服务设施、新型基础设施等综合承载能力，构建"平赛结合"的城市公共服务设施体系。谋划一批"体育+"主题项目，鼓励和引导民间资本、投资机构等参与建设、运营，打造有体育特色、有带动力的商圈，促进本土特色资源、商业资源盘活，丰富消费业态，以完善的城市功能和良好的城市品质吸引游客、留住游客。

（四）打造良好口碑，确保良好消费环境

持续加强对酒店、民宿等住宿行业的价格监管，对于预订民宿未留房、加价出售、线上平台下单酒店要求游客"补差价"等违约、毁约现象，市场监管部门要及时介入调查，在第一时间进行处罚并反馈给消费者，要严厉处罚网约车、出租车临时加价行为。加强对零售商店、餐饮店、旅游纪念品商店等的监管，严厉打击多收费、不按标价收费等宰客行为。健全舆情监测系统，及时关注游客"吐槽类""消费维权"等信息，要在第一时间处理并及时反馈给消费者。以规范化的消费环境，促进"超"经济的持续稳定健康发展。

四　未来展望

"村超"赛事对经济强劲的拉动作用扩大了国内需求，积极发挥体育赛事综合效益，进一步促进体育与商务、文旅深度融合发展，充分释放消费潜力。未来，应使体育赛事真正活跃在人民身边，为人民群众提供更加丰富多元的舞台，获得更强的参与感和幸福感。在全民健身战略发展的新阶段，应进一步深化和拓展赛事经济带来的综合效应，通过提升赛事质量和规模，打造地方特色品牌，吸引观众和赞助商以增加收入。结合旅游资源，开发观赛旅游套餐，带动服务业发展。通过体育项目为群众提供就业创业机会，利用互联网、大数据等科技手段提高运营效率，扩大赛事影响力。这样，"村超"不仅能推动体育产业发展，还能带动乡村振兴，实现经济社会高质量发展。

B.11
"体育+"推动乡村振兴新模式*
——以浙江金华"体育+"特色村（居）建设模式为例

摘　要： 近年来，浙江省金华市通过优化政策生态系统、构建标准化体系、增进学习与交流、实施综合提升工程等措施，成功推进"体育+"特色村（居）建设，创建了一批因地制宜的特色村（居）。这些村（居）布局多个优势运动项目，推动休闲旅游、田园休闲、传统文化与体育元素深度融合，延长产业链条，盘活资源，促进村村互联和城乡互动，为乡村振兴注入新动能。此外，金华市注重"人""钱""地"三要素的盘活，带动村民和优秀人才参与，确保项目资金稳定，合理利用土地资源。金华市的成功经验在全省推广，并为全国乡村振兴提供新灵感，展现了体育与乡村深度融合的广阔前景。

关键词： "体育+"特色村（居）　乡村振兴　浙江金华

《体育强国建设纲要》明确提出，探索发展乡村健身休闲产业和建设运动休闲特色乡村。浙江省认真贯彻中央指示及政策文件，为打造"体育+乡村"产业，赋能乡村振兴，带动区域经济发展，逐步探索将体育活动和体育品牌深度融入乡村旅游规划。浙江省金华市体育局以冷水镇小章村利用废旧厂房建成气排球场，引进全国首届"快乐气排球"赛事后一炮而红为灵感，构建"体育+"特色村（居）的新发展模式，赋能乡村旅游发展，不断探索体旅融合新方式。

---

* 本案例由浙江省金华市体育局提供。

一　基本情况

2015 年小章村声名鹊起，仅半年就先后承办各类体育赛事 21 场次，吸引近万名参赛运动员、体育爱好者，接待游客 10 余万人次。金华市体育局从中敏锐洞察到促进乡村振兴与体育融合发展的良机，以体育为主题，打造特色村（居），大力推动金华市乡村经济发展。2016 年，金华市体育局出台相关政策文件，鼓励"体育+"特色村（居）经济发展，小章村仅承办县级以上体育赛事活动就达 83 场次，吸引游客 4 万余人，实现收入 350 万元，户均净利润超过 3 万元，较以往传统农业收入增加 2 倍以上。经过 8 年的发展，到 2024 年全市已创建"体育+"特色村（居）74 家，总投资达 28.18 亿元，吸引社会资本投入约 12 亿元，建设完成气排球馆、门球馆、足球场、武术馆等体育场馆 60 余个，共带动乡村增收 2.41 亿元，新增就业岗位 3824 个。浙江金华"体育+"特色村（居）的相关经验在全省乃至全国范围推广传播，为乡村振兴提供新灵感、赋予新动能。

二　主要做法

（一）优化政策生态系统，强化顶层设计

金华市体育局首先与上海体育大学联合建立"体育+"特色村（居）创建研究基地，邀请专家学者深入调研、总结经验，为"体育+"特色村（居）政策制定厘清脉络。其次制定《金华市"体育+"特色村（居）创建办法》，廓清了"体育+"特色村（居）的建设要求、培养方向等内容，为"体育+"特色村（居）健康发展提供了系统性指导。然后为了鼓励其他具有体育特色和体育群众基础的村（居）积极参与，制定了《金华市体育产业发展专项资金管理办法》，规定对创建成功的单位给予一定的资金奖励。

用科学合理的政策助力"体育+"特色村（居）项目的发展，既推动了金华市的经济发展，又促进了乡村振兴。

（二）构建标准化体系，奠定坚实基础

2019 年 1 月，浙江省标准化协会为执行单位，省标准化委员会、中国计量大学标准化学院共同参与完成的全国首例《"体育+"特色村（居）管理与评价规范》正式发布。该评价规范结合了"体育+"特色村（居）创建工作实际，重点赋予"带动地方经济消费、创造就业岗位、有核心运动休闲项目"等刚性评价指标和分值，明确了基本要求、运营管理、结果效益、安全保障 4 个大项，经济效益、社会效益、信息宣传、经费保障等 12 项具体评价指标，引导"体育+"特色村（居）创建工作走向专业化、差异化和科学化之路。

（三）增进学习与交流，驱动创新发展

金华市体育局多次组织专题会、现场会、外出考察研讨会，学习国家级、省级运动休闲小镇建设经验，宣传推动村（居）创建。召开"体育+"特色村（居）现场推进会，解读相关政策，以便各层级形成对"体育+"特色村（居）建设的正确认识，提高工作热情，形成体育振兴乡村的内生动力。同时，总结推广优秀村（居）的建设理念、运营思路，梳理村（居）发展思路，避免一哄而上、同质化竞争。

（四）实施综合提升工程，推动高质量发展

为促进"体育+"特色村（居）服务提升、高质量发展，金华市体育局制定了《金华市"体育+"特色村（居）提升工程评定规范》，阐明了特色村（居）的定义、申报条件及申报程序，鼓励原有"体育+"特色村（居）通过"服务延伸、提档升级、彰显特色、综合发展"等方式对项目基础、规模、特色、配套设施、产业经济链和价值链等方面进行提档升级，并提高奖励档次，用以扶持项目提升，助力"体育+"提质升级。

三 项目亮点

（一）利用资源禀赋，凸显当地特色

"体育+"特色村（居）的关键在于"特色"。据不完全统计，2024年，金华市已建成74个特色村（居），每个特色村（居）因地制宜布局发展超过26个优势运动项目，不仅包括了在体育场馆中开展的运动项目，也包括山地户外、水上、航空、汽摩等在户外开展的运动项目。在合理开发利用各地资源的同时，还避免了"千村一面"，增加了可玩性，让游客在最近的范围体验到更多的运动项目。

（二）推动"+体育"，延长产业链条

"+体育"区别于"体育+"，它不是以体育为核心，而是将体育元素与乡村发展交融，利用体育的正外部性，推动乡村民宿业、餐饮业、旅游业等全面发展，形成极具特色的乡村产业链。一是休闲旅游+体育赛事产业链，2017~2023年，山水四项公开赛连续七届助力乡村旅游，为金华带来了显著的经济效益和社会效益。二是田园休闲+户外拓展产业链，莘畈乡大立元村在建设莘畈溪景观区的基础上，融入徒步登山、定向越野、野外露营等户外运动项目，打造户外运动休闲综合基地。三是传统文化+运动休闲产业链，诸葛镇诸葛村对诸葛亮家族文化进行挖掘，开发系列运动拓展游戏，发展旅游业。2023年，诸葛村共接待游客60多万人次，带动全村400余人及周边地区3000余人在家就业创业，实现旅游综合收入2亿元。

（三）盘活要素资源，注入发展动力

金华市以"人""钱""地"三要素为核心。一方面倡导激发人的潜力，让乡村领导团队走实干创新之路，充分发挥村民的主体力量及主观能动性，鼓励有才有力有乡情的群众投身项目建设。同时，通过"体育+"特色

村（居）吸贤引能，引入更多外地优秀人才。另一方面释放资金活力，通过村民自筹、社会投资等多种资金引入模式，形成稳定的资金增长长效机制及科学化、多元化的经营管理模式，让资金得以留存、盘活。此外，为盘活土地资源，金华市体育局通过统筹零散土地、加强实施宅基地整合政策、积极改造废弃用地等方式为体育项目发展留下存量空间。

（四）加强集群创建，促进资源互补

长期城镇化发展导致了农村资源向城市单向流动，使乡村发展遭遇瓶颈。但"体育+"特色村（居）依托乡村特有的自然优势和村落关系，推动村村互联、城乡互动、项目互融，有效改变了资源单向流动的趋势，使得村落之间形成联动发展的良好局面，有效弥补单个村庄发展后劲不足的缺陷，实现产业互补，深挖乡村潜在的经济价值。例如，一些"体育+"特色村（居）拥有标准的体育场馆，但住宿等配套设施不足，导致无法承办大型赛事，通过联动周边村落住宿等配套设施，显著提升了赛事承办能力。

四　未来展望

实施乡村振兴战略是党的十九大做出的重要战略部署，是社会主义强国建设的关键任务。金华市乘时乘势，推动体育与乡村结合，创造性探索出"体育+"特色村（居）发展模式，既促进乡村繁荣，又拉动经济增长，开辟体育与乡村融合发展新路径。未来，浙江省金华市将继续深耕"体育+"发展战略，以数字化改革为引领，打造集运动健身、赛事组织、乡村旅游于一体的智慧体育平台，利用先进技术开发数字产品，激发产业新动能。金华市将推动体育与旅游、装备制造、文化培训等领域深度融合，发展特色体育项目，培育品牌赛事和文化，构建完整的产业链，提升城市影响力。同时，金华市将加大对体育产业的投入，完善体育设施，促进城乡资源均衡配置，带动农民增收致富，打造宜居宜业的美丽乡村，为实现共同富裕注入强劲动力。

B.12
创新赛事管理　激活经济
“乘数效应”*

——以奥运会资格系列赛上海站为例

摘　要： 为了在 2025 年基本建成全球著名体育城市，并成为世界一流的国际体育赛事之都，上海将赛事发展与提升城市整体水平、核心竞争力以及城市软实力紧密结合，积极在优化赛事结构和布局以及提升赛事质量和效益等方面进行探索和实践。作为赛事创新管理模式的实际应用，2024 年 5 月在上海黄浦江畔举办的奥运会资格系列赛被视为典范。该系列赛由国际奥委会创立，为上海树立了办赛的新标杆，赛事涵盖自由式小轮车、滑板、霹雳舞和攀岩等新兴项目，吸引了来自众多国家和地区的数百名选手以及大批观众。通过城市体育节和相关活动，赛事不仅推广了奥林匹克精神，推动了新兴运动项目的发展，还提高了亲子家庭和年轻群体的参与度。同时，该赛事促进了体育与商旅文体的融合，激发了消费市场的活力。奥运会资格系列赛凭借高水平的赛事管理与服务，彰显了上海卓越的赛事组织能力和国际形象。

关键词： 奥运会　奥运会资格系列赛　上海　赛事管理　赛事经济

2024 年奥运会资格系列赛上海站的举办彰显了上海作为国际化大都市的实力与魅力。此次赛事吸引了来自全球五大洲 50 多个国家和地区的 464 名运动员参赛，他们在自由式小轮车、滑板、霹雳舞和攀岩 4 个新增奥运项

---

* 本案例由上海市体育局提供。

目中展开激烈角逐，争夺宝贵的奥运会名额。此次赛事不仅在竞技水平上达到了国际顶尖标准，还在赛事组织和观众体验上取得了显著进展。黄浦江畔的比赛场地以壮丽的城市景观为背景，为赛事注入了独特的吸引力。在赛事期间，来自全球的88家媒体及342名记者对赛事进行了广泛的报道，大大提升了上海的国际知名度。该系列赛事的成功举办，进一步展示了上海在组织大型国际赛事方面的高效管理能力与周到服务。此外，上海通过丰富的周边活动，如城市体育节、文化展览和互动体验，吸引了超过20万名市民和游客。这些活动不仅增强了市民对奥运会资格系列赛的参与感，也成为市民的体育嘉年华。观众在体验滑板、霹雳舞等新兴运动的过程中，进一步加深了对奥林匹克多元文化的理解。奥运会资格系列赛对上海经济的拉动作用既体现在短期的消费增长，也表现为对长期经济可持续发展产生积极影响。赛事所产生的直接和间接经济效益，为上海的经济活力提升和多元化发展提供了有力支持。

一 基本情况

奥运会资格系列赛是由国际奥委会创立的全新赛事，首届赛事于2024年5月16~19日在上海黄浦江畔举行，包括自由式小轮车、滑板、霹雳舞和攀岩4个新兴时尚项目。上海作为首站奥运会资格系列赛的举办地，开创了新的奥运历史，也是上海持续推进全球著名体育城市建设的重要实践。赛事共吸引464名选手参赛，其中包括7名奥运冠军和18名奥运会奖牌获得者。奥运会资格系列赛共带来了6.43亿元的直接经济效益，以及14.02亿元的间接经济效益。有4.5万余名中外观众加入其中，其中11%来自境外，45%来自国内其他城市，一起共享盛大的城市体育派对。本地观众平均每天消费775元，主要花费在门票、餐饮和赛事纪念品上；外地观众的日均消费额高达3174元，涵盖往返交通、住宿、门票、餐饮等多个方面。①

---

① 《中国体育报：上海创新赛事管理激活经济"乘数效应"》，网易新闻，2024年9月13日，https：//www.163.com/dy/article/JC08B5IN053478CE.html。

二　主要做法

（一）构建复合型消费新场景

奥运会资格系列赛提供长周期、多元化、个性化、互动化的活动体验，打造商旅文体展融合发展的独特平台，充分发挥赛事的溢出效应。奥运会资格系列赛上海站首创节日型办赛模式。上海为赛事量身定制城市体育节，赛前撒网预热期（2024 年 4 月 16 日~5 月 15 日），在世博源、豫园商场中心、上海新世界城、南京东路世纪广场、五角场等八大上海地标商圈，复兴东路第三小学、民办上外静安外国语小学等 4 所学校，共青森林公园攀岩馆、黄浦体育馆等 8 个专业体育场馆开展预热活动。预热活动还在苏州、广州、北京、深圳等城市开展，不仅推广赛事、普及项目，同时带动旅游、促进消费，吸引众多城市运动爱好者、参与者与推动者赛时汇聚申城。赛事热血高潮期（2024 年 5 月 16~19 日），城市体育节聚拢至黄浦滨江比赛场地，围绕奥运五环打造的五大"展玩圈"，以及 5 场嘉年华展演和 16 场主题活动，让观众零距离接触 4 项城市运动，沉浸式体验奥运带来的节日氛围。运动启蒙区开展零基础运动体验、冠军互动交流、科技 VR 设备体验、城市运动文化展等活动，吸引众多青少年参与。城市体育节将赛事打造成集竞技性、观赏性和参与性于一体的体育与城市文化相结合的节日型系列赛。赛事为上海各行业带来的直接经济效益达 6.43 亿元，对"吃住行游购娱"六要素的拉动效应达 5.03 亿元。奥运会资格系列赛以高级别、高水平服务催生城市消费新热潮，构建复合型体育消费场景，将赛事流量转化为消费增量，增强消费新动能。

（二）助力新兴运动项目发展

在奥运会资格系列赛中，自由式小轮车、滑板、霹雳舞及攀岩 4 个新兴项目吸引了来自全球的顶尖运动员和运动爱好者。这一赛事不仅为项目

增添了竞争性和观赏性，也使这些运动吸引全球范围的广泛关注并实现发展。首先，赛前自由式小轮车、滑板、霹雳舞和攀岩项目进商圈、进校园等预热活动和赛中运动启蒙区体验活动，为不同年龄段、不同项目的爱好者提供现场体验的机会，推动新兴项目更加融入日常生活，让新兴项目参与成为更多市民的生活方式，推动年轻化、潮流化的新兴项目发展。此外，赛事期间的城市嘉年华活动通过融入音乐、艺术、潮玩和霹雳舞等多种文化元素，强化了赛事的娱乐与互动体验。这些丰富的活动设计不仅拓展了赛事的文化内涵，还吸引了更广泛的观众群体，从而增进大众对这些运动的兴趣和参与。其次，赛事的成功举办推动了相关基础设施的建设与完善，为新兴运动项目的长期发展创造了良好的物质条件。这些设施不仅对赛事期间的需求提供支持，也将长期服务于公众，助力社区和学校对新兴运动项目的推广。同时，赛事所带来的商业利益和市场关注，也为新兴项目吸引了更多商业和品牌投资，增强了市场竞争力。最后，通过综合性活动模式，赛事实现了文体商旅的有效融合，不仅提升了城市的文化形象和经济效益，还为新兴运动的普及和推广注入了新动能。这种多维度的推动策略显示出赛事对于新兴运动项目发展的深远影响及其在文化和经济层面的综合价值。

（三）引发亲子家庭与青少年观赛热潮

随着奥运会资格系列赛的火热进行，亲子家庭观赛已经成为一种新的主流趋势。有37%的观众选择与子女一同体验赛事，这不仅使体育赛事成为亲子家庭的重要娱乐选择，还大幅促进了家庭成员之间的互动与交流。在这个过程中，家庭不仅共享欢声笑语，更体会到了奥林匹克精神的传播和上海这座城市所彰显的奥运精神。与此同时，亲子家庭对城市体育节的参与度最高，占比为46%。这一现象显示，城市体育节成为亲子家庭最钟爱的去处，受欢迎程度不言而喻。这种参与热情进一步助推体育消费持续升温。

赛事所集聚的年轻力量同样不容小觑，18岁以下观众的占比达到30%，展现了新兴运动对青少年群体的巨大吸引力。这一现象不仅为青少年热爱体育注入了活力，也为上海倡导的"人人运动、人人健康"理念添砖加瓦，为更广泛的青少年喜爱的体育运动开辟了新的发展可能。数据显示，15~35 岁观众的比例为 56%，其中 86% 的观众拥有本科及以上学历。此外，43% 的观众月收入在 1 万~3 万元。由此可见，赛事吸引了大量高学历、中高收入群体集聚上海，进一步证明了赛事对社会中坚和年轻力量的强大吸引力。伴随亲子家庭观赛热潮的兴起和体育消费的不断升温，观众的涌入不仅体现了对赛事的热爱，更彰显了城市文化与生活方式的多元化发展。赛事经济效益的提升与家庭氛围的改善相得益彰，共同形成了一种全新的城市生活风尚。

（四）提升赛事国内外影响力

奥运会资格系列赛在全球范围内引发高度关注，上海成为巴黎奥运会预热的焦点，为巴黎奥运会预演了浓厚的奥运氛围。据统计，赛事媒体报道数量达 34.25 万篇次，产生媒体传播价值 16.12 亿元，展现赛事巨大的传播价值和影响力。王一博作为赛事推广大使演唱《跃动上海》赛事推广主题曲，刘雨昕、张杰等文体明星为赛事献唱，明星效应进一步提升赛事曝光度，相关话题在微博、微信公众号、小红书等社交媒体平台累计赛事互动声量 36.30 亿。奥林匹克官网、英国广播公司（BBC）、《巴黎人报》等境外媒体引发媒体报道 1.55 万篇次，产生媒体传播价值 6.97 亿元。赛事向世界展示了上海黄浦滨江的历史厚重感，传递了上海带来的热情与活力，传播了上海城市形象和本土文化。

三　未来展望

上海在奥运会资格系列赛中通过创新赛事管理模式，不断激发经济"乘数效应"，展现的国际赛事组织能力进一步巩固了其全球体育城市地位。未来，上海仍将不断承接国际顶级赛事，丰富赛事内容和体验形式，吸引更多年轻和国际观众群体，不仅增强本地经济活力，还要提升城市的

全球竞争力。上海将继续完善"吃住行游购娱"六要素的协同效应，通过发展商旅文体展融合，提升赛事的经济和社会效益。通过深入挖掘本土文化与资源，上海将在全球舞台上讲述更多引人入胜的"中国故事"和"上海故事"。奥运会资格系列赛成为城市的一张闪亮名片，在持续追求创新的过程中，上海有望成为全球赛事管理的标杆，带动更广泛的国际合作与体育事业的发展。

B . 13

聚焦潮流运动　创造体育消费新场景[*]

——以天津市开展"体育赛事进景区、进街区、进商圈"活动为例

摘　要： 天津市围绕"引人流、聚人气、促消费",着力发展"时尚活力型、便民服务型"商旅文体融合发展经济形态,大力推动体育赛事与城市经济融合发展。通过体育赛事"三进"活动,打造一批以知名度高、影响力大的潮流运动为引领的赛事活动,充分发展景区经济、街区经济与商圈经济。天津将以体育赛事为核心,不断延伸消费链条,充分释放消费潜力,助力天津"运动之都"和国际消费中心城市建设。

关键词： 体育消费　潮流运动　赛事经济　天津

天津市体育局积极响应国家体育总局、商务部、文化和旅游部号召,深入开展体育赛事"进景区、进街区、进商圈"活动。鼓励支持市场主体依托景区、街区、商圈等特色资源,积极培育体育消费新场景、新业态、新模式,并发挥政策、资金的撬动作用,培育出"2024 国际田径街头挑战赛"、2024 年全国青少年跑酷锦标赛等以潮流运动为典型的体育消费场景,助推天津市体育消费场景符号化、特色化与多元化发展。同时,天津市作为京津冀经济圈的主要城市,通过举办京津冀徒步大会、京津冀青少年篮球邀请赛等,以赛事为牵引赋能商旅文体融合发展,推动京津冀体育产业协同发展创新升级。

---

* 本案例由天津市体育局提供。

一　基本情况

2024 年天津市依托体育赛事"三进"活动，精心策划和组织包括亚洲沙滩排球巡回赛、中国 BMX 自行车联赛等在内的百余项体育赛事活动，旨在推动赛事消费，同时促进商旅文体的深度融合，进一步展示和推荐天津市丰富的体育旅游消费资源。在实施"三进"活动的过程中，首先选择了东疆湾沙滩、海河等标志性景区作为赛事举办地。通过结合沙滩排球、帆船帆板等运动项目，打造了一系列高知名度、高影响力的赛事品牌，不仅提升了这些景区的吸引力，还有效地培育了体育旅游精品项目，为游客提供了更加丰富多彩的体育旅游体验。其次将赛事活动引入了五大道、意式风情区等历史文化街区。通过举办街头篮球、街头撑杆跳等潮流运动赛事，展示了运动的魅力，同时增强了这些街区的活力。这些活动不仅提高了观赛、消费和文化培养的综合效果，还为市民和游客提供了一场场独特的文化体育盛宴，让人们在欣赏比赛的同时，也能感受到天津深厚的历史文化底蕴。最后为了响应"2024 消费促进年"的号召，市体育局还联合各大商圈，打造了一系列运动竞技和音乐演出活动。这些活动不仅营造了充满活力的消费新场景，还推动了商旅文体的融合发展，为城市经济注入了新的活力。特别是成功举办的"2024 国际田径街头挑战赛"（女子撑杆跳），更是成为天津城市名片的重要组成部分，有效地传播了田径运动的正能量。天津市体育赛事"三进"活动在推动赛事消费、促进商旅文体深度融合方面发挥了积极作用。

二　主要做法

（一）因地制宜制定配套支持政策

为使此次活动提质增效，促进体育赛事与商务、文旅深度融合发展，更好发挥体育赛事对经济发展"兴百业、兴万企"的拉动作用，市体育局会同市商务局、市文化和旅游局结合"体育赛事进景区、进街区、进商圈""跟着赛事去旅行""户外运动活力山水"等促消费品牌活动，在广泛调研、深入研究的基础上，制定出台了《天津市培育体育消费新场景行动方案》，鼓励支持市场主体依托景区、街区、商圈等特色资源，积极培育体育消费新场景、新业态、新模式，通过发挥政策、资金的撬动作用，力争在实施期内培育出一批能够扩大消费内需、引领消费升级的符号化、特色化、多元化体育消费新场景。

（二）持续整合体育旅游文化资源

天津以赛事"三进"活动为契机，大力推进商旅文体融合发展，充分发挥东疆湾沙滩景区、起云湾沙滩景区、东丽湖生态旅游示范区、黄崖关长城等重点景区资源优势，组织开展了"2024亚洲沙滩排球巡回赛"、中国家庭帆船赛、第二届"大美天津"自行车生态巡回赛等各级各类体育赛事，使得上半年体育赛事活动上下贯通、热度不减。同时，充分融入了文旅产品推介、非遗制作展示、运河文化、传统节日文化等多种文化内容的挖掘、整理和宣传，多维度、全方位融合推动了天津市赛事活动开展。将参赛观赛、游览美景、品读文化、品尝美食相结合，有效促进了体育赛事对旅游、文化、餐饮以及乡村振兴等领域的拉动作用。

（三）围绕潮流运动培育赛事典型

围绕"运动之都"和国际消费中心城市建设目标，结合赛事"三进"活动，天津将体育赛事与城市经济融合发展紧密衔接，培育出"2024国际田径街头挑战赛"、2024年全国青少年跑酷锦标赛两个典型案例，对天津市体育赛事进景区、进街区、进商圈起到一定示范引领作用。"2024国际田径街头挑战赛"打破了常规赛事在体育场馆举办的局限性，选址于独具天津文化特色的景观式和开放式空间——津湾广场，既是天津落实体育赛事"三进"活动的首要示范，又是女子跳高项目在国内街头出现的首个场景。2024年全国青少年跑酷锦标赛将比赛场地设在天津泰达

航母主题公园，既是天津赛事"三进"活动的重要示范，又是我国首次举办全国青少年跑酷锦标赛，对跑酷项目在青少年中的推广和普及具有重要意义。

（四）不断创新体育赛事发展思路

随着赛事"三进"活动的不断推进，各区主动思考、探索创新，积极实践、先试先行，在项目类型、办赛模式、发展特色等方面形成了一批好经验好做法。南开区大力推动电竞赛事集聚发展，将和平精英、王者荣耀、英雄联盟等多场电子竞技赛事特意选址于古文化街、京东 MALL、百脑汇等重点景区、街区、商圈，树立了"看电竞、来南开"的区域形象；河西区尝试性将赛艇训练前移至海河上游水域，在"固定时间、固定航线"，按规定航行，扩大了赛艇运动的影响力；静海区创新办赛模式，采用政府主导、社会机构运营的"市场化运作"办赛新模式，不断规范办赛程序，提升办赛水平；宁河区抓住轮滑赛事契机，培育打造"一日比赛、多日停留、多人旅游"的体育旅游模式。

（五）京津冀体育协同发展走深走实

天津市体育局贯彻落实习近平总书记关于深入推进京津冀协同发展的重要讲话精神，以赛事为牵引赋能商旅文体融合发展，推动京津冀体育产业协同发展创新升级。2024 年上半年，天津先后举办了京津冀徒步大会、京津冀青少年篮球邀请赛、京津冀青龙湾森林半程马拉松、京津冀稳向板帆船邀请赛等重点赛事活动，使得越来越多的人参与体育运动，开创了体育文化交流新气象，加快了城市经济发展和产业转型升级步伐。代表性赛事中，"大美天津"自行车生态巡回赛已骑过宁河区七里海、武清区丁家圈和东丽区东丽湖，彰显了生态之美、运动之美、健康之美；东丽湖半程马拉松开启 2024 年"津门第一马"，正面评议冲上同城热搜榜；宝坻青龙湾森林马拉松等多项传统品牌赛事成为运动达人所期所盼。

三　未来展望

为加快天津"运动之都"和体育强市建设，推动城市潮流运动赛事快速发展，天津市以体育消费新场景为切入点，依托景区、街区、商圈资源培育竞技性高、观赏性强、影响力大的高端体育赛事消费场景，努力将赛事的"流量"转换为经济的"增量"。未来，天津应主动探索更多内容丰富、形式新颖的商旅文体融合模式，加强文化体验、休闲度假、健康养老、餐饮娱乐等多业态融合，持续释放体育消费潜力，为建设国际消费中心城市贡献积极力量。

B.14
发挥赛事综合效益　打造区域消费高地*

——以四川省"体育赛事进景区、进街区、进商圈"
三进活动为例

摘　要：　2024 年，四川省积极响应体育强国建设的战略决策，开展"体育赛事进景区、进街区、进商圈"活动。活动覆盖了全省多个市（州），涉及"进景区"、"进街区"和"进商圈"三大类别，举办了多样化的体育赛事。这些赛事不仅丰富了群众的体育文化生活，提升了地区的知名度和吸引力，还拉动了体育、旅游、餐饮、住宿、交通等多个行业的经济增长。通过与周边省市的合作，四川成功打造了多个体育旅游精品线路和消费热点，特别是在成渝地区，通过举办高水平赛事和社区活动，显著提升了成渝地区体育消费市场的活力和影响力。

关键词：　赛事经济　体育消费　四川　成渝地区

四川省通过推进"体育赛事进景区、进街区、进商圈"活动，充分发挥了体育赛事的乘数效应、融合效应和带动效应，激发了体育消费的新动能。这一创新举措将体育赛事的举办地从传统的体育场馆扩展到条件优越的景区和商业中心，不仅为市民和游客提供了全新的体验，还大幅度提升了本地经济活力。通过将赛事"流量"转化为经济"增量"，活动积极促进了体育与商务、文旅的深度融合。与此同时，川渝两地也通过成渝体育产业联盟，深化体育消费的合作与互动。通过联合策划丰富的体育旅游项目和系列

＊　本案例由四川省体育局提供。

"促消费"活动，如成都·金堂铁人三项世界杯赛和中华龙舟大赛，以及中国（四川）国际熊猫消费节等，成渝地区共同推动了体育消费场景的拓展和消费链条的延伸，强化了区域体育消费市场的活力和增长潜力。四川省和重庆市通过这种区域协作，不仅拉动了经济发展，还为全国区域体育产业合作树立了高水平的样板，为成渝地区打造国际知名的体育与旅游目的地奠定了坚实基础。

一　基本情况

（一）体育赛事进景区，因地制宜创佳绩

通过将体育赛事与知名景区相连接，因地制宜的赛事项目以及优美的风景吸引更多参赛者和观赛者，带动经济增长。2015~2024年，成都双遗马拉松已经历十年的发展，拥有高知名度以及众多参赛选手，它的赛道连接世界文化遗产都江堰、青城山以及世界自然遗产四川大熊猫栖息地，被誉为"中国最美世界遗产"赛道。比赛吸引了来自美国、法国、俄罗斯等26个国家和地区的3.5万名跑者参加，获得直接经济影响8571万元，产生间接经济效应1.20亿元，总体经济影响达2.06亿元。

2024年第五届四姑娘山云间花径越野跑暨越野黄金联赛世界系列赛的举办地——四姑娘山，是国家体育旅游示范基地、5A级景区。该赛事将越野赛事与四姑娘山美景结合，以"日照映金山，浮云可比肩"为主题，加入"SALOMON越野黄金联赛世界系列赛"，成为世界系列赛的中国分站赛以及国家系列赛（中国）的总决赛，可实现"一场三赛"赛事格局。比赛吸引全球25个国家和地区近150名外籍顶尖运动员报名，赛事报名总规模达2000余人。经第三方机构统计，赛事综合拉动文化、旅游和体育消费超2000万元，在自媒体平台上生产了2239条内容，全网传播量突破1.17亿次。

（二）体育赛事进商圈，体商融合聚流量

赛事进商圈活动带动了赛事运营周边、广告及赞助等相关经济活动的开展，为城市经济增长注入了活力。始创于2012年的国际篮联三人篮球大师赛是唯一覆盖全球各大洲的世界巡回赛，作为国际篮联三人篮球的A级赛事，本身就备受瞩目。2024年的国际篮联三人篮球成都大师赛及成都女子系列赛选址于成都市高新区交子音乐广场，位于交子公园金融商务区内。交子公园金融商务区定位为打造全国一流的创新金融中心和引领时代潮流的世界级商圈，以金融与时尚消费为主导产业，为成都建设国际消费中心和西部金融中心提供重要功能支撑。此次赛事利用交子金融商务区的功能属性，在赛场周边设置文创产品售卖区、美食集市等区域配套设施，吸引了大量的游客和球迷前来成都观赛，拉动成都的住宿、餐饮、交通等消费，为城市带来了丰厚的经济收入。

2024年英雄联盟季中冠军赛作为上半年全球规模最大、级别最高、关注度最热的职业电竞赛事，在成都金融城演艺中心举办的同时，推出了跟着赛事去旅行成都"电竞+旅游"路线、成都"电竞+文创"礼物、"电竞+美食"地图三大亮点产品和服务，吸引众多游客和粉丝前来体验，票房总收入超5000万元，省外观众占比超70%（国外观众占比超15%）。根据第三方预测数据，赛事带动直接消费超1.5亿元。体育赛事与街区商圈融合，共同促进体育消费，激发城市新活力。

（三）体育赛事进街区，群众参与树新风

赛事进街区活动通过体育赛事链接人民群众，不仅为群众提供了体育运动交流学习、展现自我的舞台，也为丰富体育文化、助力乡村振兴做出了突出贡献。在2024年"我们的中国梦——文化进万家"暨"美丽乡村广场舞大赛"（射洪万达广场站）活动上，全市各街道、镇村70支代表队1200余名广场舞爱好者齐跳健身秧歌舞《山路不止十八弯》，参赛队热情、有活力的舞蹈表演，通过乐响九州官方直播平台、射洪市融媒体中心、抖音等视频

媒体进行直播，累计观看人数达 19 万余人次，吸引线下 1500 余人观赛，拉动周边住宿、餐饮、体育用品及商圈其他消费共计 10 万余元。同时，由于广场舞赛事参与门槛低、参与方式简易，参赛人群体验感、获得感强等特点，营造了浓厚的全民健身氛围。

截至 2024 年 7 月 25 日，四川共计开展了 91 项"体育赛事进景区、进街区、进商圈"活动，涉及 15 个市（州），其中"进景区"赛事活动 47 项、"进街区"赛事活动 30 项、"进商圈"赛事活动 14 项，参赛人数超 27 万人次，参与人数超 360 万人次，拉动体育及旅游、餐饮、住宿、交通等综合费用超 12 亿元。

二　主要做法

（一）商体文旅共同合作

商体文旅各部门积极响应，通过相关举措协助"三进"活动顺利开展。相关省级体育协会、各地体育部门在四川省体育局的指导下认真梳理全年赛事举办情况，因地制宜、因时制宜、因需制宜，结合运动项目特点，将体育赛事活动举办地从体育场馆扩展至具备条件的景区、度假区、体育公园、商业中心、步行街等区域。省商务厅指导各地商务部门梳理赛事举办地商务资源（商圈、美食、购物）等，开展第三届中国（四川）国际熊猫消费节、"迎春购物月"、中国（四川）新春年货购物节等系列促消费活动，持续打响"蜀里安逸"品牌。省文旅厅指导各地文旅部门充分挖掘赛事举办地文旅资源，聚焦观光旅游、民俗文化、非遗展演、文创展示等业态，推荐旅游景区、旅游线路。商体文旅部门联合发布两批"跟着赛事去旅行　蜀里安逸促消费"赛事目录，统筹协调推进"三进"活动顺利开展。

（二）成渝携手打造消费高地

"巴山蜀水·运动川渝"体育旅游休闲消费季是四川省体育局和重庆市

体育局自 2021 年起联合发起的一项重要活动。该活动的核心目标是通过深度融合和互补两地的体育资源、丰富的文化和秀美的旅游景点，全面推动川渝地区的经济和社会高质量发展。为强化和扩大这种合作，川渝两地的体育部门不仅组织了丰富多彩的活动，还通过政策的支持和机制的创新，成立了成渝体育产业联盟。自成立以来，该联盟已经从最初的几个成员单位发展壮大到如今的 47 个成员单位，成为两地体育产业协作的重要平台。联盟的建立不仅推动了产业资源的共享和流动，也为两地体育产业链的延伸和提升注入了新活力。

成渝两地计划通过策划更高水准的赛事活动，如"成渝体育产业联盟杯"，进一步巩固和深化这一合作关系。这些活动不仅能够提升成渝地区的体育品牌影响力，还能有效带动相关产业的发展，形成多领域的联动效应。川渝合作旨在通过体育消费这一抓手，将川渝地区打造成为全国区域体育产业协作的高水平样板，推动文体旅商住等多领域的深度融合发展，进而努力打造享誉世界的户外运动目的地。这样的构想不仅寄希望于实现川渝两地体育产业的跨越式发展，也为全国其他区域的体育产业合作提供了有益的示范和启示。

（三）塑造典型赛事案例

四川省通过举办各种体育赛事塑造典型赛事案例，成功推动了体育与其他产业的深度融合，促进了地方经济的发展。第一，国际赛事带动消费。例如，2024 年国际篮联三人篮球成都大师赛和英雄联盟季中冠军赛，通过国际赛事与本地特色相结合，不仅吸引了大量游客和粉丝，还显著提升了住宿、餐饮、交通等行业的消费。这些赛事由国际和国家级组织联合主办，彰显了成都作为国际消费中心的定位，推动了相关产业的收入增长。第二，马拉松和越野赛凸显地域特色。成都双遗马拉松和熊猫蜀道山超级越野赛等活动，以独特的赛道和卓越的组织吸引了大量国际和国内参与者，进一步提高了当地在全球旅游和体育界的知名度。这些活动通过展示地方的自然和文化遗产，带动了广泛的旅游消费和经济效益。第三，品牌赛事创建与推广。一些赛事如峨眉山越野挑战赛和四姑娘山云间花径越野跑，已经成长为具有四川地方特色的品牌赛事。这些活动以高质量的组织和独特的文化内涵，吸引了大量参赛者和游客，并大幅提升了地方文化旅游的影响力。第四，体育与乡村振兴融合。射洪的广场舞大赛和江安的传统龙舟活动展现了如何将体育活动与乡村振兴结合。这些赛事活动不仅提升了群众的参与度和获得感，还通过促进当地服务业消费，助力乡村经济的发展和文化的传播。第五，创新性体旅结合。在阿坝州举办的"景BA"篮球赛和"剑南春杯"中国龙舟公开赛，通过创新的"体育+旅游"模式，不仅丰富了旅游创新体验，还带动了地方经济的整体提升。这些赛事通过有效的媒体策略和品牌推广，成功地提高了地方的知名度和影响力。这不仅促进了四川省的经济发展，也显著提升了当地的体育文化影响力和国际知名度，为其他地区提供了可供借鉴的优秀模式。

（四）完善赛事管理保障

在赛事管理保障方面，明确赛事主办方、承办方、协办方等组织者的职责分工，建立完善的赛事活动管理工作机制，规范赛事工作程序，加强体育赛事活动的赛前、赛中、赛后监管。严格按照《四川省体育赛事活动安全监管服务办法（试行）》《四川省体育赛事活动安全监管服务实施细则（试行）》《四川省商业性体育赛事活动安全监管服务方案》相关要求，"谁审批（备案）、谁负责""谁主办、谁负责""谁主管、谁负责"，严格制定并实施体育赛事活动"4+1+1"安全管理机制，强化安全主体责任，夯实监管责任。

在提升赛事质量方面，各属地部门积极协调公安、交通、应急管理、市场监管等其他部门，着力提升服务质量。一是服务参赛人员，满足消费者多样化需求，将赛事"流量"转化为文旅商贸的消费"留量"。二是规范市场秩序，实施"放心消费行动"，强化消费者权益保护，健全放心舒心消费环境标准体系。三是做好安全保障，完善赛事管理工作机制，加强体育赛事活动的赛前、赛中、赛后监管。

三　未来展望

近年来，四川省通过丰富多彩的体育赛事积极推动"赛事进景区、进街区、进商圈"策略，成功激发了区域经济活力，并为未来持续打造消费高地奠定了坚实基础。展望未来，四川省将进一步发挥体育赛事的综合效益，依托独特的地理和文化资源，持续推出具有地方特色和国际影响力的品牌赛事，力求在全球范围内提升四川的知名度与吸引力。通过精准的市场定位与创新营销，催生一系列以体育为核心的新型消费场景，如"体育+旅游""体育+文化"等跨界模式，吸引更广泛的国内国际游客。四川省还计划加强与各大国际体育组织及媒体的协作，不断提升赛事的专业化与国际化水平，实现赛事经济与地方文化、生态旅游深度融合，助推全省迈向全国领先的区域消费中心，为四川经济的可持续发展及区域竞技体育的繁荣蓄积新的动能。

B.15

赛事激发消费热潮　引领文旅经济增长[*]

——以湖北省开展"体育赛事进景区、进街区、进商圈"活动为例

摘　要：　湖北省通过一系列体文旅商的合作共赢模式，有效推动了体育赛事与文化旅游、商业的深度融合，消费潜力得到充分释放，带动了文旅经济的增长。湖北省实施多元举措促进景区与赛事的紧密结合，不仅吸引了广泛的社会参与，还提高了湖北作为文旅目的地的吸引力。展望未来，湖北省将持续引入更多精彩赛事，不断增强体育赛事在文旅经济中的引领作用，赋予湖北省经济和文化建设新的活力。

关键词：　体育消费　赛事经济　湖北省

2024年湖北省计划投入超过6000万元用于省级群众体育和青少年体育赛事活动，并拨出415万元激励户外运动赛事的发展，积极撬动社会力量参与。在湖北省"体育赛事进景区、进街区、进商圈"活动中，各类赛事成功激发了消费热潮，成为地方经济增长的重要推力。例如，龙舟赛事在文化和消费结合上大放异彩。屈原故里的传统龙舟赛以及荆州和仙桃的中国龙舟公开赛，吸引大批全国各地的参赛者和游客，与赛事同步举办的古风快闪、地方特色美食节等活动更是掀起了消费热潮，大幅刺激了当地的商贸和旅游业发展。通过这些多样化的赛事安排，湖北省成功实现了体育与文化、商业、旅游的深度融合，不仅丰富了公众的体育文化生活，还有效激发了地方

---

[*] 本案例由湖北省体育局提供。

的消费热潮，推动了经济的持续增长，展现了湖北省在体育产业创新和综合发展上的强大潜力。

一 基本情况

2024 年湖北省"体育赛事进景区、进街区、进商圈"赛事目录共发布 47 项赛事活动，项目类型多样、年龄范围广泛、配套资源丰富。具体而言，赛事主要分为以下类别。第一，综合类体育赛事。湖北省举办了一系列国内和国际重大赛事，包括国际篮联三人篮球女子系列赛武汉站，中国队、武汉盛帆队等多支队伍参赛。此外，全国男子篮球联赛、中国足球协会超级联赛、中国足球协会女子超级联赛和乙级联赛等重大赛事也在湖北顺利举行。这些赛事吸引了大批粉丝，极大地激发了地方消费和社会活力。第二，民族传统体育赛事。屈原故里传统龙舟赛和湖北荆州、仙桃的中国龙舟公开赛成为民族传统体育的亮点。这些赛事不仅传承了传统文化，也带动了旅游业的发展。第三，全民健身赛事。十堰武当山的全国五子棋锦标赛展示了智力体育的魅力，健身气功·易筋经交流比赛大会和湖北省健身健美公开赛则吸引了全国各地的爱好者参与，促进了全民健身热潮。从户外运动赛事看，湖北省还举办桨板公开赛和锦标赛，为群众提供了多样的水上运动选择。通过这些多元化的赛事安排，湖北省不仅推动了全省体育事业的发展，也成功激发了区域经济和文化的融合，为推动全省的消费热潮做出了贡献。

二 主要经验

（一）体文旅商合作实现共赢

湖北文旅集团旗下 44 个景区免费接纳体育赛事活动入驻，对于纳入湖北省"体育赛事进景区、进街区、进商圈"赛事目录的比赛，为参赛办赛人员免景区首道大门票，入住酒店享"游湖北"价格 8 折优惠。结合 2024

年 40 场赛事活动，襄阳市 20 多家景区推出华侨城奇幻度假区 5 万份奇幻夏日大礼包、盛世唐城景区畅玩白+黑 6 折优惠票、古隆中景区"遇见诸葛亮·粽横三国"免费游隆中等 30 余项惠民举措，举办"三进"活动期间同步发布汽车"换能"、家电"换智"、家装厨卫"焕新"等重点领域的消费品以旧换新政策。中国·荆州 2024 全国历史文化名城羽毛球邀请赛推出专属联名旅游卡，参赛运动员免费畅游荆州 14 个景点。十堰市 3 场全国大赛之前，连办 3 场"跟着赛事游十堰"文旅资源推介会，诚意呈现十堰以武当为首的得天独厚、古今兼备的文旅资源。

（二）多元赛事拉动消费增长

武汉市洪山区在街道口商圈举办第十二届全民健身运动会"大学之城杯"大学生轮滑公开赛和大学生 3×3 篮球赛，当日银泰创意城客流达 7 万人次，同比增长 48%，带动销售 111 万元。中国龙舟公开赛（湖北·仙桃站）期间，举办经贸招商、"仙桃女裤"及"职业工装"展销、啤酒品牌发布活动，带动总投资 113.99 亿元的 40 个项目集中签约。"汉马美食周"活动携手武汉传统美食街区、抖音签约餐饮商户 1049 家，拉动全市餐饮支付交易总额突破 3.42 亿元，为上年的 2.67 倍。举办武汉体育产业招商推介会，推介体育企业和体育项目 10 个，招商引资金额达 50 亿元。

（三）线上消费激发新活力

马拉松赛事引领经济新潮流，系列活动激发城市消费潜力。武汉马拉松期间，举办体育线上消费活动，发放体育消费券 1000 万元，并首次在自主开发的"汉运动"武汉体育数字服务平台发放，吸引各类商户总计 534 家参与。投放汉马专属体育消费券，开发特许产品吸引超过 4000 名参赛选手选购。"汉马赏樱之旅"景点及住宿套餐成交总金额超过 270 万元，外地游客预订占比超 95%。"2024 汉马美食节"依次设置"汉马美食轻食日"（赛前 4~6 日）、"充碳日"（赛前 1~3 天）、"犒劳日"（比赛当天），水果沙拉、热干面、小龙虾等在不同的主题日优惠登场，并发放了不同额度的美食

消费补贴，活动推出后一周时间，拉动全市餐饮交易金额突破 7453 万元，直接带动全市餐饮核销金额超 5015 万元。

（四）消费链条不断拓展

武汉马拉松打通线上、线下渠道，线上推出"汉马赏樱地图""汉马赏樱之旅"，以"樱花季，越江湖"为主题，推介赛道沿线的最美赏樱景点，如汉口江滩、晴川阁、武汉大学、东湖樱园等；线下联合 19 家武汉美食商户落地武汉天地壹方商圈，举办集"跑步+美食+赏花"于一体的"汉马美食市集"活动，同时在吉庆街、户部巷设立分会场，联合武汉本土知名品牌、老字号品牌、"轻餐"品牌商家提供风味盛宴，活动三天客流量突破 12 万人次。

三 未来展望

湖北省通过一系列精心策划与组织的活动，成功实现了体育赛事与文旅商产业的深度结合，这不仅丰富了地方文旅资源，更为湖北省的经济发展注入了新的活力。湖北省积极推动赛事进景区、进街区、进商圈，并发布了多项赛事目录及相关优惠政策。湖北省内的众多景区也积极响应，与体育赛事活动深度合作。各地也结合自身特色推出了丰富多彩的文旅活动，进一步推动了体育赛事与文旅资源的深度融合。未来，湖北省将继续深化体育赛事与文旅商的融合发展，积极探索更加多元化的合作模式。通过创新驱动，湖北省力求打造具有影响力的体育赛事品牌活动，进一步提升自身在全国的经济文化地位。

Abstract

The 20th National Congress of the Communist Party of China outlined the goal of building China into a sports power by 2035. In the new journey of Chinese modernization, the sports industry is a crucial component of building a sports power. Accelerating the construction of a sports power requires focusing on key aspects of the sports industry and deepening reforms. To implement the strategic deployments of the 20th National Congress of the Communist Party of China (CPC), the Third Plenary Session of the 20th CPC Central Committee has further emphasized the importance and necessity of deepening reform comprehensively. The entire Party must voluntarily place reform in a more prominent position and focus on advancing Chinese-style modernization through comprehensive reform. In the field of the sports industry, reform should be led by new development concepts, based on the new development stage, and focus on deepening supply-side structural reform. It is necessary to improve the incentive and restraint mechanisms that promote high-quality development in the sports industry and shape new drivers and advantages for development.

Since 2023, China's sports industry has continued to develop healthily. As a significant engine for economic growth, the sports industry has seized opportunities presented by the new wave of technological revolution, focusing on both sports events and sports manufacturing to drive an accelerated expansion of sports consumption. Developing the event economy is a key focus of high-quality sports industry growth. Activities such as "sports events in scenic spots, streets, and commercial areas" have been implemented to further tap into and release the potential and benefits of sports events. Meanwhile, expanding and promoting sports consumption serves as the "stabilizer" for sports industry development. Regions have

strategically tailored their approaches to national development strategies, cultivating new growth points in sports consumption. Additionally, the sports goods manufacturing sector, driven by technological innovation, has enhanced the quality of products and services, promoting the implementation of "sports+" and "+sports" initiatives to achieve optimization and upgrading of the industrial chain.

Therefore, based on a systematic analysis of the current status and trends in China's sports industry, this book proposes development paths such as continuously driving the transformation and upgrading of the sports manufacturing sector, promoting the quality improvement and efficiency enhancement of sports services, accelerating the integration of industries towards deeper levels, adopting multiple measures to explore the potential of sports consumption, and continuously optimizing the layout of regional industrial development. These efforts aim to construct a modern sports industry system characterized by innovation leadership and structural coordination. The book is led by the Economic Department of the General Administration of Sport of China and edited by Shanghai University of Sport. It is divided into three parts: the first part is the comprehensive report, systematically reviewing the overall situation of China's sports industry development from 2023 to 2024; the second part contains specific reports, discussing the deep development areas of the sports industry, including outdoor sports, fitness industry, sports goods manufacturing, sports service trade, online sports events, and regional development; the third part is the case study section, compiling excellent cases emerging in the past two years in the development of the sports industry regarding venue operations, rural revitalization, and the event economy, providing practical experience for nationwide promotion and replication.

Keywords: Sports Industry; Sports Consumption; High-Quality Development

Contents

Ⅰ General Report

Abstract: The essential requirements of Chinese-style modernization impart new missions and responsibilities to the sports industry, marking a new journey toward high-quality development for this sector in China. From 2023 to 2024, despite a complex international environment and daunting domestic reform, development, and stability tasks, the overall scale of China's sports industry continues to grow, maintaining a steady macro trend, with its contributions to the economy consistently expanding. The "14th Five-Year Plan" period is a foundational phase in building a strong sports nation, and we are currently at a critical point for achieving the objectives set out in the "14th Five-Year Plan for Sports Development." This is a pivotal time for establishing the structural framework of a sports powerhouse. Based on this context, the report systematically elaborates on the implementation progress of strategic tasks during the "14th Five-Year Plan" period. It summarizes the main development trends of the sports industry within the context of Chinese-style modernization. Driven by new quality productive forces, the report proposes implementation pathways in various areas: enhancing technological innovation capabilities, strengthening the soft power for high-quality development, accelerating the construction of a modern industrial system to support and ensure industrial transformation and upgrading, vigorously

promoting industry digitization, developing new business formats and models.

Keywords: Sports Industry; Chinese Modernization; New Quality Productive Forces; High-Quality Development

II   Topical Reports

B.2   2023−2024 China Outdoor Sports Industry

Development Report   *Zeng Bowei, Cheng Jinyan* / 033

Abstract: In the context of accelerating the construction of a new development paradigm and actively implementing a strategy of expanding domestic demand in China, unleashing the consumption potential of outdoor sports, stimulating market vitality, and accelerating the development of the outdoor sports industry are crucial measures to meet the people's needs for a better life and to promote the high-quality development of the sports industry. Currently, the outdoor sports industry in China is flourishing, primarily manifested in the continuous focus of outdoor sports industry policies, a thriving consumer market for outdoor sports, the expansion of market entities in the outdoor sports sector, sustained traction from key outdoor sports projects, increasingly diversified product offerings, gradually completed outdoor sports facilities, and progress in enhancing safety management mechanisms for outdoor sports events. Despite rapid development, the outdoor sports industry in China faces bottlenecks in resource development environment, talent cultivation system, market supply, safety regulation, and consumption potential. Therefore, it is imperative for the industry to foster a favorable resource environment to enhance its sustainable development vitality; broaden talent cultivation channels and improve the talent development system; enrich product supply and drive product transformation and upgrading; strengthen policy supply and establish regulatory systems; and unlock consumption potential to elevate consumption levels.

Keywords: Outdoor Sports Industry; Outdoor Sports Projects; Outdoor Events Management

B . 3   2023−2024 China Fitness Industry Development Report

Dou Ying / 047

Abstract: At present, the people's diversified sports needs are growing, and the consumption mode is gradually changing from physical consumption to participatory consumption. The fitness industry is facing major development opportunities. This report first sorts out the macro environment and important guiding policies for the development of the fitness industry; secondly, it sorts out the current development status and characteristics of my country's sports and fitness industry from six aspects, including the scale of the fitness consumption market, the number of fitness venues, residents' fitness preferences, fitness industry financing hotspots, online fitness and the operation of fitness venues; and proposes development trends: diversification, socialization, digitization, specialization, service, and standardization, in order to provide theoretical support for the healthy development of the fitness market and the high-quality development of the industry.

Keywords: Fitness Industry; Fitness Consumption; Fitness Venues

B . 4   2023−2024 China Sports Goods Industry Development

Report

She Weizhen , He Jinsong / 068

Abstract: The sports industry is a vital component of the new economy, playing a crucial role in promoting high-quality development, creating a high-quality life, and leveraging the diverse functions of sports. China is a major manufacturer of sports goods, with a wide variety of products that are sold globally. However, there are issues such as insufficient demand-driven sports consumption and inadequate supply of high-quality equipment with independent innovation. This report provides an overview of the development of China's sports goods manufacturing industry, examines the development status of key sectors

including fitness equipment, winter sports gear, outdoor equipment, and ball manufacturing, analyzes the development trends and existing problems of the sports goods manufacturing industry in China, and proposes measures and recommendations to promote high-quality development in the industry.

Keywords: Sporting Goods Manufacturing Industry; Sports Industry; Sports Equipment

B.5 2023-2024 China Sports Service Trade Industry
Development Report　　　　　　*Wang Xueli, Wang Peng / 085*

Abstract: This report analyzes and presents statistics on the development of China's sports service trade in 2017-2023. The total import and export value of China's main sports service trade in 2023 exhibited a N-shaped change trend, indicating an accelerated growth phase. The export value of main sports service trade showed a W-shaped change trend, reaching a new high in export value in 2023. The development of sports tourism service trade demonstrate signaling rapid recovery. The report also provides an in-depth analysis of key areas in sports service trade, including professional sports competition and performance, sports event sponsorship, sports event copyright trading, internet-based sports services, and sports tourism. It summarizes the current challenges facing the development of China's sports service trade and proposes corresponding policy recommendations.

Keywords: Sports Service Trade; Imports and Exports; Sports Industry

B.6 2023-2024 China Online Sports Events Development Report
　　　　　　　　　　　　　Xu Kaijuan, Liu Weiyu / 106

Abstract: As the development of sports events enters a new phase of digital transformation, online sports events have gradually become a new form and highlight of sports event development. Leveraging advanced technologies such as the internet and artificial intelligence, online sports events effectively enrich fitness scenarios, promote intelligent, innovative, and widespread development of sports participation, and are of positive significance for building a sports powerhouse. Accelerating the development of online sports events can expand residents' sports participation, promote the application of new quality productive forces in the sports field, and advance the digitalization of sports. Research reveals that at this stage, online sports events have achieved certain developments, mainly reflected in the continuous increase in the number of events, the continuous display of diverse functional values, the continuous improvement of operational levels, and the continuous enhancement of management systems. There are issues in the development of online sports events, such as the urgent need to clarify related definitions and boundaries, the need to establish standards and norms for events, and the need to improve event operational models. Forming a concept of development that emphasizes both regulation and growth, further clarifying the definitions and boundaries of online sports events, constructing a standardized management system for online sports events, and enhancing event operational levels and participant experiences are key paths to improving the development levels of online sports events in the future.

Keywords: Online Sports Events; Digital Sports; Sports Event Management

B.7 2023-2024 China Marathon Events Development Report

Zhao Shutong, Shao Huijin / 123

Abstract: With the continued "marathon boom," the comprehensive effects brought by marathon events have garnered increasing attention, especially in the context of the "sports strong city" strategy being promoted across various regions. Local governments have increasingly viewed the organization of sports events as a crucial lever for regional development, with marathon events playing a significant role in this process. Presently, the development of marathon events in

China exhibits several characteristics: significant economic benefits, invigorating urban development vitality, professional and personalized event services, market-oriented and commercialized operations, the basic formation of a risk-policy system, and the gradual emergence of industry stratification. The future development trends of marathon events primarily include: continuous growth in participant numbers, close integration with urban brands, deepening the concept of green and low-carbon event management, accelerated integration of associated industries, and the empowerment of digital technologies for intelligent event management. While the number and scale of marathon events continue to grow, there are development challenges in event organization, service quality, brand construction, and environmental protection. Facing the current difficulties, China's marathon events urgently need to enhance service quality to reshape environment for event development; refine risk management matters to improve risk prevention capabilities; continuously strengthen brand construction, with finding a clear positioning and sustainable operations being the key; and closely integrate with ecological protection to guide society-wide participation in green marathons.

Keywords: Marathon; Sports Events; City Brand; Sustainable Development

B.8 2023-2024 China Regional Coordinated Development Report

Wei Guoxue / 156

Abstract: The coordinated development of regional sports industries is a crucial pathway for integrating sports into national major regional development strategies and fostering the formation of new economic growth poles. In recent years, China's sports industry has gradually formed industrial clusters in key regions such as the Beijing-Tianjin-Hebei region, the Yangtze River Delta, the Guangdong-Hong Kong-Macao Greater Bay Area, and Chengdu-Chongqing. In 2023, the total scale of the China sports industry reached 3.67 trillion yuan, with an added value of 1.49 trillion yuan, indicating a favorable developmental momentum. However, regional sports industry development still faces real challenges such as homogeneity in industrial structure, fragmentation of the industrial market, and isolation of spatial resources. To address these issues, this report proposes focusing on the connotation of regional coordinated development of the sports industry, highlighting the roles of government, market, and society; and targeting innovation, coordination, and green growth. This approach aims to promote differentiated integration and coordinated development among regional sports industries. By analyzing the development trajectories and current dynamics of the sports industries in key regions such as the Beijing-Tianjin-Hebei region, the Yangtze River Delta, the Guangdong-Hong Kong-Macao Greater Bay Area, and Chengdu-Chongqing, this report seeks to enhance efficient and coordinated development of sports industries across different regions of China.

Keywords: Regional Coordinated Development; Sports Industry; Yangtze River Delta; Beijing-Tianjin-Hebei; Chengdu-Chongqing Area

Ⅲ Cases Studies

B.9 Solutions to Overcome Challenges in Public Sports
Venue Operations
—*A Case Study of Zhejiang Huanglong Sports Center* / 175

Abstract: Huanglong Sports Center is the first large-scale comprehensive sports venue in Zhejiang Province and one of the main venues for the Hangzhou Asian Games. It stands as a witness to the development of Hangzhou and a participant in Zhejiang's thriving sports industry. Huanglong Sports Center has developed a unique "Huanglong Experience" in its operational management and post-event utilization. This case study provides an in-depth analysis of the center's success, focusing on how it has addressed post-event operational challenges through advanced planning, functional transformation, diversified management, and smart technologies. These efforts have successfully achieved both economic and

social benefits, offering insights and references for the operation and development of similar venues.

Keywords: Zhejiang Province; Public Sports Venues; Venue Operation

B.10　Sports Consumption Ignites Rural Vitality

　　　—*A Case Study of the "Village Super League" in Guizhou*

/ 180

Abstract: With the increasing demand for sports among residents and the further development of sports-tourism integration, Guizhou's "Village Super League" has gained explosive popularity over the past year, attracting significant attention from the public. The event has drawn a large number of tourists to watch the games, where numerous world-class football stars have appeared to interact with fans. The success of the "Village Super League" has spurred sports consumption and investment, significantly boosting local economic development. In the future, the "Village Super League" will continue to play a crucial role in stimulating the growth of local industries such as dining and tourism, expanding both online and offline markets for agricultural products, and creating job opportunities. It aims to maximize its influence on rural sports consumption.

Keywords: Guizhou "Village Super League"; Sports Events; Sports Consumption; Rural Revitalization

B . 11   The "Sports Plus" Model   Promotes New Approaches

to Rural Revitalization

—*A Case Study of the "Sports Plus" Characteristic Village*

(Community) Development Model in Jinhua , Zhejiang   / 186

Abstract: In recent years, Jinhua City in Zhejiang Province has successfully promoted the development of "Sports Plus" characteristic villages (communities) by optimizing policy ecosystems, building standardized systems, enhancing learning and exchange, and implementing comprehensive enhancement projects. A number of distinctive villages and communities have been created, tailored to local conditions. These areas incorporate multiple advantageous sports projects, facilitating the deep integration of leisure tourism, rural relaxation, traditional culture, and sports elements. This approach extends industry chains, revitalizes resources, and promotes village connectivity and urban-rural interaction, injecting new momentum into rural revitalization. Additionally, Jinhua prioritizes the activation of the three key elements—people, funding, and land—to inspire participation from villagers and talented individuals, ensure stable project funding, and make rational use of land resources. Jinhua's successful experience is being promoted throughout the province and provides new inspiration for rural revitalization nationwide, showcasing the vast potential of deep integration between sports and rural areas.

Keywords: "Sports Plus" Characteristic Villages (Communities); Rural Revitalization; Jinhua Zhejiang

B . 12   Innovative Event Management Activates Economic

"Multiplier Effect"

—*A Case Study of the Olympic Qualifier Series Shanghai*   / 191

Abstract: To become a globally renowned sports city and a world-class hub

for international sports events by 2025, Shanghai is closely integrating event development with the enhancement of overall city quality, core competitiveness, and urban soft power. The city is actively exploring and practicing optimizations in event structure, layout, and quality. The 2024 Olympic Qualification Series, held alongside the Huangpu River, is considered a model of innovative event management. Established by the International Olympic Committee, this series set a new benchmark for event hosting in Shanghai, featuring emerging sports such as freestyle BMX, skateboarding, break-dancing, and sport climbing. It attracted hundreds of athletes and numerous spectators from various countries and regions. Through the city sports festival and related activities, the event not only promoted the Olympic spirit and the development of emerging sports but also increased participation among families and young people. Additionally, the event fostered a fusion of sports with business, tourism, culture, and the arts, invigorating the consumer market. With high-level event management and services, the Olympic Qualification Series highlighted Shanghai's exceptional organizational capabilities and international image.

Keywords: Olympic Games; Olympic Qualification Series; Shanghai; Event Management; Event Economy

B.13 Focusing on Trend Sports to Create New Sports Consumption Scenarios

—A Case Study of Tianjin's "Sports Events into Scenic Areas, Streets, and Commercial Districts" Initiative   / 197

Abstract: Focusing on "attracting crowds, gathering popularity, and promoting consumption," Tianjin has dedicated efforts to developing a "fashionable and dynamic, convenient and service-oriented" integrated economic model combining commerce, tourism, culture, and sports. It vigorously promotes the integration of sports events with the urban economy. Through the

"Three Advances" activities of sports events—entering scenic areas, streets, and business districts—Tianjin aims to create a series of events led by popular, influential trend sports, thus fully developing the economic potential of scenic areas, street areas, and business districts. By centering on sports events, Tianjin seeks to continuously expand consumption chains, fully unleash consumption potential, and contribute to its development as a "City of Sports" and an international consumption center.

Keywords: Sports Consumption; Trend Sports; Event Economy; Tianjin

B. 14　Leveraging the Comprehensive Benefits of Events to

　　　　Build a Regional Consumption Hub

　　　　—A Case Study of Sichuan Province's "Sports Events Enter

　　　　　Scenic Areas, Streets, and Business Districts" Initiative　　/ 202

Abstract: In 2024, Sichuan Province actively responded to the strategic decision to build a strong sports nation by implementing activities that bring sports events into scenic areas, streets, and business districts. These activities spanned several cities (states) across the province and included three major categories: entering scenic areas, streets, and business districts, hosting a variety of sports events. These events not only enriched the sports and cultural lives of the public and increased the region's visibility and appeal but also stimulated economic growth in multiple industries such as sports, tourism, dining, accommodation, and transportation. Through cooperation with neighboring provinces and cities, Sichuan successfully developed multiple premium sports tourism routes and consumption hotspots. In particular, the region of Chengdu and Chongqing experienced a notable increase in the vitality and influence of its sports consumption market by hosting high-level events and community activities.

Keywords: Event Economy; Sports Consumption; Sichuan; Chengdu-Chongqing Area

B.15　Events Spark a Consumer Boom and Drive Cultural
Tourism Economic Growth
　　—*A Case Study of Hubei Province's "Sports Events Enter*
　　　Scenic Areas, Streets, and Business Districts" Initiative　/ 209

　　Abstract: Through a series of collaborative and mutually beneficial models in sports, culture, tourism, and commerce, Hubei Province has effectively promoted the deep integration of sports events with cultural tourism and commerce. This approach has fully unlocked consumption potential and driven the growth of the cultural tourism economy. By implementing diverse measures to closely integrate scenic areas and events, Hubei not only attracted widespread social participation but also enhanced its appeal as a cultural tourism destination. Looking to the future, Hubei Province plans to continue introducing more exciting events to strengthen its leading role in the cultural tourism economy, thereby injecting new vitality into sports event economic and cultural development.

　　Keywords: Sports Consumption; Event Economy; Hubei Province

权威报告·连续出版·独家资源

皮书数据库
ANNUAL REPORT(YEARBOOK)
DATABASE

分析解读当下中国发展变迁的高端智库平台

所获荣誉

- 2022年，入选技术赋能"新闻+"推荐案例
- 2020年，入选全国新闻出版深度融合发展创新案例
- 2019年，入选国家新闻出版署数字出版精品遴选推荐计划
- 2016年，入选"十三五"国家重点电子出版物出版规划骨干工程
- 2013年，荣获"中国出版政府奖·网络出版物奖"提名奖

皮书数据库　　"社科数托邦"
　　　　　　　微信公众号

成为用户

　　登录网址www.pishu.com.cn访问皮书数据库网站或下载皮书数据库APP，通过手机号码验证或邮箱验证即可成为皮书数据库用户。

用户福利

- 已注册用户购书后可免费获赠100元皮书数据库充值卡。刮开充值卡涂层获取充值密码，登录并进入"会员中心"—"在线充值"—"充值卡充值"，充值成功即可购买和查看数据库内容。
- 用户福利最终解释权归社会科学文献出版社所有。

数据库服务热线：010-59367265
数据库服务QQ：2475522410
数据库服务邮箱：database@ssap.cn
图书销售热线：010-59367070/7028
图书服务QQ：1265056568
图书服务邮箱：duzhe@ssap.cn

社会科学文献出版社 皮书系列
SOCIAL SCIENCES ACADEMIC PRESS (CHINA)

卡号：576363268839
密码：

S 基本子库
SUB DATABASE

中国社会发展数据库（下设 12 个专题子库）

　　紧扣人口、政治、外交、法律、教育、医疗卫生、资源环境等 12 个社会发展领域的前沿和热点，全面整合专业著作、智库报告、学术资讯、调研数据等类型资源，帮助用户追踪中国社会发展动态、研究社会发展战略与政策、了解社会热点问题、分析社会发展趋势。

中国经济发展数据库（下设 12 专题子库）

　　内容涵盖宏观经济、产业经济、工业经济、农业经济、财政金融、房地产经济、城市经济、商业贸易等 12 个重点经济领域，为把握经济运行态势、洞察经济发展规律、研判经济发展趋势、进行经济调控决策提供参考和依据。

中国行业发展数据库（下设 17 个专题子库）

　　以中国国民经济行业分类为依据，覆盖金融业、旅游业、交通运输业、能源矿产业、制造业等 100 多个行业，跟踪分析国民经济相关行业市场运行状况和政策导向，汇集行业发展前沿资讯，为投资、从业及各种经济决策提供理论支撑和实践指导。

中国区域发展数据库（下设 4 个专题子库）

　　对中国特定区域内的经济、社会、文化等领域现状与发展情况进行深度分析和预测，涉及省级行政区、城市群、城市、农村等不同维度，研究层级至县及县以下行政区，为学者研究地方经济社会宏观态势、经验模式、发展案例提供支撑，为地方政府决策提供参考。

中国文化传媒数据库（下设 18 个专题子库）

　　内容覆盖文化产业、新闻传播、电影娱乐、文学艺术、群众文化、图书情报等 18 个重点研究领域，聚焦文化传媒领域发展前沿、热点话题、行业实践，服务用户的教学科研、文化投资、企业规划等需要。

世界经济与国际关系数据库（下设 6 个专题子库）

　　整合世界经济、国际政治、世界文化与科技、全球性问题、国际组织与国际法、区域研究 6 大领域研究成果，对世界经济形势、国际形势进行连续性深度分析，对年度热点问题进行专题解读，为研判全球发展趋势提供事实和数据支持。

法律声明

"皮书系列"（含蓝皮书、绿皮书、黄皮书）之品牌由社会科学文献出版社最早使用并持续至今，现已被中国图书行业所熟知。"皮书系列"的相关商标已在国家商标管理部门商标局注册，包括但不限于 LOGO（ ）、皮书、Pishu、经济蓝皮书、社会蓝皮书等。"皮书系列"图书的注册商标专用权及封面设计、版式设计的著作权均为社会科学文献出版社所有。未经社会科学文献出版社书面授权许可，任何使用与"皮书系列"图书注册商标、封面设计、版式设计相同或者近似的文字、图形或其组合的行为均系侵权行为。

经作者授权，本书的专有出版权及信息网络传播权等为社会科学文献出版社享有。未经社会科学文献出版社书面授权许可，任何就本书内容的复制、发行或以数字形式进行网络传播的行为均系侵权行为。

社会科学文献出版社将通过法律途径追究上述侵权行为的法律责任，维护自身合法权益。

欢迎社会各界人士对侵犯社会科学文献出版社上述权利的侵权行为进行举报。电话：010-59367121，电子邮箱：fawubu@ssap.cn。

社会科学文献出版社